POLYGLOTT Special

W0068943

Ferienstraßen in Deutschland

Auf alten und neuen Wegen

Wolfgang Rössig

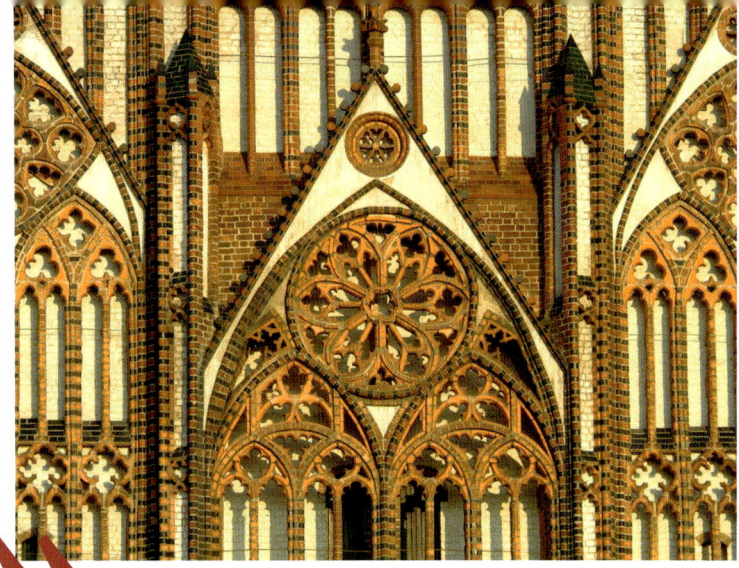

❯❯ Inhalt

Vom keltischen Hellweg zur Ferienstraße

> Im Schutz des hl. Nepomuk steht die Alte Lahnbrücke in Limburg, über die im Mittelalter die Via Publica und die Via Regia führten

› Durch die Sümpfe Germaniens

Bereits im alten Germanien, das der römische Geschichtsschreiber Tacitus als »im ganzen schaurig durch seine Urwälder oder hässlich durch seine Moore« beschrieben hat, muss es Wege und Stege gegeben haben, denn schon zu antiken Zeiten führten uralte Handelswege wie die Routen der Bernsteinstraße durch das unwegsame Mitteleuropa, von der deutschen und russischen Küste bis ans Mittelmeer: eine östliche Strecke durch das heutige Polen und Österreich zur Adria, ein westlicher Zweig von der Elbmündung ins griechische Massalia (Marseille).

Reisen war damals eine höchst beschwerliche Angelegenheit und geschah, wie das althochdeutsche Wort »risan«(aufstehen, aufbrechen, insbesondere zu kriegerischen Zwecken) belegt, selten in friedlicher Absicht. Auch das englische Wort »travel«, das vom französischen »travail« für Mühe bzw. Arbeit abgeleitet ist, klingt wenig erfreulich. Den Menschen, die sich über oft verschüttete oder überwachsene Wege, durch Wälder, über Bäche und reißende Ströme kämpften, stets von Räubern und wilden Tieren bedroht, muss das Erreichen des römischen Limes wie die Erlösung erschienen sein, denn ab hier ging es schon kurz nach der Zeitenwende auf vergleichsweise komfortablen Straßen weiter nach Süden.

› Auf Römerstraßen

Nachdem Tiberius und Drusus, die Stiefsöhne von Kaiser Augustus, um 15 n. Chr. die noch freien Gebiete der Alpen und das Voralpenland erobert hatten, wurden unter Kaiser Claudius die durch die Alpen führenden Römerstraßen bis an die Donau verlängert. Die wichtigste war die schon in der Antike unter diesem Namen bekannte Via Claudia Augusta, die vom Kastell »Submuntorium« bei Donauwörth dem Lauf des Lechs über die damalige Provinzhauptstadt Augusta Vindelicorum (Augsburg) bis nach Füssen (Foetes) folgte, um dann über den Fernpass und Reschenpass nach Meran, Bozen, Verona und Venedig zu führen. Natürlich ist auch sie in der (in Kopie aus dem 12. Jh. erhaltenen) Peutingerschen Tafel eingezeichnet, einer spätrömischen kartografischen Rolle, die das Straßennetz des Imperium Romanum im 4. Jh. wiedergibt.

Besonders in Bayern erfahren die Römerstraßen eine Renaissance. So schilderte man Mitte der 1990er-Jahre entlang der noch heute stellenweise sichtbaren Trasse der Via Claudia zwischen Füssen und Augsburg eine Radroute aus. Auch entlang der höchstwahrscheinlich in der Regierungszeit des Augustus zwischen Augsburg (Augusta Vindelicorum) und Salzburg (Iuvavum) erbauten Via Iulia wurde ein Fahrradweg ausgewiesen. Die noch erhaltenen 15 Meilensteine des Kaisers Septimius Severus bezeugen, wie wichtig diese Hauptverbindung zwischen den Provinzen Raetien und Noricum war. Von der unter Septimius Severus um 200 n. Chr. erbauten Via Raetia, die über den Brenner nach Innsbruck, Mittenwald, Partenkirchen, Epfach und Augsburg führte, ist z. B. bei Klais (an der Deutschen Alpenstraße) ein Straßenabschnitt mit Böschung und eingegrabenen Rillen der Fuhrwerke zu sehen.

› Mittelalterliche Naturwege

So relativ komfortabel wie in römischen Zeiten konnte man danach in Deutschland 1500 Jahre lang nicht mehr reisen: Die süd- und westdeutschen Römerstraßen im 1. Jh. waren winterfest gepflastert, wurden von Straßenmeistereien unterhalten, von Gendarmen überwacht, und Gasthäuser (mansiones) stellten bequeme Lager zur Verfügung. Auch die Post war auf diesen Routen damals schneller als 1700 Jahre später, im 18. Jh.

Dagegen klingen Reiseberichte des Mittelalters geradezu schaurig. Die ältesten nicht-römischen Straßen waren die sog. Hellwege. Am bekanntesten ist wohl der Hellweg im heutigen Nordrhein-Westfalen vom Rhein bei Ruhrort über Duisburg, Essen, Dortmund, Paderborn und Lippstadt bis nach Bad Driburg, der schon seit keltischer Zeit vor etwa 5000 Jahren als wichtige Verbindungsstraße galt.

Diese historischen Altstraßen waren Naturwege, die anfänglich meist über trockenere Höhenkämme führten, da die oft versumpften und mit dichtem Auenwald bewachsenen Flussniederungen kaum zu passieren waren. Nur wo es eine bekannte Furt oder eine Steinbrücke gab, stieg man ins Tal ab. Eine dieser Straßen, der Thüringer Rennsteig, ist heute einer der beliebtesten Wanderwege Deutschlands.

Der Bevölkerungszuwachs unter den Karolingern führte dazu, dass immer mehr Altstraßen ins Tal verlegt wurden. Solange im Mittelalter eine königliche Zentralgewalt herrschte, stand man auf diesen öffentlichen Straßen und Heerstraßen unter dem Land- oder Königsfrieden. Der Besitzer der Straße hatte für sicheres Geleit der Reisenden zu sorgen.

Besonders wichtig war der Transport von Salz. So versorgte die Alte Salzstraße (heute Ferienstraße) zwischen Lüneburg und Lübeck die Hanse mit dem lebenswichtigen weißen Gold, während über den Goldenen Steig Salz von der Donau nach Böhmen transportiert wurde.

Zu den bekanntesten Fernhandelsstraßen zählte die von Brüssel über Frankfurt am Main, Würzburg und Nürnberg nach Prag führende Via Publica sowie die Via Regia, die Königsstraße, die auf deutschem Gebiet Frankfurt am Main mit Leipzig verband. Die Via Regia als längste und älteste Landverbindung zwischen Ost- und Westeuropa, zwischen dem ukrainischen Lviv (Lemberg) und dem spanischen Santiago de Compostela, wurde 2005 als eine der Kulturstraßen des Europarats ausgezeichnet. In ihrer sinnbildhaften Bedeutung für den Prozess der europäischen Integration soll sie zukünftig stärker in die öffentliche Wahrnehmung gerückt werden.

› Auf alten Pilgerrouten

Gerade die mittelalterlichen Pilgerwege erfahren seit einiger Zeit einen medienwirksamen Boom. Der von vielen Ländern Europas über mehrere Hauptrouten durch Frankreich und Nordspanien nach Santiago de Compostela führende Jakobsweg wurde

> ⟩ Das Zeichen der Jakobswege

1047 erstmals erwähnt, und schon ein gutes Jahrhundert später gab es einen Pilgerführer, der geradezu an einen modernen Reiseführer erinnert: Er versorgte den Leser nicht nur mit Straßenzustandsberichten, sondern auch mit Tipps für eine gepflegte Einkehr. Die wichtigsten Sehenswürdigkeiten waren vermerkt, und auch praktische Hinweise kamen nicht zu kurz: Man erfuhr, aus welchen Flüssen man wegen Durchfallgefahr nicht trinken sollte, wo üble Pferdebremsen lauerten und welche Fährleute den Reisenden gern übers Ohr hauten.

Die Popularität der klassischen Pilgerroute zwischen den Pyrenäen und Santiago hat zu neuem Interesse an den alten Pilgerwegen geführt. So wurde in Franken und Schwaben ein historisch belegter Weg der Jakobspilger von Nürnberg über Ulm nach Konstanz gekennzeichnet. Seit 2003 ist der Münchner Jakobsweg ausgeschildert, der über Andechs, Rottenbuch und die Wieskirche nach Lindau bzw. Bregenz führt. Der seit 2005 ausgewiesene Südostbayerische Jakobsweg beginnt im tschechischen Krumau (Český Krumlov) und schließt sich in einer Variante am Hohenpeißenberg dem Münchner Jakobsweg an. Immer mehr Jakobswege werden als Wanderwege aufbereitet, wobei die wenigsten Besucher tatsächlich bis nach Santiago pilgern wollen!

Ein eher elitäres Unterfangen war die Pilgerfahrt ins Heilige Land. Deutsche reisten in der Regel nach Venedig oder auf dem Landweg nach Konstantinopel, um sich dort auf einem Pilgerschiff nach Palästina zu begeben. Besonders bekannt ist der anschauliche Pilgerbericht des Mainzer Domherrn Bernhard von Breydenbach, der 1483/84 eine Reise nach Palästina und Ägypten antrat: Den Beschreibungen des ersten gedruckten und illustrierten Reiseführers überhaupt kann man entnehmen, dass ein regelrechtes touristisches Programm absolviert wurde.

Natürlich war auch Rom ein Ziel des mittelalterlichen Sakraltourismus. Schon im 9. Jh. gab es mit dem sog. Itinerarium Einsidlense einen Pilgerführer, der die Besichtigung der antiken und christlichen Denkmäler Roms in zwölf Routen einteilt. Im Heiligen Jahr 1300 sollen etwa 200 000 Menschen die Ewige Stadt besucht haben. Im Heiligen Jahr 1500 war der Pilgerbetrieb schon bestens durchorganisiert, es gab Reiseführer in vielen Sprachen. Zu dieser Zeit wurde die erste Straßenkarte Mitteleuropas aus einem Pilgeritinerar nach Rom entwickelt.

› Grand Tour

Mit seinem 1587 erschienenen Reisebericht »Hercules Prodicius« begründete der Humanist und Prinzenerzieher Stephanus Winandus Pighius eine neue, weltliche Art des Reisens. Er hatte Karl Friedrich, den Thronfolger des Hauses Jülich-Kleve-Berg, auf seiner Reise nach Wien an den Kaiserhof und nach Rom begleitet. Pighius schilderte die Sehenswürdigkeiten Italiens so detailliert, dass sein Werk ein Jahrhundert lang als Grundlage einer Fülle von Reiseführern für die Grand Tour diente, eine Bildungsreise, auf die reiche Adelsfamilien ihre Sprösslinge im 17. und 18. Jh. zu schicken pflegten.

Auf weitgehend festgelegten Routen war man in Frankreich und Italien unterwegs. Die Rückreise führte in der Regel durch deutsche Staaten. Meist besuchte man Fürsten- und Residenzstädte wie Wien, Berlin und Weimar, aber auch München und Mannheim, Universitätsstädte wie Heidelberg, Jena oder Leipzig sowie die großen Kurbäder Baden-Baden, Karlsbad und Marienbad.

Die Route nach Italien führte dabei stets über den Brenner: ein Weg, den auch Goethe, von Weimar kommend, nahm, als er 1786 bis 1788 sein »Arkadien« bereiste. Man reiste zumeist mit der Postkutsche, doch es gab auch einige unermüdliche Wanderer wie Johann Gottfried Seume, der 1801 vom sächsischen Grimma einen »Spaziergang nach Syrakus« unternahm. Mit Lord Byron und Victor Hugo wurde auch das Rheintal mit seinen romantischen Burgruinen zum festen Bestandteil der Grand Tour, die jedoch bald von den bürgerlichen Bildungsreisen des 19. Jh. abgelöst wurde.

Mit der Einführung der Eisenbahn wurde das Reisen schließlich zu einem Massenphänomen: 1860 umfasste die Streckenlänge des deutschen Eisenbahnnetzes bereits 11 600 km, 1914 waren es 63 700 km. Schon 1860 nutzten 4,5 Millionen Passagiere die Eisenbahn, im Jahr 1900 waren es bereits stolze 581 Millionen. Zur Sommerfrische fuhr man mit der Bahn in die Alpen, in die Mittelgebirge oder an die See. Doch schon vor dem Ersten Weltkrieg musste erstmals an das Nationalbewusstsein der Deutschen appelliert werden, doch mehr Urlaub im eigenen Land zu machen.

› Autobahn und Ferienstraße

Die Idee, Schnellstraßen nur für den Autoverkehr zu bauen, stammt bereits aus den 1920er-Jahren. Die Nationalsozialisten realisierten lediglich damals bereits weit gediehene Projekte So wurde der erste, am 23. September 1933 erfolgte Spatenstich zur Reichsautobahn Frankfurt – Mannheim – Heidelberg propagandistisch groß in Szene gesetzt.

Auf ähnliche Weise entstand die erste Ferienstraße Deutschlands, doch die Idee, die Quertäler der Alpen zwischen Bodensee und Königssee durch einen geschlossenen Straßenzug längs des Gebirges zur Förderung des Fremdenverkehrs zu verbinden, hatte bereits 1927 Sanitätsrat Dr. Knorz aus Prien am Chiemsee vorgetragen. Eine Querverbindung mit der Eisenbahn, dem damals bevorzugten Verkehrsmittel, war nicht möglich. 1932 arbei-

› Mit großem Aufwand gebaut: Deutsche Alpenstraße bei Ramsau

tete der Deutsche Touringclub diese Pläne in einer Dokumentation aus, die 1933 von den Nationalsozialisten geradezu überschwänglich aufgegriffen wurde.

Bis heute ist die Deutsche Alpenstraße die einzige Ferienstraße in Deutschland, die man streckenweise durch umfangreiche Baumaßnahmen (z. B. in Ramsau bei Berchtesgaden) erst geschaffen hat. Einige der heute geradezu größenwahnsinnig wirkenden Pläne mit einer Trassierung über die Kampenwand und zum Rotwandhaus (1735 m) zwischen Spitzingsee und Bayrischzell wurden nicht mehr verwirklicht, da mit dem Anschluss von Österreich 1938 die zunächst so wichtige Vermeidung österreichischen Gebiets keine Priorität mehr hatte. 1934 arbeiteten über 25 000 Menschen am Ausbau der Alpenstraße mit ihren 105 Brücken und 15 Tunnels. Bis Ende 1939 konnten etwa 257 km für den Verkehr freigegeben werden, doch erst seit Anfang der 1960er-Jahre steht ein durchgehender Straßenzug von Lindau bis Berchtesgaden für den Reiseverkehr offen.

Die erste komplett eröffnete Ferienstraße Deutschlands ist daher die 1935 begründete Deutsche Weinstraße. Hier hatte man es allerdings wesentlich leichter, denn man konnte sich im wesentlichen auf Umbenennungsmaßnahmen beschränken. Das Prinzip war höchst erfolgreich und sollte nach dem Zweiten Weltkrieg viele Male kopiert werden.

Inzwischen gibt es über 150 Ferienstraßen und Themenrouten in Deutschland, und jährlich kommen neue hinzu. Während Ferienstraßen wie die Deutsche Ferienroute Alpen–Ostsee von Berchtesgaden nach Puttgarden (Fehmarn) und die Deutsche Alleenstraße zwischen der Insel Reichenau (Bodensee) und der Insel Rügen (Ostsee) in erster Linie als genussreiche und entschleunigte Alternative zur Autobahn quer durch Deutschland gedacht sind, erschließen die meisten Routen eine bestimmte Region, oft unter kulinarischen, architektonischen oder historischen Aspekten. Und wie schon bei den alten Pilgerrouten gilt auch hier stets die Devise: Der Weg ist das Ziel.

Ferienstraßen zur Imageförderung

❯ Patriotismus und Propaganda

Die Idee, gezielt ausländische Touristen nach Deutschland zu locken, wurde schon kurz nach dem Versailler Friedensschluss 1919 geboren. Man wollte damit zum Wiederaufbau der deutschen Wirtschaft beitragen und das ramponierte Image des Landes aufbessern. Die Landschaften und Städte, Museen und Sehenswürdigkeiten, Heilbäder und das Verkehrswesen, also die touristische Infrastruktur, waren fast unversehrt geblieben. Mit den ersten beiden deutschen Ferienstraßen betrieben die Nationalsozialisten in den 1930er-Jahren jedoch mehr als reine Imagepflege: Alpen- und Weinstraße rückten in den Mittelpunkt wahrer Propagandaschlachten.

Die IV. Olympischen Winterspiele in Garmisch-Partenkirchen 1936 lösten ein breites internationales Interesse an der deutschen Alpenregion aus. Die spektakuläre Trassierung der Deutschen Alpenstraße – hart an der österreichischen Grenze entlang – diente auch dazu, internationale Besucher davon abzuhalten, in die österreichischen Alpen zu fahren. Im christlichen Ständestaat Österreich Urlaub zu machen, galt zwischen 1934 und 1938 als zutiefst unpatriotisch.

Mit der Deutschen Weinstraße wurden nicht minder patriotische Ziele verfolgt. So geriet das Deutsche Weintor an der Grenze zur Frankreich fast zum Bollwerk. »Deutsche lasst des Weines Strom sich ins ganze Reich ergießen!«, tönte die Propaganda. Heute erlebt die Weinstraße eine Renaissance. Junge Pfälzer Gewächse zählen zu den spannendsten Entdeckungen der deutschen Weinkultur, und mit Frankreich sucht man nicht mehr das Trennende, sondern das Verbindende.

> Die Zeche Hannover in Bochum an der Route der Industriekultur

> Deutsche Romantik für die ganze Welt

Der internationalen Imagepflege dienten – unter wesentlich erschwerten Vorzeichen – auch die ersten beiden nach dem Zweiten Weltkrieg eingeweihten Ferienstraßen. Die Planer der Romantischen Straße (1950 gegründet) setzten dabei vor allem auf amerikanische Touristen. Den US-Besatzungssoldaten und deren Familien sollte ein Stück heiles Deutschland präsentiert werden. Unzerstörte mittelalterliche Reichsstädte, alte Feste und Traditionen boten ein lebensfrohes und idyllisches Bild von Deutschland, das in den zerbombten Großstädten nicht mehr zu finden war.

Das Konzept ging auf: Bis heute prägt die »Romantic Road« zusammen mit Rheintal und Oktoberfest die Vorstellung, die Amerikaner von Deutschland als Urlaubsland haben. Noch mehr gilt das für Touristen aus Asien. Laut einer Umfrage in den 1990er-Jahren kennen 93 % der Japaner im reisefähigen Alter den Namen »Romantic Road«. Auch die 1954 gegründete Burgenstraße förderte mit den verschont gebliebenen Städten Heidelberg und Bamberg das idyllische Image nach Kräften, und sogar noch die 1975 initiierte Deutsche Märchenstraße setzt auf heile Welt.

> Neue Wege in Ost und West

Nach dem Fall der Mauer 1989 war wieder Imagepflege angesagt. Erfolgreich korrigierte die als erstes großes Tourismusprojekt des Landes Sachsen-Anhalt realisierte Straße der Romanik den negativen Ruf des Bundeslands als Standort giftiger Chemiefabriken und monströser Braunkohlehalden. Heute gibt es in den neuen Bundesländern zahlreiche Ferienstraßen, die Besuchern ein Stück Deutschland präsentieren, das viele noch nicht einmal aus Bildbänden kannten. Wie sehr man diese Routen als Chance zur touristischen Entwicklung begreift, zeigt das Beispiel der Ferienstraße »Himmelswege«, die nach dem Fund der bronzezeitlichen Himmelsscheibe von Nebra in Rekordzeit realisiert wurde.

Doch auch in den alten Bundesländern setzt man Ferienstraßen wieder verstärkt zur Tourismusförderung ein. Die einstigen Zonenrandgebiete in Ostbayern profilieren sich mit Ferienstraßen zu den Stätten der Glas- und Porzellankunst, im Saarland dreht sich alles um Apfelwein, und die deutsche Liebe zum weißen Stangengemüse bedienen gleich vier Spargelstraßen. Als besonders erfolgreich hat sich die Straße der Industriekultur erwiesen, die eine nachhaltige Aufwertung des bislang vom Tourismus eher stiefmütterlich behandelten Ruhrgebiets bewirkt hat. Inzwischen kommen Besucher aus ganz Deutschland und sogar Europa ins Revier, um zu erleben, wie Kohlezechen und Stahlhütten als moderne Tempel für Kunst und Kultur effektvoll in Szene gesetzt werden. Seit dem deutschen Sommermärchen 2006 gibt es sogar eine Deutsche Fußballroute. Man darf gespannt sein, was den Touristikplanern in Zukunft noch noch einfallen wird.

Ferienstraßen als Wirtschaftsprojekte

❯ Kosten und Nutzen

Schon mit den ersten Ferienstraßen Deutschlands sollte der Tourismus in eher strukturschwachen Räumen gefördert werden. Wenngleich sich auch viele touristisch hochkarätige Ortschaften und Regionen solchen Projekten angeschlossen haben, so sind es doch meist unterschätzte Destinationen, die sich am meisten von einer neuen Ferienstraße versprechen. Doch selbst bei der offenkundig sehr erfolgreichen, mit EU-Millionen geförderten Route der Europäischen Backsteingotik (EuRoB) streikt so mancher Kämmerer: Einige Brandenburger Gemeinden zögern immer noch, sich dem Projekt anzuschließen. Dabei profitieren gerade weniger bekannte Mitglieder wie Parchim und Anklam von der Route, während es Stralsund und Wismar als UNESCO-Welterbe sicher von vornherein leichter hatten.

Der Aufwand an Zeit und finanziellen Mitteln zur Schaffung einer Ferienstraße ist nicht zu unterschätzen: Die Sehenswürdigkeiten müssen erfasst werden, das Freizeit-, Tourismus- und Serviceangebot der Hotels, Restaurants, Parks und Verkehrsämter ist aufeinander abzustimmen. Ebenso wichtig ist die Ausarbeitung des Marketings der Route, vom Corporate Design über Broschüren, Kennzeichnungs- und Wegleitsysteme bis hin zum Internetauftritt. Das kostet Geld, und während dieser Faktor bei einem hochsubventionierten Projekt gut zu meistern ist, können bei kleineren Vorhaben, hinter denen oft ein gemein-

> Erdholländermühle bei Werdum, (noch) abseits der Mühlenstraße ...

nütziger Verein steht, schon fünfstellige Summen über Erfolg oder Misserfolg der Route entscheiden. Für den Aufbau der Niedersächsischen Mühlenstraße belief sich das Budget in der ersten Phase auf 95.100 € (davon 41.159 € EU-Mittel aus dem Förderprogramm LEADER II). Gut 2 Mio. € EU-Gelder flossen von 2003 bis 2006 in das internationale Projekt Transromanica (vgl. S. 17), das der Europarat im Februar 2007 offiziell als Europäische Kulturroute anerkannt hat.

❭ Strategische Planung

Mancher Organisator musste schon feststellen, dass es nicht damit getan ist, einfach eine Straße auszuschildern: Es müssen auch Sponsoren gesucht werden, die in das Vorhaben integriert werden können. Manchmal klappt das hervorragend, wie bei dem Kleinprojekt Niedersächsische Milchstraße. Zwar wird kaum jemand aus Bayern anreisen, um in den niedersächsischen Elbmarschen Kühe zu melken, doch gewinnt die Region als näheres Ausflugsziel enorm an Reiz. Es gibt aber auch Projekte, die mit Vorschusslorbeeren starten, sich aber nach Jahren immer noch als Sponsorenlabyrinth präsentieren, ohne Routenführung und ohne brauchbare Information.

Dabei ist gerade professionelle Information für jemanden, der eine Ferienstraße kennen lernen möchte, von entscheidender Bedeutung, sonst fährt man womöglich an Highlights vorbei oder steht vor verschlossenen Türen,

verpasst evtl. wichtige Events an der Strecke. Ein Beispiel für ein vorbildliches Zusammenspiel der einzelnen Orte an einer touristischen Strecke ist die Deutsche Märchenstraße.

❭ Straßen oder Netzwerke?

Während die klassischen Ferienstraßen in der Regel eine klar definierte Route haben, die man abfährt, sind neuere thematische Routen oft gar keine ausgewiesene Straße mehr. Die Oranierroute ist zwar im Straßenatlas verzeichnet, überbrückt aber große Distanzen zwischen einzelnen Etappen; von einer Ferienstraße ist daher nur noch bedingt zu sprechen, eher handelt es sich um ein Netzwerk. Typische Netzwerke sind auch die Projekte Gartenkunst in Nordrhein-Westfalen und Gartenträume in Sachsen-Anhalt: Hier ist es kaum möglich, eine fixe Route auszuweisen, dennoch ergeben sich wirtschaftliche Synergieeffekte. Die Netzwerk-Methode ist sicher der fast schon labyrinthischen Straßenführung vorzuziehen, wie sie die Planer der Niedersächsischen Mühlenstraße entwarfen.

Bedauerlich ist, dass Synergien, die durch die Kombination verschiedener Routen entstehen könnten, bisher kaum genutzt werden. Mehr Kooperation der Ferienstraßen untereinander würde man sich gerade für neue Projekte wünschen. So bestehen die Himmelswege in Sachsen-Anhalt gerade mal aus vier Stationen, könnten aber durch mehr Zusammenarbeit mit der Straße der Romanik und der Weinstraße Saale Unstrut nur profitieren – und Reisende sicher ebenso.

Phänomen Ferienstraßen weltweit

❯ Traumstraßen der Welt

Eine der berühmtesten Reiserouten der Erde ist wohl die Seidenstraße, die von Byzanz, dem heutigen Istanbul, über Persien und Samarkand nach China führte. Auch die Weihrauchstraße vom Hadramaut über Jemen, Medina und Petra nach Damaskus gibt es schon seit Tausenden von Jahren. Weniger bekannt ist, dass die Inka im scheinbar so unüberwindlichen Hochgebirgsmassiv der Anden ein riesiges Straßennetz von 40 000 km Länge mit Brücken, Tunnels und Raststationen unterhielten, das selbst die Römer in Erstaunen versetzt hätte.

Die von Alaska nach Feuerland führende Panamericana, die Route 66, der australische Stuart Highway oder die südafrikanische Garden Route – all diese vor allem landschaftlich spektakulären Routen sind keine Ferienstraßen im engeren Sinn, denn von einer echten touristischen Organisation, welche die an der entsprechenden

Straße liegenden Orte miteinander verbindet, kann nicht die Rede sein. Eine Ausnahme ist die Cape to Namibia Route, eine grenzüberschreitende und besonders deutsche und europäische Touristen ansprechende Initiative, mit der die Tourismusbehörden von Namibia und Südafrika seit 2007 den Bekanntheitsgrad der Westküste Südafrikas und des südlichen Namibias steigern und die Regionen gemeinsam vermarkten wollen.

❯ Ferienstraßen der Nachbarländer

Ferienstraßen, die ähnlich strukturiert sind wie in Deutschland, findet man vorrangig in unseren Nachbarländern. So sind auch in Frankreich mehrere Routen dem Wein gewidmet: Die Route du Vin d'Alsace führt von einem elsässischen Winzerort zum nächsten. Die besten Lagen Burgunds lernt man auf der Route des Grands Crus kennen, die Route Touristique du Cham-

> Hunawihr an der Elsässischen Weinstraße, die sich im Süden direkt der Deutschen Weinstraße anschließt

pagne stellt die bedeutendsten Champagnerkellereien des Landes vor. Auf der Route historique des maisons d'écrivains pilgert man zu den wichtigsten Wohnhäusern berühmter Schriftsteller in der Ile de France. In der Provence reist man auf der Lavendelstraße, dann kann man jenseits der Grenze in Italien kulinarisch weitermachen: Mehreren Weingebieten, aber auch dem Prosecco, den Steinpilzen und den Trüffeln sind hier eigene Ferienstraßen gewidmet.

Zu den schönsten Ferienstraßen Österreichs zählt die Österreichische Romantikstraße zwischen Salzburg und Wien. Interessante Entdeckungen verspricht die Südsteirische Weinstraße. Die Straße der Kaiser und Könige verbindet Regensburg mit Wien und Budapest – ein gutes Beispiel für die immer beliebter werdenden grenzüberschreitenden Ferienstraßen. So wurde die traditionsreiche Deutsche Burgenstraße nach dem Fall des Eisernen Vorhangs bis nach Prag verlängert, die Oberschwäbische Barockstraße bekam eine Südroute, die über österreichisches und Schweizer Gebiet rund um den Bodensee führt. Dass die Oranierroute durch Deutschland und die Niederlande leitet, ist schon angesichts der Thematik selbstverständlich.

Ein besonders ambitioniertes Projekt ist die Europäische Backsteinroute. Allerdings kann man hier (noch) nicht von einer klassischen Ferienstraße sprechen, sondern eher von einem lockeren Netzwerk, das mit seiner Thematik die Ostseeländer näher zueinander führt.

❯ Europäische Projekte

Noch in den Kinderschuhen steckt ein ambitioniertes Projekt des Europarats, das die europäische Integration mit der Wiederbelebung traditionsreicher paneuropäischer Verkehrswege fördern möchte. Inwieweit angedachte Routen wie die Mozart Wege, die Europäischen Routen des Jüdischen Erbes die Transromanica (Straße der Romanik), die Via Carolingia oder die Routen der Phönizier bzw. der Wikinger sich aber tatsächlich in touristische Praxis umsetzen lassen, bleibt abzuwarten. Doch wie erfolgreich paneuropäische Netzwerke sein können, zeigt die erst vor wenigen Jahren ins Leben gerufene Sisi-Straße, die in Deutschland, Österreich, Ungarn und Italien zu den wichtigsten Stationen im Leben der Kaiserin von Österreich führt, ohne dass eine tatsächliche Route ausgewiesen worden wäre.

Doch auch das traditionelle Konzept der berühmtesten aller deutschen Ferienstraßen hat Schule gemacht. Kurzerhand hat man in Japan eine eigene, 350 km lange »Romantic Road« eingerichtet, die von der Stadt Ueda City in der Präfektur Nagano durch die Berge von Gunma bis zur Stadt Utsunomiya in der Präfektur Tochigi führt. Angesichts der wunderschönen Berglandschaft mit aktiven Vulkanen und heißen Quellen stört es nicht, dass es in Japan nie eine Romantik gegeben hat. Aber auch nur, weil Spitzweg nur bis Rothenburg gekommen ist …

Deutsche Alpenstraße

Die Grande Dame der deutschen Ferienstraßen führt durch die spektakuläre Voralpen-
und Hochgebirgslandschaft Südbayerns.

› Die Isar und Ihre Nebenflüsse füllen den Sylvensteinspeicher

» 21 Bergseen, 25 Burgen und Schlösser, 64 Kurorte und viele hundert Berggipfel, dazu idyllische Dörfer mit barocken Zwiebelkirchtürmen, Brücken und Viadukte, Tunnels und Passstraßen prägen die landschaftlich so reizvolle Alpenstraße. Sie wurde schon 1927 ins Leben gerufen, um quer zu den bis dahin existierenden Verkehrswegen die Orte der Bayerischen Alpen von Westen nach Osten als Panoramastraße zu verbinden. Deswegen hieß sie zunächst Queralpenstraße. Unter den Nationalsozialisten bauten bis zu 25 000 Arbeiter die Deutsche Alpenstraße aus, wobei streng darauf geachtet wurde, österreichisches Gebiet nicht zu berühren. 1939 waren bereits ca. 250 der 450 km Streckenlänge vollendet, doch erst 1982 wurde der letzte Abschnitt der Deutschen Alpenstraße fertiggestellt.

Die Deutsche Alpenstraße startet im Westen in Lindau am Bodensee (dort Anschluss an die Oberschwäbische Barockstraße S. 212 ff.) und führt zunächst durch das obere Allgäu nach Oberstaufen, Sonthofen und Füssen. Dann geht es, auf gemeinsamer Wegführung mit der Romantischen Straße (S. 45 ff.), in den Pfaffenwinkel, nach Steingaden (mit Abstecher zur Wieskirche), dann ins Werdenfelser Land nach Oberammergau, Ettal, Garmisch-Partenkirchen und Klais (kleiner Abstecher nach Mittenwald). Anschließend zieht sich die Straße südlich des Walchensees entlang (Abstecher locken ins Blaue Land rund um Walchensee, Kochelsee, evtl. auch zum Staffelsee bei Murnau) zum Sylvenstein-Stausee, dann zum Tegernsee und zum Schliersee. Die nächsten Stationen sind Bayrischzell und Bernau im Chiemgau (Abstecher mit Umrundung des Chiemsees bzw. Besuch der Inseln Herren- und Frauenchiemsee empfohlen), bevor die Straße über Reit im Winkl nach Ruhpolding und Inzell weiterführt, Ramsau erreicht und schließlich in Berchtesgaden endet, wobei sich am Endpunkt ein Ausflug zum Königssee fast aufdrängt.

› Am Schwäbischen Meer: Lindau am Bodensee

In manchen Lindauer Gärten wachsen sogar Kiwis, so mild ist hier das Klima. Besonders üppig blüht es in den Gärten der Gründerzeitvillen im Stadtteil Bad Schachen auf dem Festland, und das schon früh im Jahr, wenn in anderen Teilen Bayerns noch tiefer Winter herrscht. Aber richtig gelebt wird in der Altstadt von Lindau auf einer kleinen Insel im See. Alte Staffelgiebelhäuser säumen die malerischen Gassen, und an der Maximilianstraße reiht sich ein schönes Patrizierhaus mit Erkern, Fachwerk und Laubengängen an das nächste. Das 1422–1436 entstandene gotische Rathaus glänzt mit einer reich bemalten Hauptfassade und volutenverziertem Staffelgiebel. Besonders prunkvoll ist das 1729 im Barockstil errichtete dreistöckige Haus Zum Cavazzen am Marktplatz. Hinter der reich mit perspektivischer Fres-

》Im Überblick

Kontakt: ARGE Deutsche Alpenstraße, Nördliche Hauptstr. 1–3, 83700 Rottach-Egern, Tel. (0 80 22) 92 73 70, Fax 9 27 37 50, www.deutschealpenstrasse.de
Bundesland: Bayern (Schwaben und Oberbayern)
Streckenlänge: Zwischen Lindau und Berchtesgaden ca. 465 km (ohne Abstecher)
Reiseplanung: mindestens 8, besser 10 Tage
Lohnende Abstecher: Oberstdorf, Wieskirche bei Steingaden, Mittenwald, Walchensee und Kochelsee, Chiemsee und Königssee

kenmalerei verzierten Fassade residierte einst die lombardische Kaufmannsfamilie da Cavazzo. Heute beherbergt das Haus das Stadtmuseum (Di–Fr 11–17, Sa 14–17 Uhr).

Die Hafeneinfahrt der Inselstadt, deren spätmittelalterliche Befestigung noch teilweise erhalten ist, bewachen ein Leuchtturm und ein Löwe, denn Lindau markiert den kleinen, aber feinen Anteil Bayerns am Bodensee. Genussvoll schlendert man die Seepromenade entlang und bewundert das Panorama der Schweizer Alpengipfel. Kunstinteressierte finden im fast tausend Jahre alten Gemäuer der ehemalige Pfarrkirche St. Peter die einzigen erhaltenen Fresken von Hans Holbein d. Ä.: Die »Lindauer Passion« entstand zwischen 1485 und 1490.

〉 Durch das Oberallgäu

Nur die allerersten Kilometer der Alpenstraße sind ein bisschen langweilig. Schon bei **Sigmarszell** beginnt das idyllische Allgäu: altes Bauernland mit Löwenzahnwiesen, Apfel- und Birnbäumen, Holzscheunen und braunen Kühen. Hinter Zwiebeltürmen taucht unverhofft ein grandioses Panorama schneebedeckter Alpengipfel auf. Das hübsche Lindenberg, 2006 Deutschlands sonnigster Ort, war für seinen italienischen Rosshandel bekannt und fabrizierte früher begehrte Strohhüte, die auch in Paris reißenden Absatz fanden. Leider hat das originelle Hutmuseum sehr eingeschränkte Öffnungszeiten (Mi 15–17.30, So 10–12 Uhr). Das wohlhabende Städtchen ist stolz auf sein lebendiges Brauchtum, das in zahlreichen Festen Ausdruck findet.

In **Oberstaufen** ist man schon richtig drin in den Allgäuer Alpen. Der Ort mit seinen vielen denkmalgeschützten Bauernhäusern ist als Schrothkurort bekannt. Viele Kurgäste lassen sich hier nach einem speziellen, vor rund 200 Jahren im Sudetenland entwickelten Naturheilverfahren behandeln.

Am Südufer des tiefblauen Großen Alpsees entlang geht es nun ins barock

> Bei Oberstdorf lockt das Fellhorn

geprägte **Immenstadt** an der oft unberechenbaren Iller. Im sehr kinderfreundlichen Bergbauernmuseum im Ortsteil Diepholz lernt man, was es mit Heuschinden und Rindenkoben auf sich hat und warum die Allgäuer Kühe im Sommer nur leckeres, kräuterreiches Berggras fressen. Auch das »Heihupfa« (ins Heu springen) macht nicht nur den Kids Spaß. Das Panorama zählt zu den schönsten des Allgäus: Vom Ammergebirge bis zum Säntis schweift der Blick (tgl. Ostersonntag bis Anfang Nov. 10–18 Uhr).

Wer Mitte September in dieser Gegend ist, erlebt den jahrhundertealten Brauch des Allgäuer Viehscheids. Rund 30 000 Tiere werden von den 674 Alpen (in Oberbayern Almen genannt) geholt und am Scheidplatz im Tal wieder ihren Besitzern übergeben. Die Leitkuh der Herde, das Kranztier, wird prächtig geschmückt, im Tal gibt ein Volksfest mit Blasmusik.

Der Luftkurort **Sonthofen** wurde zwar bereits 839 erwähnt, leidet aber unter modernen Bausünden. Dafür ist die Umgebung umso attraktiver. Der 1738 m hohe Grünten zieht Gleitschirmflieger geradezu magnetisch an. Nur am Donnerstag kommt man auch mit der ansonsten nicht öffentlichen Seilbahn hinauf, die der Bayerische Rundfunk zur Versorgung seiner Sendeanlage auf dem Berg betreibt. Wanderer genießen den tosenden doppelten Wasserfall der **Starzlachklamm.**

› Abstecher nach Oberstdorf

Zwar lässt die Alpenstraße Deutschlands südlichsten Ort rechts liegen, doch der 17 km lange Abstecher in die schöne Allgäuer Ski- und Urlaubsgemeinde lohnt sich. Trotz allen Rummels bewahrt sich **Oberstdorf** sein Flair, und im Winter ist es eigentlich am schönsten hier. Bergbahnen führen ganzjährig auf die höchsten Gipfel der Allgäuer Alpen. Vor allem im Frühsommer lohnt die Fahrt auf das **Fellhorn** (2038 m), denn dann blühen hier unzählige Alpenblumen, und die Panoramawanderung zum Schlappoldkopf mit Abstieg zur Schlappoldalpe, der größten Sennalpe im Oberallgäu, ist besonders schön. Oben stärkt man sich mit einer Brotzeit und wandert weiter bis zur Mittelstation der Gondelbahn am Schlappoldsee.

Als Klassiker gilt auch die Bergwanderung von der Gipfelstation des **Nebelhorns** (2224 m) hinunter zum glitzernden blauen Seealpsee und über das Oytal zurück nach Oberstdorf; Pferdekutschen zwischen Oberstdorf und Oytalhaus verkürzen den Weg. Faszinierend ist die Durchquerung der **Breitachklamm** auf schmalen Stegen etwas südwestlich von Oberstdorf.

› Lüftlmalerei und Passion: Im Werdenfelser Land

Wieder zurück auf der Alpenstraße, geht es durch den Kneipp-Kurort **Bad Hindelang,** ein Wintersportzentrum,

> Schloss St. Mang in Füssen

das auf Umwelttourismus setzt. Ganz nahe der österreichischen Grenze überwindet die Alpenstraße dann den Oberjoch-Pass (1178 m) und erreicht über Pfronten und Nesselwang das spätmittelalterlich geprägte **Füssen** (s. S. 57). Ab hier verläuft sie eine Weile streckengleich mit der Romantischen Straße (S. 45 ff.), führt zu den Königsschlössern Neuschwanstein und Hohenschwangau und weiter nach Steingaden (Abstecher zur Wieskirche; s. S. 56), bis sich an der **Echelsbacher Brücke** über der Ammerschlucht die Wege der beiden Straßen wieder trennen. Die Alpenstraße biegt nach Süden ab und erreicht Oberammergau.

Schön bemalte Häuser gibt es viele im bayrischen Oberland. In **Oberammergau** aber lebte Franz Seraph Zwinck (1748–1792), der vermutlich die Lüftlmalerei erfunden hat. Deswegen findet man hier besonders viele Beispiele dieser barocken illusionistischen Freskotechnik. Vorwiegend sind es biblische Motive, aber auch Szenen aus der Lokalgeschichte. Ein prachtvolles Beispiel ist das Pilatushaus in der Ludwig-Thoma-Straße. Übrigens hieß das Wohnhaus des Künstlers Zum Lüftl – daher stammt wohl der Name für die Maltechnik, die jedenfalls nichts mit Luft zu tun hat.

Die Oberammergauer sind aber auch begnadete Holzschnitzer, und das angeblich schon seit dem 12. Jh. Kraxentrager genannte Hausierer verkauften die Schnitzkunst aus dem Ammergau in ganz Mitteleuropa. Ihrer mühsamen Arbeit ist ein Denkmal am Ortseingang gewidmet.

2010 ist es wieder soweit: Dann finden in Oberammergau zwischen Mai und Oktober die Passionsspiele statt, mit denen die Bürger im Zehnjahresrhythmus der Erlösung von der Pestepidemie des Jahres 1633 gedenken. 1634 wurde das »Spiel vom Leiden, Sterben und Auferstehen unseres Herrn Jesus Christus« zum ersten Mal aufgeführt: auf dem Friedhof für die Pesttoten. Inzwischen ist das Passionsspielhaus mit 4800 Sitzplätzen und moderner Bühnentechnik ausgestattet. Fast der halbe Ort nimmt in irgendeiner Weise an dem Spiel teil: über 1500 Erwachsene und 500 Kinder. Die Frauen mussten sich allerdings ihr Teilnahmerecht erst gerichtlich erkämpfen.

❱ Ein Stück Italien an der Ammerquelle

Wanderer können von Oberammergau per Laberbergbahn zum Laber-Gipfelhaus hinauffahren und von dort entweder direkt nach Ettal hinabsteigen oder den anspruchsvolleren Umweg über das Ettaler Mandl (1633) nehmen, von dem sich ein traumhafter Ausblick über das Murnauer Moos auf das Alpenvorland bietet.

Auf der Alpenstraße gelangt man nach wenigen Minuten zum **Kloster Ettal,** das Kaiser Ludwig der Bayer schon 1330 stiftete. Aber erst ab dem 17. Jh. wurde es ein beliebter Wallfahrtsort. Enrico Zucalli gestaltete die Klosterkirche 1709–1726 so gründlich zu einem herrlichen barocken zwölfeckigen Zentralbau um, dass die gotischen Ursprünge kaum noch zu erahnen sind. Im Mittelpunkt steht das Gnadenbild: Die 33 cm hohe Madonna aus Carrara-Marmor brachte der Kaisers aus Italien mit, wo er sich dummerweise vom falschen Papst hatte krönen lassen. Johann Baptist Zimmermann und Johann Georg Ueblherr schufen die herrlichen Rocaille-Stuckaturen, Johann Jakob Zeiller und Martin Knoller das beeindruckende Kuppelfresko. Sehr beliebt sind die bunten Ettaler Kräuterliköre.

› Abstecher nach Linderhof

In der Nähe von Ettal liegt das **Weidmoos,** eines der berühmtesten Moore Bayerns und eine wunderschöne Blumenwiese, wenn hier im Frühjahr Lungenenzian, Mehlprimel, Prachtnelke und Karlszepter blühen. Die Blütenpracht ist der richtige Auftakt für einen Abstecher ins abgelegene **Graswangtal.** Naturfreunde schätzen das Ammergebirge als zweitgrößtes Naturschutzgebiet Deutschlands, in dem seltene Orchideenarten blühen und noch der scheue Auerhahn balzt. An den Berghängen, über denen Raben und Alpendohlen kreisen, entdecken Wanderer Gämsen und Murmeltiere.

Die Natureinsamkeit des Graswangtals war so ganz nach dem Geschmack König Ludwigs II. 1869 bis 1878 ließ er anstelle eines Jagdhauses seines Vaters Maximilian nach dem Vorbild des Versailler Petit Trianon **Schloss Linderhof** erbauen – und es wurde sogar fertig! Seine überladenen Prunkräume zeugen davon, dass der König gar zu gern ein absolutistischer Herrscher geworden wäre, allerdings ohne lästiges Volk. Immer wieder Verblüffung ruft die Mechanik des »Tischleindeckdichs« hervor: ein Esstisch, der auf Knopfdruck in der darunter liegenden Küche versinkt, was dem Einsiedlerkönig den lästigen Anblick von Domestiken ersparte. Der maurische Kiosk im Park stammt von der Pariser Weltausstellung von 1867, und die surreal wirkende Venusgrotte zeugt davon, in welcher Traumwelt der »Kini« lebte. Nüchternen Zeitgenossen wird spätestens hier der königliche Kitsch zuviel (tgl., April–Sept. 9–18, sonst 10 bis 16 Uhr, www.schlosslinderhof.de).

› Schloss Linderhof

❯ Vor der Kulisse des Wettersteingebirges

Für längere Zeit wird die Reisenden auf der Alpenstraße jetzt die majestätische Phalanx des Wettersteinmassivs mit Zugspitze und Waxenstein, Riffelköpfen und Alpspitze begleiten. **Garmisch-Partenkirchen** liegt nicht nur olympisch schön, sondern bietet auch eine reizvolle Mischung aus mondänem Flair und oberbayrischer Tradition. Viele Häuser sind mit Lüftlmalereien verziert. Im Ortsteil Garmisch zeigt die gotische Alte Pfarrkirche St. Martin einen gut erhaltenen Freskenzyklus, und der barocke Bau der Neuen Pfarrkirche St. Martin lohnt ebenfalls eine Besichtigung. Auch die Wallfahrtskirche St. Anton aus der Mitte des 18. Jhs. ist einen Blick wert; sie erhebt sich am Wank, dem Hausberg der Gemeinde Partenkirche.

Besonders beliebt ist natürlich der Ausflug auf die **Zugspitze** (2962 m), Deutschlands höchsten Berg. Der Sage nach hauste da oben der Zuggeist, ein Geiermonster, das Ruhestörer in die Tiefe schleuderte. 1820 wurde der Berg das erste Mal bestiegen, und Ruhe wie Monster sind längst dahin. Erst fährt man mit der Zahnradbahn hinauf bis zum Bahnhof Zugspitzplatt und dann mit der Gletscherbahn weiter zum Gipfelplateau. Bei klarem Wetter reicht der Blick im Westen bis zum Schweizer Piz Bernina, im Osten bis zum österreichischen Großglockner. Anschließend geht es mit der Eibsee-Seilbahn in wenigen Minuten wieder hinunter zum türkisblauen **Eibsee.** Erfahrene Bergsteiger bleiben über Nacht und nehmen frühmorgens den

Übergang von der Zug- zur Alpspitze am Jubiläumsgrat in Angriff: ein großartiges Bergerlebnis.

Für Wanderer ist die Umgebung von Garmisch-Partenkirchen ein Paradies. Wer es eher gemütlich mag, genießt das grandiose Bergpanorama vom Kramerplateauweg aus. Eine Reihe von Bergbahnen verkürzt den Aufstieg auf die Hausberge. Nostalgische Gefühle kommen bei den offenen zweisitzigen Kleinkabinen der schon 1956 in Betrieb genommenen Eckbauerbahn auf: eine luftige 15-minütige Fahrt über Wälder und Bergwiesen bis zur 1230 m hohen Bergstation. Vom Berggasthof aus kann man herrlich wandern, zum Beispiel durch die wilde **Partnachklamm** (Eintritt) hinunter nach Garmisch.

Wer der markanten **Alpspitze** (2628 m) zu Leibe rücken möchte, fährt mit der Kreuzeckbahn hinauf zum Kreuzeckhaus (1652 m) und wandert über die Hochalm eine Runde über den Osterfelderkopf (2150 m), direkt vor der Alpspitze. Hier kann man mit der Alpspitzbahn wieder ins Tal gelangen oder aber über das Hupfleitenjoch (1754 m) und die Höllentalangerhütte (1379 m) durch die imposante Höllentalklamm absteigen. Von Hammersbach bringt die Zugspitzbahn Wanderer zurück nach Garmisch. Entsprechende Kombitickets sind erhältlich.

❯ Ins Karwendelgebirge

Von Garmisch lässt es sich in ca. fünf Stunden, vorbei am 2005 leider abgebrannten Schloss Elmau durch das Tal des Ferchenbachs, an Ferchensee und

> Wallgau vor seiner Alpenkulisse

Lautersee vorbei, wunderschön nach **Mittenwald** wandern. Wer auf der Alpenstraße fährt, muss von Klais aus einen kleinen Abstecher machen. In Mittenwald stimmt das allzu oft gebrauchte »malerisch« im ganz wörtlichen Sinn, denn hier sind besonders viele Häuser mit prächtiger Lüftlmalerei verziert. Mittenwalder Meister dieser Kunst war Franz Karner (1737 bis 1817), doch auch der Oberammergauer Zwinck hat hier seine künstlerische Handschrift hinterlassen. Heute wird allerdings nicht mehr »al fresco« gearbeitet, sondern mit modernen, haltbaren Farben.

Seine Glanzzeit erlebte Mittenwald ab 1487, als die Venezianer von den räuberischen Übergriffen des Erzherzogs Sigmund von Tirol die Nase voll hatten und den Bozner Markt für fast 200 Jahre ins sichere Mittenwald verlegten. Unverhofft war Mittenwald zum Hauptumschlagsplatz der Handelsrepublik Venedig für Luxuswaren aus Italien und dem Orient – Samt und Seide, Gewürze und Südfrüchte – avanciert. Jedes Jahr feiert die Stadt eine Augustwoche lang das Jubiläum ihres Bozner Marktes in historischen Gewändern.

Wirklich berühmt wurde Mittenwald jedoch durch seine Geigenbautradition. Und so hängt hier der Himmel tatsächlich voller Geigen – an den Fenstern und Balkonen der Geigenbauer, zum Trocknen und Bräunen. Matthias Klotz (1653–1743) hatte die Kunst einst in Padua gelernt und in sein Heimatdorf mitgebracht. 1684 fertigte er die erste Violine in Mittenwald. Seit 1858 kann man auf der von König Max II. gegründeten Staatlichen Fachschule den Bau von Saiteninstrumenten erlernen, seit 1980 auch den von Zupfinstrumenten. Zehn Meisterwerkstätten gibt es im Ort. Das Geigenbaumuseum zeigt wertvolle Instrumente vom 12. bis 20. Jh. (saisonal wechselnde Öffnungszeiten, www.geigenbaumuseum-mittenwald.de).

Mittenwald bietet eine Vielzahl schöner Wandermöglichkeiten. Ein besonderes Erlebnis ist die Wanderung über die im Frühling blumenübersäten **Buckelwiesen,** mit großartigem Blick auf das Westmassiv des Wettersteingebirges mit Alp- und Zugspitze. Echte Profis wagen sich auf den **Mittenwalder Klettersteig,** für den absolute Trittsicherheit und Schwindelfreiheit erforderlich ist. Man kann es natürlich auch bei einer besonders steil angelegten Fahrt mit der Karwendelbahn hinauf zur **Westlichen Karwendelspitze** (2384 m) belassen.

› Kanadisches Oberbayern: Im stillen Isarwinkel

In **Klais** erreicht man wieder die Alpenstraße, auf der man bald über Krün nach **Wallgau** kommt, eines der schönsten Dörfer Bayerns und für seine Kummetmacherei (Herstellung von Pferdegeschirr) bekannt. Schon wieder bietet sich nun ein – allerdings etwas größerer – Abstecher an: ins Blaue Land. Diese heitere Landschaft rund um den **Kochelsee** inspirierte die Künstlerkolonie des »Blauen Reiters«, besonders den Maler Franz Marc, der in Kochel begraben ist. Das Franz-Marc-Museum, frisch renoviert und erweitert, präsentiert viele Werke des Künstlers. Der oberhalb des Kochelsees liegende dunkelgrüne **Walchensee** ist ein Dorado für Windsurfer und Angler. Sehr beliebt ist die Fahrt vom Dorf Walchensee mit der Bergbahn hinauf zum **Herzogstand** (1731 m). Schwindelfrei wandern, mit herrlicher Aussicht auf das Voralpenland und die oberbayerischen Seen, hinüber zum **Heimgarten** (1788 m) und steigen von dort wieder ab nach Walchensee.

Aber die Alpenstraße biegt schon bei Wallgau nach Osten ab und führt durch eine erstaunlich einsame Berglandschaft zum **Sylvenstein-Stausee.** Und auch der hat seine Reize. In den 1950er-Jahren versank das Dorf Fall in den Fluten der aufgestauten Isar, und ein wenig erinnert der große See mit seinem grünblauen Wasser an Norwegen oder Kanada.

❯ Tegernsee und Schliersee

Über den Achenpass (941 m) und das durch die CSU-Klausuren bekannte **Wildbad Kreuth** geht es nunmehr an den **Tegernsee,** wo es mit der Ruhe erst einmal wieder vorbei ist. An diesen Münchner Haussee strömen an schönen Wochenenden wahre Heerscharen von Ausflüglern, denn mit dem Auto ist man von München schon in einer

guten halben Stunde dort – wenn man nicht mal wieder vor Holzkirchen im Stau steckt, was besonders bei der abendlichen Rückfahrt passieren kann.

Mit den Türmen der spätgotischen Pfarrkirche St. Laurentius bietet **Rottach-Egern** am südlichen Seeufer die eleganteste Ansicht und die Seepromenade mit dem teuersten Cappuccino. Das historische und kulturelle Zentrum der Region ist aber der Ort **Tegernsee** ein paar Kilometer nördlich. Sein Kloster wurde schon 746 geweiht und ist damit nach Benediktbeuren das älteste im Voralpenland. Heute sind hier ein Gymnasium und – typisch Bayern – das Herzogliche Brauhaus Tegernsee untergebracht, dessen zünftiges Bräustüberl überaus populär ist. Sogar einen weißen Sandstrand hat Tegernsee eigens für die anspruchsvollen Gäste aufgeschüttet.

Aussicht gefällig? Auf den **Wallberg** (1722 m) kommt man mit der Bergbahn hinauf. Mutige schweben mit dem Gleitschirm wieder hinunter; wer lieber festen Boden unten den Füßen behält, nimmt den Sommerweg durch den Wald. Der Rundblick (270 Grad) vom Panoramarestaurant der Gipfelstation (1620 m) reicht von den vergletscherten Zentralalpen über das Karwendelgebirge bis zur Zugspitze. Am 21. Juni brennt hier oben das schönste Sonnwendfeuer Bayerns.

Etwas ländlicher gibt sich der benachbarte **Schliersee,** einst Jagdrevier des legendären Wildschützen Jennerwein, bevor er »weggeputzt von dieser Erd« auf dem Dorffriedhof begraben wurde. Auch an diesen See strömen

> Der Wendelstein – ein Münchner Hausberg mit grandioser Aussicht

jede Menge Ausflügler. In zwei Stunden kann man ihn bequem umwandern. Beliebt ist auch die Tour zum kleinen **Spitzingsee** (1084 m) mit der famosen Aussicht vom Spitzingsattel (1128 m). Wer noch höher hinauswill, fährt mit der Taubensteinbahn vom Spitzingsee hinauf auf den Taubenstein (1692 m), wandert hinüber auf die **Rotwand** (1884 m) und steigt danach zum Spitzingsattel ab.

› Rund um den Wendelstein

Die nächste interessante Station auf der Alpenstraße ist das schmucke **Bayrischzell** im Tal zwischen Wendelstein und Großem Traithen, mit spätgotischem Kirchturm und traditionellen alpenländischen Häusern. Hier wurde 1883 Bayerns erster Trachtenverein gegründet, mit erstaunlich liberalen Regeln. Die Festtagsdirndl von Bayrischzell sind noch heute eine Augenweide und werden natürlich im Ort geschneidert und nicht etwa in chinesischen Fabriken wie die Billigware, die oft auf dem Münchner Oktoberfest spazieren getragen wird.

Direkt vor der Tür liegt der **Wendelstein,** der Münchner Hausberg schlechthin. Seinen Gipfel erreicht man mit Deutschlands ältester Zahnradbahn (von Brannenburg) oder mit der wesentlich jüngeren Wendelsteinbahn (von Osterhofen). So kommt man nicht nur schnell zu einer fantastischen Aussicht auf Berchtesgadener Alpen im Osten, Zillertaler Alpen im Südwesten und Wettersteingebirge im Westen, sondern kann auf diese Weise auch die verschiedensten Wanderungen kombinieren. Im Geopark Wendelstein erfährt man, dass der Berg vor gar nicht langer Zeit (nun ja, etwa vor 230 Mio. Jahren!) noch Teil eines Korallenriffs in einem subtropischen Ozeans war. Geh weida, Zeit bleib steh! Jahrmillionen müssen die im Wendelsteinkircherl geschlossenen Ehen ja nun nicht halten …

❯ In den Chiemgauer Alpen

Auf dem Weg vom Mangfallgebirge in die Chiemgauer Alpen geht es über Sudelfeldstraße und -pass (1123 m) zum sagenumwobenen Wasserfall Tatzelwurm, der über drei Stufen insgesamt etwa 100 m in die Tiefe stürzt. Von hier führt die bei Motorradfahrern beliebte kurvenreiche Tatzelwurmstraße (gebührenpflichtig) in Richtung Norden nach Brannenburg. Kurz darauf ist der Inn erreicht: **Nussdorf am Inn** glänzt durch einen malerischen Ortskern mit barocken Kirchen und blumengeschmückten Bauernhäusern. 2001 wurde Nussdorf zum schönsten Dorf Bayerns gewählt.

Die gleiche Ehre widerfuhr auch schon dem südöstlich von Frasdorf gelegenen **Aschau im Chiemgau.** Von der mächtigen Burg Hohenaschau blickt man ins Tal, und mit der Kleinkabinenbahn kann man auf die Kampenwand (1669 m) fahren, um die herrliche Aussicht auf Chiemsee und Chiemgauer Berge zu genießen. »I gang so gern auf'd Kampenwand, wann i mit meina Wampn kannt«, lautet ein beliebter bayrischer Stoßseufzer, doch die leichte Gourmetküche, die Meisterkoch Heinz Winkler in Aschau serviert, gilt nicht als Ausrede!

Bis **Bernau** näher sich die Alpenstraße dem Bayrischen Meer, dessen Umrundung auf dem Chiemgauer Rundweg sich jetzt als Abstecher anbietet. Vom Malerwinkel bei **Breitbrunn** blickt man auf die Insel **Herrenchiemsee** – ihr unvollendetes Schloss sollte König Ludwigs Traum von einem bayrischen Versailles verwirklichen – und auf den uralten Turm der Benediktinerinnenabtei auf der kleineren Insel **Frauenchiemsee,** die bis auf karolingische Zeiten zurückgeht. Im Hafen von **Prien** starten die Ausflugsdampfer zu den beiden Inseln. Unbedingt sehenswert ist auch die spätromanische Kirche St. Jakobus in **Urschalling** kurz vor Prien mit Fresken aus den Jahren 1200 und 1380.

Die Alpenstraße aber ignoriert den See und will lieber in die Berge. Bei Marquartstein kreuzt sie das Tal des Tiroler Achens und führt über Unterwössen und den Maserer-Pass (793 m) in den besonders schneesicheren Wintersportort **Reit im Winkl,** der nicht nur den Fans der Skirennläuferin Rosi Mittermaier ein Begriff ist. Danach wird **Ruhpolding** angesteuert, das 1933 von einem Berliner Reisebüro als Sommerfrischeziel für Flachlandtiroler entdeckt wurde. Die betagten männlichen »Ruapodinger« können noch manche »voglwuide G'schicht« von einsamen norddeutschen Urlauberinnen erzählen, die in schweren Kriegs- und Nachkriegszeiten bei den Dorfburschen Trost fanden. Mit der barocken Pfarrkirche St. Georg besitzt Ruhpolding eine der schönsten Dorfkirchen Oberbayerns. Besonders wertvoll ist die romanische Schnitzfigur der Ruhpoldinger Madonna.

❯ Im Berchtesgadener Land

Kurz vor ihrem Ziel läuft die Deutsche Alpenstraße noch einmal zur Höchstform auf. In **Schneizlreuth** (Kennern als Heimat einer ganz besonderen Schönheitskönigin, nämlich der Volkssängerin Bally Prell, ein Begriff) vereinigt sie sich mit der Deutschen

Allgemeine Infos

>> **ProLindau Marketing,** Ludwigstr. 68, **88131 Lindau (Bodensee),** Tel. (0 83 82) 26 00 30, Fax 260026, www.lindau.de

>> **Tourismus & Sport Oberstdorf,** Prinzregenten-Platz 1, **87561 Oberstdorf,** Tel. (0 83 22) 70 00, Fax 70 02 36, www.oberstdorf.de

>> **Tourist-Information Garmisch-Partenkirchen,** Richard-Strauss-Platz 2, **82467 Garmisch-Partenkirchen,** Tel. (0 88 21) 18 07 00, Fax 18 07 55, www.garmisch-partenkirchen.de

>> **Tourist-Information Mittenwald,** Dammkarstr. 3, **82481 Mittenwald,** Tel. (0 88 23) 3 39 81, Fax 27 01, www.mittenwald.de

>> **Ferienregion Tegernsee-Schliersee-Wendelstein,** Tegernseer Str. 20a, **83734 Hausham,** Tel. (0 80 26) 92 07 00, Fax 92 41 66, www.tegernsee-schliersee-wendelstein.de

>> **Chiemgau Tourismus e.V.,** Ludwig-Thoma-Str. 2, **83278 Traunstein,** Tel. (08 61) 5 82 23, Fax 6 42 95, www.chiemgau-tourismus.de

>> **Berchtesgadener Land Tourismus GmbH,** Bahnhofplatz 4, **83471 Berchtesgaden,** Tel. (0 86 52) 65 65 00, Fax 6 56 50 99, www.berchtesgadener-land.com

Essen und Unterkunft

>> **Lindau (Bodensee):**

Gasthof Inselgraben, Familie Barz, Inselgraben, Tel. (0 83 82) 54 81, www.inselgraben.de. Gemütliche Unterkunft auf der Insel, geschätzt bei Radfahrern. Das Gasthaus serviert Bodenseeküche wie Lindauer Pfännchen oder Felchen Müllerin. Hübscher kleiner Biergarten und Dachterrasse. ○

Wunderwerk Kochkunst, Hintere Insel 1, Tel. (0 83 82) 2 77 30 90. Neue vielgelobte Gourmetadresse. Marcus Schönhoff verwandelt streng ausgesuchte Zutaten von regionalen Biobauern zu eklektischen Köstlichkeiten. ○○–○○○

>> **Oberstdorf:**

Landhaus Freiberg, Freibergstr. 21, Tel. (0 83 22) 9 67 80, Fax 96 78 43, www.landhaus-freiberg.de. Deutschlands kleinstes Viersternehotel sieht nur von außen wie ein typisches Landhaushotel aus. Die großzügigen Zimmer zeigen dagegen modernes, klares Design. Im Hotelrestaurant **Maximilians** wird exzellent gekocht. Lokale Delikatessen sind Krebse aus dem Oberstdorfer Moorweiher und pochiertes Allgäuer Kalbsfilet. ○○○

>> **Oberammergau:**

Pension Zum Kirchenbauer, Schnitzlergasse 16, Tel. (0 88 22) 92 35 97, Fax 93 51 71, www.zum-kirchenbauer.de. Zauberhaftes Haus mit Lüftmalerei von Zwinck und wunderbar wohnlichen Zimmern. In der Bauernstube mit Kachelofen gibts ein reichhaltiges Frühstück mit regionalen Produkten aus den Ammergauer Alpen. ○

>> **Garmisch-Partenkirchen:**

Gasthof zum Rassen, Ludwigstr. 45, Tel. (0 88 21) 20 89, Fax 7 11 43, www.gasthof-rassen.de. Schönes altes Haus mit Lüftlmalerei, preiswerten Gästezimmern und dem ältesten bayrischen Bauerntheater. Der Gasthof tischt gute bayrische Gerichte auf. ○–○○

>> **Mittenwald:**

Post Hotel Mittenwald, Obermarkt 9, Tel. (0 88 23) 9 38 23 33, Fax 9 38 29 99, www.posthotel-mittenwald.de. Das komfortable Hotel entstand aus einer Thurn- und Taxischen Poststation. Individuell eingerichtete Komfortzimmer, viele mit Balkon und herrlichem Ausblick auf die Berglandschaft. Internationale und bayrische Küche serviert das bodenständige Restaurant. Im Herbst schmecken Medaillons und Ragout vom Karwendelhirsch. ⊙⊙

›› Tegernsee:

Bischoff am See, Schwaighofstr. 53, Tel. (0 80 22) 39 66, Fax 17 20, www.bischoff-am-see.de. Das Maß aller Dinge am »Promisee«: luxuriöse Zimmer im Asia-Design, dazu das beste Restaurant weit und breit, nach Feng-Shui-Prinzipien gestaltet und mit großartigem Panoramablick. Witzigmann-Schüler Markus Bischoff kredenzt leichte Küche mit französischen, italienischen und asiatischen Akzenten, aber auch ein bayrisch-rustikales Gourmetmenü mit Bachsaibling und Kalbfleischroulade steht auf der Karte. Phänomenal ist die Weinkarte mit fast 800 Gewächsen aus 14 Ländern. ⊙⊙⊙

Herzogliches Bräustüberl Tegernsee, Schlossplatz 1, Tel. (08 22) 41 41, www.braeustueberl.com, s. S. 26. ⊙

›› Schliersee:

Stögeralm, Stögeralm 1, Tel. (0 80 26) 21 73, Fax 45 44, www.stoegeralm.de. Schönes Almgasthaus oberhalb des Schliersees mit vorzüglicher bayrischer Küche. Traditionelle Spezialität ist die gegrillte Ente, als Nachspeise gibt es karamellisierten Kaiserschmarrn. ⊙

›› Bayrischzell:

Alpenhof, Osterhofen 1, Tel. (0 80 23) 9 06 50, Fax 90 65 20, www.der-alpenhof.de. Höchst elegante Zimmer und besonders luxuriöse

Themensuiten mit Blick auf das Wendelsteinmassiv verwöhnen den Gast. In der **Alpenstube** serviert Paul Urchs, der bei Heinz Winkler gelernt hat, erlesene französisch-mediterran inspirierte Gourmetküche. Die Weinkarte gleicht einer önologischen Luxusreise rund um die Welt. In der Bauernstube kommen »Fürstlich Bayrisches« und köstlicher Kuchen auf den Tisch. ⊙⊙⊙

›› Aschau im Chiemgau:

Residenz Heinz Winkler, Kirchplatz 1, Tel. (0 80 52) 1 79 90, Fax 17 99 66, www.residenz-heinz-winkler.de. Hier wirkt einer der ganz großen Köche Deutschlands, der konsequent auf leichte kulinarische Sinfonien setzt. 1989 kaufte Heinz Winkler die spätmittelalterliche Anlage, die jahrhundertelang das Hotel Post war, und wandelte sie in ein Vitalresort erster Güte um. Ideal für ein Verwöhnwochenende zu zweit: Thalasso-Therapie, Schlankheitskuren, Schönheitsbehandlungen u. v. m. sind im Angebot. ⊙⊙⊙

›› Ramsau:

Gasthof Oberwirt, Im Tal 86–94, Tel. (0 86 57) 2 25, Fax 13 81, www.oberwirt-ramsau.de. In der Nähe der berühmten Wallfahrtskirche bietet der um 1500 erbaute Gasthof komfortable Unterkunft, dazu zünftige bayrische Küche mit eigener Metzgerei und schattigem Biergarten. ⊙

›› Königssee:

Hotel Schiffmeister, Seestr. 34, Tel. (0 86 52) 9 63 50, Fax 96 35 18, www.hotel-schiffmeister.de. Traditionsreiches Haus an der Schiffsanlegestelle im Ortsteil Königssee. Hier hat Ludwig Ganghofer länger gewohnt. Viele Zimmer haben Seeblick. ⊙

Ferienstraße Alpen–Ostsee und führt über den Schwarzbachwachtsattel (868 m). An der Alpenstraße liegt auch das malerische Bergdorf **Ramsau.** Unübersehbar am Weg ist die tausend Jahre alte Hindenburglinde, mit 15 m Stammumfang und 35 m Kronendurchmesser einer der größten und ältesten Baumriesen in Deutschland.

Richtung Westen zweigt eine Nebenstraße ab. Sie führt zur 1692 barock erweiterten Pfarrkirche, die vor dem malerischen Hintergrund der Reiteralpe ein beliebtes Kalendermotiv ist. Kunstgeschichtlich bedeutender ist jedoch die in einsamer Höhe über einem bewaldeten Tal und vor eindrucksvoller Gebirgskulisse gelegene Wallfahrtskirche der Sennerinnen, **St. Mariä Himmelfahrt am Kunterweg,** ein zwischen 1731 und 1733 geschaffenes Rokokojuwel. Das Deckenfresko zeigt eine triumphierende Gottesmutter, die Blitze auf die 1733 aus dem Berchtesgadener Stiftsgebiet vertriebenen Lutheraner schleudert. Zu Erntedank stellt man die kunstvollen Fuikln, den Kopfschmuck des Viehs beim Almabtrieb, in der Kirche auf.

Einige Kilometer weiter die Ramsauer Ache entlang kommt man zum türkisblauen Hintersee. Gut drei Stunden geht man von hier zur Blaueishütte (1680 m), von der man über die Blaueisscharte zum **Blaueisgletscher** aufsteigen kann. Der nördlichste Gletscher der Alpen liegt unterhalb des Hochkaltergipfels (2606 m). Allerdings ist das Eis in den letzten zwei Jahrzehnten stark zurückgegangen. Man unternimmt die leichte Klettertour daher am besten Mitte Juni.

Eine der schönsten Ansichten von **Berchtesgaden** und seiner grandiosen Bergkulisse mit dem nie von einer Seilbahn gezähmten **Watzmann** (2713 m) bietet sich von der Wallfahrtskirche **Maria Gern,** die nördlich von Berchtesgaden liegt. Die Stadt selbst ist wiederum ein Zentrum der Lüftlmalerei und dementsprechend attraktiv.

Von dem Aussichtsgipfel **Jenner** (1874 m), bequem mit der Jennerbahn zu erreichen, bietet sich ein unbeschreiblicher Blick auf die mächtige Wand des Watzmanns und hinunter auf den tiefgrünen **Königssee** sowie die kleeblattförmige Wallfahrtskirche **St. Bartholomä** (um 1700). Auf dem Königssee kann man mit dem Boot bis zur Endhaltestelle **Salet** fahren und von dort zum stillen **Obersee** hinüberwandern. Anspruchsvoller ist die Tour zum **Grünsee** und hinauf zum **Feldkogel** (1886 m): ein wahrlich würdevolles Ende dieser spektakulären Reise in einen Landstrich, den schon der weitgereiste Naturforscher Alexander von Humboldt zu den schönsten der Erde zählte.

❯ Maria Gern liegt in einem Hochtal

Deutsche Alpenstraße ohne Auto

Teile der Alpenstraße lassen sich per Bahn plus Rad/Wanderung erobern. Von München fahren Regionalzüge mit Fahrradabteil u. a. nach Lindau, Oberstaufen, Immenstadt, Oberstdorf, Füssen, Garmisch-Partenkirchen, Mittenwald, Tegernsee, Schliersee, Bayrischzell, Prien am Chiemsee und Berchtesgaden. Radler suchen sich eine Etappe auf dem 428 km langen **Bodensee-Königssee-Radweg** von Lindau nach Berchtesgaden aus: Großteils verläuft die Route auf ruhigen Landstraßen, gelegentlich auch auf unbefestigten Wegen. Mit Steigungs- und Gefällstrecken muss man rechnen, doch der Radweg vermeidet die steilen Pässe der Alpenstraße. Viel bergab geht es z. B. von Oberstaufen nach Lindau, auch der Abschnitt zwischen Schliersee und Chiemsee radelt sich angenehm. Es gibt 30 fahrradfreundliche Hotels, Gasthöfe und Pensionen entlang der Strecke. (www.bodensee-koenigssee-radweg.com)

> St. Bartholomä im Königssee

Mountainbiker mögen es steil: Sie kommen rund um Garmisch-Partenkirchen und Mittenwald, im Mangfallgebirge südlich von Tegernsee und Schliersee und rund um Berchtesgaden auf ihre Kosten. Eine sehr fordernde Tour führt von Elmau (ca. 1000 m Höhe) hinauf zum Königshaus Ludwigs II. am Schachen auf 1866 m Höhe. Besonders eklektisch ist der mit Teppichen, Schnitzwerk und farbigen Ornamentfenstern geschmückte türkische Saal im Obergeschoss (Führungen Juni bis Anfang Okt.). Sehenswert ist auch der Botanische Alpengarten. Etwa 74 % sind Schotterwege, 25 % Trails. Eine weitere Hammertour führt vom Ort Tegernsee über die Neureuth-Grindelalm zum Schliersee und über die Kreuzbergalm zurück nach Tegernsee. Mittelschwer ist die Tour von Mittenwald an Lautersee und Ferchensee vorbei auf den Hohen Kranzberg (Rückfahrt über Klais und Krün).

Die Stationen der Alpenstraße bieten zahllose **Wandermöglichkeiten.** So kann man in 22 Tagesetappen die Strecke zwischen Lindau und Berchtesgaden auf Schusters Rappen bewältigen, wie es der bayerische König Maximilian 1858 tat. Allerdings weicht der ausgeschilderte Maximiliansweg auf weiten Strecken vom Originalweg des Königs ab. Zwischen Lindau und Sonthofen wandert man größtenteils auf österreichischem Gebiet. Beste Wanderzeiten sind Ende Mai bis Ende Juni und der Herbst. Höchster Punkt ist die Hochplatte (2082 m), die Tagesetappen sind zwischen 15 und 20 km lang, so dass man etwa 6 Stunden pro Tag geht. (www.maximiliansweg.de)

Deutsche Weinstraße

> Deutschlands älteste Ferienstraße führt durch
> Fachwerkdörfer , durch sanfte Weinberge,
> die im Herbst gelb und rot leuchten, und durch eine
> oft mediterran anmutende Hügellandschaft.

› Herbstlich leuchtende Weinhänge bei Edenkoben

Schon 1935 wurde die Deutsche Weinstraße mit viel nationalem Brimborium eröffnet, und seither ist ihre Beliebtheit ungebrochen. Wer eine Entdeckungsreise auf der Weinstraße unternimmt, wird Romantisches, Schönes und Unerwartetes erleben. Fast toskanisch gibt sich die Pfälzer Sonnenlandschaft. Schon Ende März blühen Mandelbäume in Rosa und Weiß, und ein azurblauer Himmel kündigt bereits den Sommer an. Man sollte sich Zeit nehmen für die romantischen Winkel der Winzerdörfer, die auf schroffen Felsen thronenden Burgruinen und natürlich für den Wein, der vielleicht die positivste Überraschung ist. Längst wird in der Pfalz reiner Wein eingeschenkt, die Großen Gewächse sind auf dem Vormarsch, immer mehr Rotweine erreichen Spitzenprämierungen. Viele Winzer bieten Urlaub auf ihrem Weingut an und lassen sich bei der Arbeit gern auf die Finger schauen. Genussreisende auf der Weinstraße erleben, besichtigen und verkosten nicht nur 2000 Jahre Weinkultur in Mitteleuropa, sondern auch die rosige Zukunft des pfälzischen Weins.

Gemütlich schlängelt sich die Ferienroute entlang der Bundesstraßen 271 und 38 von Bockenheim, dem Tor zur Deutschen Weinstraße, durch zahlreiche idyllische Winzerdörfer. Durchs Leininger Land geht es von Grünstadt und Neuleiningen über Freinsheim in die Kurstadt Bad Dürkheim, weiter ins kulinarisch berühmte Deidesheim, dann nach Neustadt an der Weinstraße mit seinem Hambacher Schloss. Nächstes Ziel ist das Winzerdorf Sankt Martin. Es folgt Edenkoben mit der Villa des Bayernkönigs Ludwig I. Ein Abstecher führt in die Reichsstadt Annweiler und zur Burg Trifels, dann geht es wieder durch Winzerdörfer wie Leinsweiler und schließlich in die Kurstadt Bad Bergzabern. Die Weinstraße endet unter dem Deutschen Weintor von Schweigen-Rechtenbach.

› Durchs Leininger Land

Ein modernes »Römisches Kastell«, das Haus der Deutschen Weinstraße (1995), markiert in **Bockenheim** das Gegenstück zum Deutschen Weintor in Schweigen an der französischen Grenze. Kein Wunder, waren es doch die Römer, die den Weinbau in die heutige Pfalz brachten. Bockenheim ist die Hochburg des Rieslings, der hier auf fruchtbarem Lössböden besonders gut gedeiht, und zwar seit über tausend Jahren. In der Pfarrkirche St. Lambert stimmt die gotische Traubenmadonna auf eine gesegnete Weinreise ein.

Grünstadt, das Zentrum der Unterhaardt und alte Residenz der Grafen von Leiningen, hat unter Kriegen sehr gelitten, doch ist die freundliche Kleinstadt ein gutes Standquartier für Rad- und Wandertouren ins Eckbach- und Eistal. Die Kirche des malerischen Ortsteils **Asselheim** besitzt einen ungewöhnlichen romanischen Rundturm. Im Sommer spaziert man hinauf zur Weinwanderhütte (bewirtschaftet

Im Überblick

Kontakte: Deutsche Weinstrasse e.V., Martin-Luther-Str. 69, 67433 Neustadt a. d. Weinstraße, Tel. (0 63 21) 91 23 33, Fax 91 23 30, www.deutsche-weinstrasse.de
Südliche Weinstrasse e.V., An der Kreuzmühle 2, 76829 Landau, Tel. (0 63 41) 9 40-407, Fax 9 40-502, www.suedlicheweinstrasse.de.
Bundesland: Rheinland-Pfalz
Streckenlänge: ca. 85 km
Reiseplanung: mindestens 2, besser 4 Tage
Lohnende Abstecher: Annweiler mit Trifels, Wissembourg (Frankreich)

April–Okt. Sa ab 14, So ab 10 Uhr), genießt die Aussicht auf Weingärten und Rheintal, und schwankt anschließend, selig berauscht vom einen oder anderen Schoppen, zurück nach Asselheim. Amüsant ist der Weinwettstreit in Pfälzer Mundart, der am ersten Sonntag im Oktober stattfindet. Stolz ist man in Grünstadt auch darauf, dass die hier 2005 beim Weinwettstreit am Jakobimarkt gewählte Weingräfin des Leiningerlands, Sylvia Benzinger, später zur Deutschen Weinkönigin gekrönt wurde – da feierte die ganze Pfalz mit.

Ein Abstecher gen Südwesten führt von Grünstadt in das malerisch an einem steilen Berghang inmitten von Weinbergen gelegene, denkmalgeschützte Fachwerkdorf **Neuleiningen,** überragt von einer mittelalterlichen Burg, die seit dem Pfälzischen Erbfolgekrieg 1689 eine Ruine ist. Die Gassen des Weindorfs dienten schon öfter als Filmkulisse. Sehenswert ist die katholische Kirche St. Nikolaus, deren Chor ein spätgotisches Netzgewölbe zeigt.

Auf schöner Fahrt durch den Pfälzerwald geht es nach **Altleiningen,** das ebenfalls von einer Burg bekrönt wird. Im Sommer wird hier ambitioniert Laientheater gespielt, und preiswert übernachten kann man auch: Die Burg ist heute eine Jugendherberge. Gegessen wird im Rittersaal, geplantscht im einstigen Burggraben, der zum Schwimmbad umfunktioniert wurde.

Durch Weingärten, Obstwiesen und Felder fährt man auf der Hauptroute weiter in die unter den wogenden Reben fast versteckte Winzergemeinde **Freinsheim.** Die mittelalterliche Stadtmauer mit ihren Türmchen und Toren gilt als besterhaltene Wehranlage der Pfalz. Auch der barocke Stadtkern ist sehr sehenswert, besonders das Rathaus von 1750 mit überdachter Freitreppe. Romantische Winkel, wohin man schaut: An Sandsteinmauern kriecht Wein empor, üppig blüht es in den Bauerngärten. Besonders viele Besucher kommen zum Stadtmauerfest im Juli. Die kulinarischen

Verführungen im michelinbesternten Restaurant Luther kann man das ganze Jahr über genießen: Nur das Beste aus der Region, so lautet die Devise des badischen Kochs Dieter Luther.

Weinkenner pilgern in das nahe **Herxheim am Berg.** Vom Kirchgarten hinter dem protestantischen Gotteshaus schaut man hinunter auf die Städte der Rheinebene.

❯ Im größten Weinfass der Welt: Bad Dürkheim

Schon die Römer schätzten die Heilquellen von Bad Dürkheim, die gegen Rheuma, Bronchitis und andere Beschwerden helfen. Noch heute trinkt man in der Brunnenhalle des Staatsbads während der Weinlese frisch gepresste Traubensäfte zur Entwässerung. Eher der Entreicherung ist die im klassizistischen Kurhaus am Schlossplatz untergebrachte Spielbank des Ortes gewidmet. Das 333 m lange Gradierwerk der Saline von 1847, auf deren Schwarzdornreisern das Heilwasser herabrieselt, brannte 2007 zum wiederholten Mal ab, der Wiederaufbau ist geplant. Die 1338 entdeckten artesischen Thermalsolen ersetzen fast den Kuraufenthalt am Meer.

Bekannt ist die Stadt aber vor allem wegen des Dürkheimer Riesenfasses, in das 1,7 Mio. Liter Wein passen würden, hätte man 1934 nicht ein Restaurant mit 600 Sitzplätzen daraus gemacht. Besonders während des Dürkheimer Wurstmarkts, des größten Weinfestes der Welt, wird im Fass gezecht und geschunkelt, was das Zeug hält. Die Festtradition geht bis in das späte Mittelalter zurück, und heute werden in den überdachten Ständen der »Schubkärchler« jede Menge prämierte Dürkheimer Tropfen kredenzt.

In der vorbildlich sanierten Innenstadt ist die um 1335 vollendete Schlosskirche (Turm von 1866) mit der Renaissance-Grabkapelle Graf Emichs XI. von Leiningen architektonisch besonders wertvoll (Mo–Fr 9 bis 12 Uhr). Im barocken Haus Catoir ist das Heimatmuseum untergebracht (Di–So 14–17 Uhr), in der alten Herzogmühle im Ortsteil Grethen das naturkundliche Pfalzmuseum (Di–So 10–17, Mi bis 20 Uhr).

Eine schöne Wanderung führt von der 1794 zerstörten mächtigen **Hardenburg** westlich von Bad Dürkheim hoch über dem Isenachtal zur romantischen **Klosterruine Limburg** oberhalb des Ortsteils Grethen. Vor fast tausend Jahren hatte Kaiser Konrad II. die Stammburg der Salier in eine Benediktinerabtei umgewandelt, noch heute sind romanische Fassaden zu bewundern. Leibliche Stärkung bietet die Klosterschänke, während Theateraufführungen und Konzerte im ehemaligen Langhaus der Basilika für Kulturgenuss sorgen.

Verwinkelte Gassen und schöne Winzerhöfe, vor denen Feigenbäume stehen, findet man im Dürkheimer Ortsteil **Ungstein.** Hier gedeiht der berühmte Ungsteiner Honigsäckel, ein besonders aromatischer Riesling. Oberhalb Ungsteins hat man Überreste des 20 n. Chr. angelegten römischen Weinguts Weilberg freigelegt, darunter eine Kelteranlage und Reste einer Landvilla. Von hier bietet sich ein herrlicher Blick auf Bad Dürkheim.

❯ Sektmetropole der Pfalz: Wachenheim

Nur wenige Kilometer südlich von Bad Dürkheim liegt das von eleganten Villen geprägte Wachenheim, dessen 1888 gegründete Sektkellerei **Schloss Wachenheim** (Führung nur für Gruppen) die größte der Welt ist. Im angeschlossenen »Schloss-Restaurant Cuvee 1888« kann man den edelen Cremant Pfalz brut verkosten und auch vorzüglich speisen.

Ein großartiger Ausblick über die Weinfelder – berühmt sind Weinlagen wie Schenkenböhl – auf die Rheinebene bietet sich von der Ruine der um 1160 erbauten Burg **Wachtenburg,** die gerne Balkon der Pfalz genannt wird. Von Mai bis Oktober hat die Burgschänke geöffnet. Auch das renommierte Stammhaus des **Weinguts Dr. Bürklin-Wolf** kann man besichtigen: die elegante Villa des Pfälzer Flaschenbarons Wolf aus dem 19. Jh. mit herrlichem Garten und alten Bäumen. Die sommerlichen kulinarischen Hofkonzerte sind sehr beliebt. Wie gut es rund um Wachenheim schon den Römern gefiel, beweist die um 1980 entdeckte, vortrefflich restaurierte Villa Rustica aus dem 2. Jh.

Feigenbüsche und Reben prägen das hübsch restaurierte Dorf **Forst.** Auch hier bestimmen alte Winzerhöfe und vornehme Weingüter das Bild. Auf basalthaltigen Böden – eine Rarität in der Pfalz – gedeihen Spitzengewächse. Mit Rieslinglagen wie Forster Kirchenstück, Forster Ungeheuer und Forster Jesuitengarten lässt sich Staat machen. Wanderer spazieren durch die Weinberge bis zur Madonna im Mariengar-

ten oder in den Pfälzerwald durch das Kirschental bis zum Basaltsteinbruch des Pechsteinkopfs.

Für Familien bietet sich der große **Kurpfalzpark** unterhalb des 516 m hohen Eckkopfes im Pfälzerwald an: ein beliebter Wild- und Erlebnispark mit Attraktionen für Groß und Klein.

❯ Paradies der Feinschmecker: Deidesheim

Ungebetene internationale »Gäste« wie Ungarn oder Normannen schauten schon vor tausend Jahren in Deidesheim vorbei. Später kam Helmut Kohl, der seinem Freund »Frangsoa« und anderen internationalen Staatsbesuchern im Deidesheimer Hof nicht etwa die Spitzenküche des Restaurants »Schwarzer Hahn« vorsetzte, sondern pfälzischen »Saumaache« in der ebenfalls hoteleigenen Gaststube »St. Urban«. Beschwert hat sich damals nur die deutsche Presse. Wenigstens der Wein dürfte dem französischen Staatspräsidenten also bestens gemundet haben. Aber wenn es um die Deidesheimer Gourmettempel wie das Restaurant »Freundstück« im ehrwürdigen Ketschauer Hof geht, dann hagelt es Sterne und Kochmützen.

Das geradezu südländisch anmutende Deidesheim ist mit verwinkelten

> Museum für Weinkultur im spätgotischen Rathaus (1532) von Deidesheim

Gassen und schönen Fachwerkhäusern ein pfälzisches Vorzeigestädtchen. Die spätgotische Pfarrkirche St. Ulrich, eine dreischiffige Säulenbasilika, wurde zwischen 1440 und 1480 erbaut, und ihr Turm sieht aus, als hätte der Baumeister zu tief ins Glas geschaut: Er neigt sich sichtbar zur Seite! Die wechselnden Deidesheimer Turmschreiber, die – eher symbolisch – in einem Türmchen des Schlossgartens wohnen, scheint die schiefe Lage zu inspirieren. Vielleicht ist es aber auch der reichlich spendierte Deputatwein.

Im Rathaus mit überdachter Doppelfreitreppe (1724) veranschaulicht das Museum für Weinkultur die Geschichte des Weinbaus. Schon vor 50 Mio. Jahren wuchsen Weinreben, wie ein versteinertes Exponat beweist. Nur konnte im Eozän noch niemand etwas mit dieser Gottesgabe anfangen

(März–Dez. Mi–So 15–18 Uhr, www.weinkultur-deidesheim.de).

Etwas südöstlich von Deidesheim sorgt einer der größten Erlebnisparks Europas, der **Holiday Park Haßloch,** für Nervenkitzel.

› Neustadt an der Weinstraße

Schützende Bergkuppen bescheren der Region rund um Neustadt eine mediterran wirkende Vegetation. Im Stadtzentrum sorgen fast autofreie mittelalterliche Gassen mit spätgotischen Häusern und so mancher Weinstube für Weinstraßenromantik. Den schönen **Marktplatz** säumen das barocke Rathaus (1729), das um 1580 im Renaissancestil errichtete Scheffelhaus und die 1394 geweihte gotische Stiftskirche, die als Grablege der pfälzischen Kurfürsten genutzt wurde. Von ihrem Südturm schweift der Blick über das historische Marktplatzensemble und die Weinberge bis zum Pfälzerwald.

Liebhaber edler Pfälzer Tropfen zieht es natürlich ins **Haus des Weines,** das in einem der ältesten gotischen Häuser Deutschlands untergebracht ist. Erlesene Weine von 28 Winzerbetrieben und Genossenschaften sowie jede Menge Sekte können verkostet werden. Sogar heiraten darf man hier, aber die Entscheidung fürs Leben trifft man besser schon vor der Weinprobe.

Alte Loks gibts im **Eisenbahnmuseum** zu bewundern, das im historischen Pfalzbahn-Lokschuppen untergebracht ist. Die 1904 gebaute »Speyerbach«, rückt im Sommerhalbjahr jeden 2. Sonntag dampfschnaufend aus und zieht das Kuckucksbähnel in Richtung Elmsteiner Tal (Di–Fr 10–13, Sa, So 10–16 Uhr; www.eisenbahnmuseum-neustadt.de).

Am 27. Mai 1832 trafen sich an die 30 000 Bürger und Freiheitskämpfer aus vielen deutschen Ländern zur berühmten »Demo« an der **Hambacher Schlossruine** (bis Nov. 2008 geschl.), die damals dem bayrischen König Maximilian I. gehörte. Viele schwenkten schwarz-rot-goldene Trikoloren als Symbol für das Streben nach Freiheit, Bürgerrechten und deutscher Einheit. Da die wegen ihrer hohen Steuern und scharfen Zensurvorschriften unbeliebte bayrische Obrigkeit politische Kundgebungen verboten hatte, kündigte der »Deutsche Preß- und Vaterlandsverein« die Manifestation pfiffig als Volksfest an. Das bedeutete, dass jede Menge »deutscher Frauen und Jungfrauen« mit von der Partie waren – und viele Fässer Pfälzer Wein.

› Neustadts Weindörfer

Neun eingemeindete Weindörfer umgeben Neustadt. Besonders malerisch sind **Gimmeldingen, Königsbach** und **Mußbach,** dessen Herrenhof heute ein Kulturzentrum mit Weinbaumuseum ist (Mai–Okt. So 10–16 Uhr). In der Weinstube »Eselsburg« schmeckt der Saumagen besonders gut.

Äußerst gepflegt wirkt **Maikammer,** mit zahlreichen Winzerhäusern im Fachwerkstil und Patrizierhöfen aus der Zeit um 1900. Wer auf einem besonders liebenswerten Winzerhof nächtigen möchte, bucht Unterkunft im »Ullrichshof«. In der Kapelle im Ortsteil Alsterweiler ist einer der seltenen spätgotischen Flügelaltare der Pfalz zu sehen. Von hier führt ein Wanderweg das Alsterweiler Tälchen hoch zur **Kalmit,** mit 673 m höchster Berg des Pfälzerwalds. Dementsprechend fantastisch ist der Ausblick.

Nur 3 km vor Edenkoben liegt das schmucke Weindorf **St. Martin,** dessen Altstadtgassen die Pfarrkirche (mit gotischem Chor) und die 1689 zerstör-

› Hambacher Schlossruine

Allgemeine Infos

>> **Tourist-Information Grünstadt-Land,** Haus der Deutschen Weinstraße, Weinstr. 91b, 67278 **Bockenheim,** Tel. (0 63 59) 80 01-820, Fax 80 01-812, www.leiningerland.com

>> **i-Punkt Freinsheim,** Hauptstr. 2, 67251 **Freinsheim,** Tel. (0 63 53) 98 92 94, Fax 98 99 04, www.freinsheim.de

>> **Tourist Information Bad Dürkheim,** Kurbrunnenstr. 14, 67098 **Bad Dürkheim,** Tel. (0 63 22) 9 56 62 50, Fax 9 56 62 59, www.bad-duerkheim.de

>> **Tourist-Information Wachenheim,** Weinstr. 15, 67157 **Wachenheim,** Tel. (0 63 22) 95 80 32, Fax 95 80 11, www.wachenheim.de

>> **Tourist Service Deidesheim,** Bahnhofstr. 5, 67146 **Deidesheim,** Tel. (0 63 26) 9 67 70, Fax 96 77 18. www.deidesheim.de

>> **Tourist-Information Neustadt an der Weinstraße,** Hetzelplatz 1, 67434 **Neustadt an der Weinstraße,** Tel. (0 63 21) 9 26 80, Fax 92 68 10, www.neustadt.pfalz.com

>> **Südliche Weinstraße Annweiler am Trifels e. V., Büro für Tourismus,** Messplatz 1, 76855 **Annweiler,** Tel. (0 63 46) 22 00, Fax 79 17, www.trifelsland.de

>> **Tourismusverein Südliche Weinstrasse Bad Bergzabern e.V.,** Kurtalstr. 27, 76887 **Bad Bergzabern,** Tel. (0 63 43) 98 96 60, Fax 9 89 66 66, www.bad-bergzaberner-land.de

>> **Tourismusverein Wein & Kultur Schweigen-Rechtenbach,** Im Weintor, 76889 **Schweigen-Rechtenbach,** Tel. (06 42) 63 21, Fax (0 63 42) 91 95 87, www.schweigen-rechtenbach.de

Essen und Unterkunft

>> **Grünstadt:**

Am Bienenbrunnen, Hintergasse 2, Tel. (0 63 59) 81 09 25, www.bienenbrunnen.de. Unter dem Kreuzgewölbe des Gastraums oder im Garten mit provenzalischem Flair kommt im Ortsteil Sausenheim französische Küche mit Pfälzer Akzenten und italienischem Pfiff auf den Tisch. ○○

>> **Neuleinigen:**

Alte Pfarrey, Untergasse 54, Tel. (0 63 59) 8 60 66, www.altepfarrey.de. Neun romantisch-gemütliche Gästezimmer und die wunderbare Küche von Silvio Lange sorgen dafür, dass man hier länger bleiben möchte. ○○–○○○

>> **Freinsheim:**

Luther Hotel & Restaurant, Hauptstr. 29, Tel. (0 63 53) 9 34 80, www.luther-freinsheim.de, s. S. 36. ○○–○○○

Freinsheimer Hof, Breite Str. 7, Tel. (0 63 53) 5 08 04 10, www.restaurant-freinsheimer-hof.de. Das kleinste Hotel am Ort bietet nur vier Zimmer, die dafür aber wirklich schön sind. Dazu gibts vorzügliche regionale Küche. ○○

>> **Kallstadt:**

Müller's Landhotel, Freinsheimer Str. 24, Tel. (0 63 22) 27 92, www.muellers-landhotel.de. Vor einigen Jahren wandelte Jutta Müller ihr altes Winzerhaus in ein bezauberndes kleines Landhotel um. Im Weincafé oder auf der begrünten Terrasse kann man die Weine und Sekte ihres Guts Müller-Ruprecht verkosten oder den hausgemachten Kuchen genießen. ○○

>> **Bad Dürkheim:**

Gästehaus-Weingut Ernst Karst, In den Almen 15, Tel. (0 63 22) 28 62,

Fax 6 59 65, www.weingut-karst.de.
Hier schläft man in netten Zimmern
und Appartements direkt neben dem
Weingut, umgeben von ausgedehnten
Weingärten. ○–○○

›› Forst a. d. Weinstraße:
Weingut und Landhotel Lucashof,
Wiesenweg 1a, Tel. (0 63 26) 3 36,
Fax 57 94, www.lucashof.de. Übernach-
ten und Wein probieren lautet hier die
Devise, und die Rieslinge des Weinguts
sorgen ganz bestimmt für die nötige
Bettschwere. ○○

›› Wachenheim:
Schloss-Restaurant Cuvee 1888,
Kommerzienrat-Wagner-Str. 1,
Tel. (0 63 22) 9 42 70, s. S. 37. ○○

›› Deidesheim:
Deidesheimer Hof, Am Marktplatz,
Tel. (0 63 26) 9 68 70, Fax 76 85, www.
deidesheimerhof.de, s. S. 37. ○○○
Gasthaus zur Kanne, Weinstr. 31,
Tel. (0 63 26) 9 66 00, www.gasthaus
zurkanne.de. Das älteste Wirtshaus in
der Pfalz serviert kreative Pfälzer Küche
und dazu natürlich die Tropfen des
Weinguts Dr. Bürklin-Wolf, dem es
gehört. ○○
Restaurant Freundstück,
Ketschauerhofstr. 1, Tel. (0 63 26)
7 00 00, www.ketschauer-hof.de.
Preisgekrönte Gourmetküche vom
Allerfeinsten, serviert im ehemaligen
Gutshaus der Weindynastie Basser-
mann-Jordan. ○○○
Weingut Köhr, Hauptstr. 68,
Ruppertsberg (bei Deidesheim),
Tel. (0 63 26) 89 09, www.porta-vinea.
de. In diesem als besonders gastfreund-
lich ausgezeichneten Winzerhof kann
man in schicken Ferienwohnungen
übernachten. ○○

›› Neustadt an der Weinstraße:
Eselsburg, Kurpfalzstr. 62, Tel. (0 63 21)
6 69 84, www.eselsburg.de. Liebevoll
eingerichtete Weinstube mit schönem
Garten, beeindruckender Weinkarte
und Pfälzer Winzerküche. ○○
Hotel-Restaurant Burgschänke,
Rittersberg, Am Hambacher Schloss 19,
Tel. 3 99 00, www.hotel-rittersberg.de.
Ruhige Lage am Fuße des Hambacher
Schlosses. Tolle Ausicht. ○–○○

›› Maikammer:
Landhaus Faubel, im Weingut Ullrichs-
hof, Marktstr. 86, Tel. (0 63 21) 50 48,
Fax 5 73 88, www.ullrichshof-faubel.de.
Hier verlebt man wunderbare Winzer-
ferien bei einer gastfreundlichen
Großfamilie, deren Weine vorzüglich
munden. ○○

›› Rhodt unter Rietburg:
Alte Rebschule, Theresienstr. 200,
Tel. (0 63 23) 7 04 40, Fax 70 44 70,
www.alte-rebschule.de. Ein echtes
Wohlfühlhotel mitten in den Wein-
bergen. Zum Wellness-Angebot zählt
auch die »SanVino«-Therapie auf der
Basis von Wirkstoffen aus Rotwein und
Traubenkernen. ○○○

›› Frankweiler:
Weinstube Brand, Weinstr. 19,
Tel. (0 63 45) 95 94 90. Köstliche regionale Küche, gelegentlich auch asiatisch
inspiriert. ○○

›› Leinsweiler:
Zehntkeller, Weinstr. 5, Tel. (0 63 45)
30 75, www.weingut-siegrist.de,
s. S. 43, ○–○○

›› Bad Bergzabern:
Weinstube Weinschlössel, Kurtalstr. 10,
Tel. (0 63 43) 38 60. Gemütliches Wein-
lokal mit deftigen Pfälzer Spezialitäten
und Weinen aus der Südpfalz. ○○

› Rhodt unter Rietburg

te mittelalterliche Kropsburg überragen. Um die Kirche hat Winzer Peter Sträub einen Bibelgarten angelegt.

In **Edenkoben** bummelt man durch die Altstadtgassen (»Pädel«) und besucht das Museum für Weinbau und Stadtgeschichte (Apr.–Okt. Fr 16 bis 19 Uhr, Sa 15–18, So 14–17 Uhr; www. museum-edenkoben.de). Weinkenner pilgern zum ehemaligen **Kloster Heilsbruck** am westlichen Ortsende, ein Weingut mit historischem Keller, dessen Holzfässer eine halbe Million Liter fassen können. Vom mittelalterlichen Kloster sind das Refektorium, der Treppenturm der Kirche und ein Maulbeerbaum erhalten.

Gar den ältesten Weinberg der Welt will das 2 km südlich gelegene **Rhodt unter Rietburg** besitzen. Die historischen Winzerhöfe an der Theresienstraße, einer herrlichen Kastanienallee, sind mit ihren üppig bepflanzten Innenhöfen und alten Torbögen besonders pittoresk. Kein Wunder, dass dieses »Schatzkästlein der Pfalz« im Sommer auch Malerferien anbietet: Schließlich hat hier schon der gebürtige Bayer und Wahlpfälzer Max Slevogt (1868–1932) großartige impressionistische Gemälde geschaffen.

› Im pfälzischen Garten Eden

Slevogts Werke sind in der **Villa Schloss Ludwigshöhe** zu bewundern (April–Sept. 10–18, Okt.–März 10 bis 17 Uhr), die sich König Ludwig I. von Bayern im »pompejanischen Stil« erbauen ließ. Nach seiner Abdankung erholte er sich hier als königlicher Privatier von seiner Liasion scandaleuse mit Lola Montez und schwärmte nur noch für die Landschaft: »Welch milde Luft weht da! Dass mit süßen Früchten bedeckte Kastanien meine Villa umgeben, südlichen Klimas beste Zeugen!« Der Ausblick auf die Naturgärten der Pfalz ist tatsächlich so fantastisch, dass Ludwig weise auf das Anlegen eines Schlossparks verzichtete.

Noch mehr Aussicht gefällig? Von der Talstation der Rietburgbahn nahe der Ludwigshöhe schwebt man zur **Ruine Rietburg** (12. Jh.) hinauf. Wo Ritter Hermann von Riet 1254 nach einem Raubüberfall die deutsche Königin Elisabeth gefangenhielt, genießt man heute den Panoramablick von der bewirtschafteten Burgterrasse auf die Rheinebene (Karfreitag bis 1. Nov. Mo–Fr 9–17, Sa, So bis 18 Uhr).

Popstar Michael Jackson hat das Schloss im Winzerdorf **Edesheim** zum Glück doch nicht gekauft. So bleiben den Besuchern die Schlossfestspiele im Park der ehemaligen Wasserburg erhalten. Noch schöner ist der ausgedehnte Park der Privatklinik in **Gleisweiler,** den 1843/44 der Erbauer des Sanatoriums nach Plänen Leo von Klenzes mit exotischen Pflanzen anlegen ließ. Vom Sonnentempel schweift der Blick bis zum Schwarzwald und zu den Vogesen.

› Trifels: Wo Richard Löwenherz schmachtete

»Wer Trifels hat, hat das Reich«: Das galt zumindest in der Stauferzeit, als auf dieser loyalen Festung 300 m oberhalb der alten Reichsstadt Annweiler die Reichskleinodien gehütet wurden. Kaiser Heinrich VI. verwahrte hier gar einen König, nämlich Richard Löwenherz, der sich erst durch ein royales Lösegeld freikaufen konnte. Ob Richard die Aussicht vom (erhaltenen) staufischen Turm genossen hat, ist nicht überliefert, wohl aber, dass der aufbrausende königliche Kreuzritter seine Wächter unter den Tisch trank. Was man heute sieht, ist größtenteils treudeutscher Zeiten entsprungen; die Ruinen der Nachbarburgen Anebos und Scharfenberg ließ man hingegen ungestört verwittern. (Besichtigung von Trifels tgl. 9–17 bzw. 18 Uhr.)

Auf dem Weg zurück zur Weinstraße wartet noch eine Ruine mit Aussicht, die **Burg Landeck** oberhalb von Klingenmünster, in deren Burgschenke Rittermahlzeiten serviert werden. Die Abtei von **Klingenmünster** wurde wohl schon von den Merowingern gegründet. Teile der Ringmauer und des Kreuzgangs sind erhalten.

Ebenfalls wieder direkt an der südlichen Weinstraße bewacht die Burgruine Neukastell das sich idyllisch in die Weinberge schmiegende Fachwerkdorf **Leinsweiler**. Man genießt das Renaissance-Ensemble von Rathaus und plätscherndem Röhrenbrunnen, und lässt sich im Zehntkeller pfälzische Spezialitäten auftischen. Dazu wird ein guter Tropfen des lokalen Weinguts Siegrist kredenzt.

› Saubere Luft und viel Sonne: Bad Bergzabern

Im Dritten Reich war die Region von Bad Bergzabern alles andere als gemütlich, da das Grenzgebiet zum Elsass als Teil des Westwalls vermint wurde.

Heute kurt man in der vorbildlich restaurierten Südpfalztherme des hübschen, zum Staatsbad avancierten Städtchens, besichtigt die im Rokokostil ausgeschmückte Bergkirche, das barock umgestaltete Renaissanceschloss der Herzöge von Zweibrücken mit zwei mächtigen Rundtürmen und den prächtige Renaissancebau des Gasthauses Zum Engel (heute auch Stadtmuseum). Danach probiert man in der Weinstube Weinschlössel, ebenfalls ein schönes Renaissancegebäude, süffige Weine der »Südpfalz Connexion«: Das sind fünf junge Winzer zwi-

› Gasthaus Zum Engel, Bad Bergzabern

schen Birkweiler und Schweigen-Rechtenbach, die derzeit in der Pfälzer Weinszene für Aufsehen sorgen.

❯ Am Ende ist Schweigen

Südlich von Bad Bergzabern, in **Schweigen-Rechtenbach,** endet die Deutsche Weinstraße. Heute kann man durch das trutzige Deutsche Weintor, mit dem die Nazis 1936 den Franzosen zeigen wollten, wo der Wein deutsch wird, weiter ins Elsass fahren, nach **Wissembourg** (Weißenburg), denn eine richtige Grenze gibt es inzwischen gottlob nicht mehr. Man bummelt durch die Klein-Venedig genannte Fachwerkaltstadt am Wasser, besichtigt die gotische Abteikirche und lässt sich in einer »winstub« Elsässer Spezialitäten schmecken. Im Weintor selbst ist ein deutsch-französisches Touristenbüro untergebracht. Dort erfährt man, dass in Schweigen zwar die Deutsche Weinstraße endet, jedoch gleich hinter der grünen Grenze die nördliche Route du vin zwischen Wissembourg und Soultz-sous-Forêts beginnt, auf der man stille Winzerdörfer findet. Vive la différence!

❯ Radelspaß auf der Weinstraße

❯❯ Deutsche Weinstraße ohne Auto

Die großen Orte an der Weinstraße wie Grünstadt, Deidesheim, Edenkoben, Bad Dürkheim, und Bad Bergzabern sind mit der Bahn zu erreichen. Der 98 km lange »Radwanderweg Deutsche Weinstraße« verläuft fast durchgehend auf asphaltierten Wirtschafts- oder reinen Radwegen. **Tipp:** Am letzten Sonntag im August ist die gesamte Deutsche Weinstraße weitgehend autofrei.

Für Ausflüge auf Schusters Rappen sind die Orte der Weinstraße ideale Standquartiere. Der Pfälzerwald bietet unzählige Wanderoptionen. Durch Kastanienwälder führt der »historische« Weg von Neustadt zum Hambacher Schloss und weiter auf die Hohe Loog (618 m) mit Einkehrmöglichkeit. Von St. Martin erobert man auf einem 15 km langen Rundweg den höchsten »Berg« der Pfalz, die Kalmit (673 m). Reizvoll ist auch der Weg von Rhodt unter Rietburg über Schloss Ludwigshöhe hinauf zur Rietburgruine. Den Rückweg kürzt der einzige Sessellift der Pfalz ab. Eine »Burgenwanderung« führt von Annweiler zum Trifels, dann zur Ruine Scharfenberg und weiter zur Madenburg, die am steilen östlichen Gebirgsrand des Pfälzerwalds die Landschaft beherrscht und Ausblicke bis zum Schwarzwald, in die Rheinebene und den Odenwald bietet. Auf dem Rückweg geht es durch die Winzerdörfer Eschbach und Leinsweiler, bevor sich von der Burgruine Neukastell noch einmal ein grandioser Ausblick eröffnet.

Romantische Straße

Besucher von San Francisco bis Tokio begeistert die Erlebnisreise durch 2000 Jahre Kultur auf Deutschlands bekanntester Touristikroute.

› Rothenburg – ein Sehnsuchtsziel vieler Romantiker

Die fürstbischöflichen Residenzen von Würzburg und Füssen bilden Ausgangs- und Zielpunkt der Romantischen Straße. Auf gut 350 km führt sie von den Weinbergen Mainfrankens zur stolzen Alpenkulisse des Ostallgäus: durch mittelalterliche Fachwerkstädtchen, verträumte Flusstäler und sanfte Hügellandschaften, vorbei an Schlössern, Burgen und Barockkirchen. 27 Orte gehören dem 1950 gegründeten Tourismusverbund »Romantische Straße« an, dessen Idee es ursprünglich war, amerikanischen Besatzungssoldaten ein anderes, friedliches und von alter Kultur und Traditionen geprägtes Deutschland vor Augen zu führen. Das Konzept ging auf.

Bald entdeckten auch asiatische Besucher das »romantische« Deutschland, und so ist die Romantische Straße sogar auf Japanisch ausgeschildert. Die Japaner faszinierte Deutschlands berühmteste Ferienstraße so sehr, dass sie nach deutschem Vorbild 1982 eine »Japanese Romantic Road« gründeten. Seit 1988 besteht zwischen der deutschen und der japanischen Romantischen Straße eine Partnerschaft.

Die Romantische Straße ist durch eine klare Streckenführung gekennzeichnet, an der alle Orte des Verbunds liegen. Man kann der überall gut ausgeschilderten Route also bequem von Ort zu Ort folgen, wobei sich öfter kleine Abstecher vom Hauptweg anbieten. Seit einem Jahrzehnt hat sich der Durchgangsverkehr zwischen Nord und Süd auf die Autobahn A 7 verlagert, daher sind die Landstraßen, welche die Romantische Straße bilden, über weite Strecken angenehm ruhig geworden. Vom Main geht es zunächst durch das Taubertal und dann über die Frankenhöhe an der Wörnitz entlang hinunter zur Donau. Durch das Donauried gelangt man nach Augsburg und ab dort dem Lech flussaufwärts folgend nach Füssen im Allgäu.

❯ Würzburg – Weinseliges Barockjuwel am Main

Schon in Würzburg, dem nördlichen Ausgangspunkt, könnte der Zeitplan mächtig ins Wanken geraten. Denn nicht nur die barocken Kunststätten

❯ In der Würzburger Residenz

Im Überblick

Kontakt: Touristik-Arbeitsgemeinschaft, Waaggässlein 1, 91550 Dinkelsbühl, Tel. (09851) 551387, Fax 551388, www.romantischestrasse.de
Bundesländer: Bayern und Baden-Württemberg
Streckenlänge: 350 km Nord-Süd
Reiseplanung: mindestens 3, besser 5 Tage
Lohnende Abstecher: Volkach, Veitshöchsheim, Randersacker, Stuppach, Wieskirche

der Mainstadt halten den Reisenden auf, sondern auch ihre Weinlokale. Bei Schäufela und Steinwein in der »Alten Mainmühle« mit großartigem Blick über die Stadt auf die Festung Marienberg wird schnell klar: Heute wird das nichts mehr mit der Weiterfahrt.

Muss ja auch nicht. Schließlich sollte man wenigstens die barocke **Würzburger Residenz** besuchen (April bis Okt. 9–18, Nov.–März 10–16 Uhr, www.schloesser.bayern.de) und dort das grandiose Treppenhaus Balthasar Neumanns bestaunen. Spätestens beim Betrachten von Tiepolos 1753 vollendeten Götterhimmel wird einem vermutlich auch ohne Bocksbeutel schwindelig. Noch mehr Tiepolo gibt es im Kaisersaal, dessen Renovierung 2008 abgeschlossen werden soll. Im **Mainfränkischen Museum** bewundert man die spätgotische Schnitzkunst von Tilman Riemenschneider, und später geht es mit Würzburgs redseligem Nachtwächter durch die Gassen der Altstadt und über die Alte Mainbrücke mit ihren zwölf barocken Heiligen.

Ende Mai/Anfang Juni, wenn die Winzer auf dem Marktplatz ihre besten Tropfen ausschenken, oder Anfang Juli, wenn der heilige Kilian – Würzburgs Stadtpatron – mit Prozession, Trachtenumzug und dem größten Volksfest Mainfrankens gefeiert wird, sollte man lieber gleich ein paar Tage mehr für den Stadtbesuch einplanen.

Durchs liebliche Taubertal

Ja, der Main! Bevor es auf die eigentliche Strecke geht, könnte man Tilman Riemenschneiders Rosenkranzmadonna (1524) im Winzerort Volkach besichtigen, mainabwärts den herrlichen Rokokogarten des fürstbischöflichen Lustschlosses von Veitshöchsheim besuchen oder im Weindorf Randersacker etwas mainaufwärts den Panoramablick vom Altfränkischen Weinberg ins Maintal genießen. Doch die Romantische Straße verlässt den Main mit der Bundesstraße 27 in Richtung Südwesten und führt in die Hügellandschaft des Taubertals. Längere Zeit folgt sie dem herrlich unregulierten Fluss nach Süden. Radfahrer schätzen die gut ausgeschilderten, fast verkehrsfreien Wege parallel zur Straße.

In **Tauberbischofsheim,** das die Einheimischen nur »Bischem« nennen, lohnt sich der erste Halt. Wahrzeichen des Orts ist der Türmersturm des kurmainzischen Schlosses aus dem 13. Jh. Die schöne Altstadt wartet mit vielen historischen Bürgerhäusern auf, in manchen sind Gasthäuser und Weinstuben untergebracht. Auffällig an vielen Fassaden sind kleine Metallplatten mit Nixen- und Krötendarstellungen. Wie gut es den Weinhändlern »Bischems« ging, zeigt das prunkvolle Portal des barocken Haus Mackert (1744): Seinen Türbogen tragen zwei Atlanten. Gleich daneben steht die kleine Liobakirche, die daran erinnert, dass hier um 735 die heilige Lioba das erste deutsche Frauenkloster gründete, noch zu Merowingerzeiten. Der Barockaltar erzählt aus ihrem Leben.

Auch das einige Kilometer südlich gelegene **Lauda-Königshofen,** wo 1525 eine der schlimmsten Schlachten der Bauernkriege stattfand, hat eine historische Altstadt zu bieten. Über die Tauber führt eine gotische Brücke von 1512 in das friedliche Städtchen. Mittelalterliche Steinreliefs zieren die katholische Kirche, und manche der barocken Fachwerkhäuser sind nicht nur mit Madonnenstatuen geschmückt, sondern auch mit Narrenfiguren. Sie erinnern daran, dass hier die alemannische »Faschenoochd« besonders ausgelassen gefeiert wird.

Bad Mergentheim, wiederum mit sehr schönen Bürger- und Fachwerkhäusern, wurde vom Deutschen Orden geprägt, dessen Deutschmeister zwischen 1530 und 1809 in der württembergischen Stadt residierte. Noch immer beherrscht das dem Stil französischer Wehrschlösser an der Loire nachempfundene Deutschordensschloss am Rand der Altstadt das Panorama. Im Schloss ist ein Museum untergebracht, dass sich besonders Eduard Mörike widmet, dem berühmten Dichter der Romantik, der zwischen 1844 und 1851 in Bad Mergentheim lebte und in höchsten Tönen die »kristallhelle Quelle« lobte, die ihm »den ganzen Unrat aus der Seele spülte«. Heute ist Bad Mergentheim einer der beliebtesten Kurorte Deutschlands. Tapfer schlucken die Kurgäste tagtäglich das Heilwasser der vier Bitter- und Glaubersalzquellen, um sich anschließend im schönen Kurpark mit Rosengarten und Kurkapelle zu entspannen. Nur mit dem Fasten klappt es nicht immer: Dafür schmeckt die Hohenloher Gourmetküche in der Zirbelstube des Hotel Victoria einfach viel zu gut, von den edlen Tropfen aus dem Taubertal ganz zu schweigen.

Auch Kunstfans kommen auf ihre Kosten: Nur 6 km entfernt liegt die Kirche von **Stuppach,** in der Matthias Grünewalds um 1515 gemalte Stuppacher Madonna zu bewundern ist, ein Meisterwerk der spätgotischen Mystik.

Bleibt man auf der Romantischen Straße, verleitet nur wenige Kilometer flussaufwärts das Weindörfchen **Markelsheim** mit krummen Gassen, alten Fachwerkhäusern und so manch kühlem Schoppen, kredenzt in der Weinstube Schurk, zu einem unplanmäßigen Aufenthalt.

Auch das 9 km weiter tauberaufwärts gelegene **Weikersheim** ist für süffige Tropfen bekannt. Hier gedeiht die besonders kälteresistente Tauberschwarz-Rebe. Doch der Namensgeber, Carl Ludwig von Hohenlohe, war nicht nur Weinkenner, sondern auch ein Liebhaber französischer und italienischer Barockgärten, die er auf ausgedehnten Reisen kennen gelernt hatte. Und so schenkte er dem Schloss, das sein Urahn Graf Wolfgang in reinstem Renaissancestil errichtet hatte, einen der schönsten Barockgärten Deutschlands. Kenner schwärmen geradezu von einem »hohenlohischen Versailles«, das deshalb so unverfälscht erhalten blieb, weil die Nachfahren genug damit zu tun hatten, die Schulden des Bauherrn abzuzahlen. Die lediglich 16 000 Untertanen des Grafen hätten diese Pracht nie finanzieren können.

Auf dem Weg nach Rothenburg warten noch manche Sehenswürdigkeiten: in **Tauberrettersheim** die schönste, 1733 von Balthasar Neumann geschaffene Tauberbrücke, im Winzerdörfchen **Röttingen,** 1953 zur ersten Europastadt überhaupt proklamiert, nicht nur eine Altstadt mit inzwischen schon vertrauten Fachwerkhäusern, sondern auch an die 30 teilweise höchst skurrile Sonnenuhren mit volkstümlichen Sinnsprüchen. Heute ist der vor gut zwanzig Jahren eingerichtete Sonnenuhrenweg aus dem Stadtbild nicht mehr wegzudenken. Besonders tröstlich ist in verregneten Sommern die an der Friedhofs-

kapelle angebrachte Weisheit: »Und scheint die Sonne grad nicht hier, dann ist sie auf dem Weg zu Dir.«

Gleich 300 Jahre lang schien die Sonne nicht auf den herrlichen Marienaltar von Tilman Riemenschneider in der etwas außerhalb gelegenen Herrgottskirche von **Creglingen.** Dabei hatte der Bildhauer den 1510 vollendeten Altar so genial aus rötlichem Föhren- und hellem Lindenholz geschnitzt und aufgestellt, dass zu Mariä Himmelfahrt am 15. August die Sonne direkt das Antlitz der gekrönten Madonna beschien. Allein die Protestanten, die hier 1530 das Ruder übernahmen, wollten von Marienverehrung nichts wissen. Glücklicherweise beließen sie es aber dabei, den Altar mit Brettern zu vernageln. So wurde der erst 1832 wiederentdeckte Altar nie bemalt, was heute Riemenschneiders Genie nur noch unterstreicht.

Schon kurz vor Rothenburg besitzt die kleine romanische Dorfkirche St. Peter und Paul von **Detwang** ein weiteres Meisterwerk Riemenschneiders, den 1508 geschnitzte Heilig-Kreuz-Altar.

› Das Schloss von Weikersheim

❯ Der Glanz der freien Reichsstädte

Nun aber **Rothenburg!** Millionen Besucher lassen sich alljährlich in der Unteren Schmiedgasse mit dem Fachwerkhaus »Plönlein« und vor dem Markusturm in der Rödergasse ablichten. Selbst Weltreisende, die noch nie hier waren, kennen die Ansichten von deutschen Werbeplakaten in den Flughäfen von Singapur bis New York.

Mit der Romantik ist das allerdings so eine Sache in Rothenburg. Am besten kommt man am späten Nachmittag, stellt erst mal das Auto ab und genießt die imposante Silhouette der mittelalterlichen freien Reichsstadt hoch über der Tauber im milden Abendlicht. In der Dämmerstunde, wenn bereits die Laternen brennen, findet man in den winkligen Gassen mit ihren hohen spitzgieblIgen Häusern vielleicht noch ein wenig von der Idylle, die 1826 den Maler Ludwig Richter so bezauberte.

Wer die Stadt (fast) für sich allein haben möchte, muss früh aufstehen: Morgens um fünf, wenn das Sonnenlicht durch die Nebelschwaden der Tauber bricht, entfaltet Rothenburg seinen ganzen Charme. Wenn man doch nur schon frühmorgens auf den 60 m hohen Turm des Rathauses steigen könnte, um auch die fantastische Aussicht auf das Dächermeer der Bürgerhäuser exklusiv genießen zu können! Bis der Turm geöffnet wird, kann man immerhin am Marktplatz einen Kaffee trinken und in einen knusprigen Schneeballen beißen: Das mit Puderzucker bestreute Butterschmalzgebäck ist eine Rothenburger Spezialität.

Den Blick auf die prunkvolle Rathausfront gibts gratis dazu: ein harmonisches Ensemble aus Gotik und Renaissance, mit Eckerker, Treppenturm und barockem Arkadenvorbau.

An heißen Sommertagen versprechen die gotischen Kirchen Kühlung: Den 1466 entstandenen monumentalen Zwölfbotenaltar im Ostchor von St. Jakob aus Ulmer Werkstatt und den Heilig-Blut-Altar Tilman Riemenschneiders im Westchor (um 1500) sollte man keineswegs versäumen. Ebenso lohnend ist ein Abstecher ins Reichsstadtmuseum, in dem u. a. der wertvolle Bilderzyklus der Rothenburger Passion ausgestellt ist.

Auch im Sommer laufen Besuchern des mittelalterlichen Kriminalmuseums hinter der um 1400 errichteten St.-Johannis-Kirche Schauer über den Rücken: Mit spektakulären Folterwerkzeugen entzaubert Deutschlands bedeutendstes Rechtskundemuseum drastisch jedwede Butzenscheibenromantik (April–Okt. 9.30–18 Uhr).

Man braucht aber vor Schreck nicht gleich einen Dreiliterhumpen Wein leeren, wie es 1631 Altbürgermeister Georg Nusch tat, in einem Zug wohlgemerkt. Die kaiserlichen Truppen Tillys waren davon so beeindruckt, dass sie den versammelten Rat der renitenten Reichsstadt nicht aufknüpften. Nun ja, sagen die Einheimischen, der Wein war damals dünner als heute, und der zu dieser Zeit weit verbreitete weiße Heunisch wurde auch als »Bettschisser« bezeichnet. Davon ist bei den Reichsstadt-Festtagen im September, bei denen sich die ganze Stadt in eine Freilichtbühne verwandelt und historisch gewandete Laiendarsteller zwei Tage lang durch die Gassen ziehen, natürlich nicht die Rede, aber selbstredend wird auch der Meistertrunk mit viel Kanonendonner und Feuerschein inszeniert. Selbst der Krieg hat sich in Rothenburg eben dem romantischen Klischee der Touristiker zu fügen.

Was den Wein betrifft, den genießt man aber doch lieber schoppenweise. Vor den Toren der Stadt liegen die südlichsten Weinberge Frankens, und die Kreationen des Traditionswinzers Thürauf sind eine Kostprobe wert. Serviert werden sie im Restaurant des Hotels Glocke am Plönlein.

In Rothenburg kreuzt die Burgenstraße (S. 59 ff.) die Romantische Straße, die weiterführt nach **Schillingsfürst** mit einem wiederaufgebauten Barockschloss im spanischen Stil und ins Fachwerkstädtchen **Feuchtwangen**. Eingezwängt zwischen den Touristenhochburgen Rothenburg und Dinkelsbühl, wird Feuchtwangen oft übersehen, obwohl hier einer der schönsten Plätze Frankens zu bewundern ist. Am besten kommt man während des Altstadtfests im Juni. Natürlich sind auch die Feuchtwangener Kreuzgangspiele sehenswert: Wann kann man schon Hamlet in einem romanischen Kreuzgang »Sein oder Nichtsein« deklamieren hören?

› Idyllisches Dinkelsbühl

Nur wenige Kilometer südlich liegt Dinkelsbühl. Seine 16-türmige **Wehrmauer** und stattlichen **Fachwerkhäuser** zogen nicht nur den Biedermeiermaler Carl Spitzweg, sondern später auch expressionistische Künst-

› Mächtige Mauern um Dinkelsbühl

ler an. Eigentlich hat das über die Jahrhunderte völlig heil gebliebene Dinkelsbühl sogar noch mehr Charme als Rothenburg und dazu einen Nachtwächter, der von April bis Oktober seine Runden durch die Stadt dreht. Auf einem Spaziergang entlang der Befestigung bieten sich immer wieder überraschende Perspektiven. Besonders charmant ist der Blick über den romantischen Gaulweiher auf das Rothenburger Tor. Eine rührende Legende rankt sich um das Mitte Juli inszenierte Stadtfest. 1632 zog die Tochter des Turmwächters, die »Kin-

Allgemeine Infos

Congress-Tourismus-Wirtschaft, Am Congress Centrum, 97070 **Würzburg,** Tel. (09 31) 37 23 35, Fax 37 36 52, www.wuerzburg.de

Tourismus-Service, Marktplatz, 91541 **Rothenburg,** Tel. (0 98 61) 48 00, Fax 40 45 29, www.rothenburg.de

Städtisches Verkehrsamt, Am Marktplatz, 91550 **Dinkelsbühl,** Tel. (0 98 51) 9 02 40, Fax 9 02 79, www.dinkelsbuehl.de

Regio Augsburg Tourismus GmbH, Schießgrabenstr. 14, 86150 **Augsburg,** Tel. (08 21) 50 20 70, Fax 5 02 07 45, www.regio-augsburg.de

Tourist-Information, Katharinenstr. 1, 86899 **Landsberg am Lech,** Tel. (0 81 91) 12 82 68, www.landsberg.de

Füssen Tourismus und Marketing, Kaiser-Maximilian-Platz 1, 87629 **Füssen,** Tel. (0 83 62) 9 38 50, Fax 93 85 20, www.fuessen.de

Essen und Unterkunft

❱❱Würzburg:

Würzburger Hof, Barbarossaplatz 2, Tel. (09 31) 5 38 14, Fax 5 83 24, www.hotel-wuerzburgerhof.de. Historisches Haus in Bahnhofsnähe mit romantisch eingerichteten Zimmern. ◯◯

Wein- und Speisehaus Zum Stachel, Gressengasse 1, Tel. (09 31) 5 27 70, www.weinhaus-stachel.de. In diesem 600 Jahre alten Lokal munden u. a. Frankenweine und mainfränkische Küche. ◯◯

❱❱Bad Mergentheim:

L'Art de Vivre Hotel Victoria, Poststr. 2–4, Tel. (0 79 31) 593-0, Fax 593-500, www.victoria-hotel.de, s. S. 48. ◯◯◯

Weinstube Schurk, Hauptstraße 57 & Engelsberg 5, 97980 Markelsheim, Tel. (0 79 31) 21 32, www.schurkmarkelsheim.de, s. S. 49. ◯◯

❱❱Rothenburg:

Hotel Mittermeier, Vorm Würzburger Tor 9, Tel. (0 98 61) 9 45 40, Fax 9 45 94, www.mittermeier.rothenburg.de. Das Haus liegt unmittelbar außerhalb der Stadtmauer und bietet besonders stilvolle Zimmer. Das Hotelrestaurant ist weithin für seine gute fränkische Küche bekannt. ◯◯

Hotel Glocke, Am Plönlein 1, Tel. (0 98 61) 9 58 99-0, www.glocke-rothenburg.de, s. S. 51. ◯◯. Wer den Geldbeutel schonen will, kann in Rothenburg in zahlreichen Privatquartieren absteigen.

❱❱Dinkelsbühl:

Hotel Deutsches Haus, Weinmarkt 3, Tel. (0 98 51) 60 58, Fax 79 11, www.deutsches-haus-dkb.de. In einem der schönsten Fachwerkhäuser Süddeutschlands ist das kleine Hotel untergebracht, mit sehr komfortablen Zimmern und einer vielgerühmten Gourmetküche. ◯◯◯

Flair Hotel Weisses Ross, Steingasse 12, Tel. (0 98 51) 57 98 90, Fax 67 70, www.hotel-weisses-ross.de; s. S. 53. ◯◯

❱❱Feuchtwangen:

Romantik-Hotel Greifen-Post, Marktplatz 8, Tel. (0 98 52) 68 00, Fax 6 80 68, www.greifen.de. Geboten wird erstklassige Unterkunft, teilweise sogar im Himmelbett, und dazu preisgekrönte regionale Küche. ◯◯◯

❱❱Augsburg:

Hotel Fischertor, Pfärrle 16/18, Tel. (08 21) 34 58 30, Fax 3 45 83 95, www.hotel-fischertor.de. Eine sympathische, preiswerte Unterkunft in der Augsburger Altstadt. ○–○○

Bräustüberl 3 Königinnen, Meister-Veits-Gässchen 32, Tel. (08 21) 15 84 05. Sehr beliebt sind der Biergarten und die bodenständige schwäbische Küche dieses Restaurants in der Nähe der Fuggerei. ○

》Schongau:
Hotel-Gasthof Blaue Traube,
Münzstraße 10, Tel. (0 88 61) 9 03 29, www.hotel-blaue-traube.de. Eine nette Übernachtungsmöglichkeit mit empfehlenswertem Restaurant. ○○

Gasthof Schweiger, Wies 9,
Tel. (0 88 62) 5 00, www.gasthof-schweiger-wieskirche.de. Gleich neben der Wieskirche gibt es im einstigen Wohnhaus von Dominikus Zimmermann sehr irdische, eben »boarische« kulinarische Freuden »auf dieser leidvollen Erd«. ○–○○

》Hohenschwangau:
Schlosshotel Lisl mit **Villa Jägerhaus,** Neuschwansteinstrasse 1–3,
Tel. (0 83 62) 88 70, Fax 8 11 07, www.lisl.de. Beim Aufwachen Schloss Neuschwanstein bewundern? Dieses Privileg genießt man in diesem Haus, das genau zwischen den beiden Königsschlössern liegt. Serviert wird gute bayerische und internationale Küche. ○○–○○○

derlore«, mit einer Schar Kinder den Schweden entgegen, um das Herz des Feldherrn Sperreuth zu erweichen. Heute feiern Protestanten und Katholiken, die sich in Dinkelsbühl schon früh die Macht teilten, in historischen Kostümen einträchtig die »**Dinkelsbühler Kinderzeche«,** ein Dankesfest für die Errettung ihrer Stadt. Den lieben Kleinen füllt man die Schultüte mit Leckereien, und schulfrei ist auch.

Noch heute treffen sich die Maler, nachdem sie ihre Staffeleien am **Weinmarkt** vor dem »Deutschem Haus« mit seiner reich geschnitzten Giebelfassade abgebaut haben, zu Schoppen und Hausmannskost in der Jugendstil-Gaststube des »Weißen Rosses«, dessen Wirt die Malerschule Dinkelsbühl leitet. Hier gibt es blau gesottenen Karpfen, eine Dinkelsbühler Spezialität, der die Einheimischen ihren Spitznamen »Blausieder« verdanken.

Auch zwischen Frankenhöhe und Donautal wird gefeiert. In **Wallerstein** geht es schon schwäbisch zu, und beim Wallersteiner Landsknechttreffen vertilgen kaiserliche und schwedische Söldner gemeinsam den kühlen Gerstensaft des fürstlich-wallersteinischen Brauhaus. Dabei haben die Schweden seinerzeit die stolze Burg Wallerstein völlig zerstört. Aber die Aussicht über das Ries lohnt den Aufstieg.

》 Das Nördlinger Ries

Nördlingen, das der Stauferkaiser Friedrich II. zur Freien Reichstadt erhob, konnte sein einheitliches historisches Stadtbild dagegen bewahren, obwohl sich hier gleich mehrmals kaiserliche und schwedische Besatzungen abwechselten. Allerdings war die einst wohlhabende, früh protestantisch gewordene Lein- und Tuchweberstadt danach ruiniert.

› Der Türmer von Nördlingen

Nördlingens Wahrzeichen ist der Daniel: 350 Stufen führen auf den 90 m hohen Turm der großen spätgotischen Hallenkirche St. Georg, von dem sich ein großartiger Blick auf die kreisrund angelegte Stadt mit ihrer weitgehend erhaltenen Stadtmauer eröffnet. Hier wohnt – ungebrochene Tradition seit dem 14. Jh. – einer der letzten Türmer Europas. Er ruft nicht nur sein traditionelles »So Gsell, so« vom Daniel, sondern kann auch erzählen, warum diese Losung (mit tatkräftiger Unterstützung eines Wildschweins) die Stadt vor Verrat rettete oder wie die tapfere Maria Holl 56 Torturen überstand und damit dem Hexenwahn in Nördlingen die Grundlage entzog. Das Suevit-Gestein, aus die Kirche erbaut wurde, entstand durch den Einschlag eines Meteoriten vor 15 Mio. Jahren, der das kreisrunde flache Nördlinger Ries bildete.

Südlich von Nördlingen erhebt sich über dem Fluss Wörnitz, der hier die Schwäbische von der Fränkischen Alb trennt, mit der **Harburg** eine der größten und besterhaltenen Wehranlagen Süddeutschlands. Das Geschlecht der Oettinger residierte hier schon ab 1299. Seine einzige ernsthafte Belage-

rung durch napoleonische Truppen überlebte der sechstürmige Mauerring des »deutschen Carcassonne« unbeschadet, weil die österreichische Besatzung frühzeitig die Fahne strich. So kann man hier heute in einem Schlosshotel wohnen und sich in der Fürstlichen Burgschenke mit Ritterspießen bewirten lassen. Kaum ein Gast lässt sich die Kunstsammlung der Fürsten von Oettingen-Wallerstein entgehen: Prachtvolle Schnitzereien von Tilman Riemenschneider sind darunter.

› Im Reich der Fugger

Die Nördlinger sind stolz auf ihr 600 Jahre altes Stabenfest im Mai, das Schulkinder auf der Kaiserwiese feiern. Weiter südlich, in **Donauwörth,** kontert man mit dem »Schwäbischwerder Kindertag«, der das Ende des Schuljahres einläutet. Auch dieser farbenfrohe Festzug hat eine über 300 Jahre alte Tradition.

Schon 955 hatte man hier eine Brücke über die Donau errichtet. Bald stieg das Fischerdorf zu einem wichtigen Knotenpunkt der europäischen Handelswege auf. Ein harmonisches Ensemble alter Giebelhäuser säumt die Reichstraße. Sie gilt als einer der schönsten Straßenzüge Bayerns. Nur der Durchgangsverkehr stört die Idylle. Dafür sorgt die Donau für schöne Abendstimmungen, und nach einem Spaziergang schmeckt ein frischer Donauwaller doppelt so gut.

Auf der Weiterfahrt durch das stille Donauried geben die meisten Autofahrer Gas, und so dauert es nicht lange, bis die ersten Häuser von **Augsburg** auftauchen. Mit der einst so reichen Fuggerstadt beginnt das letzte Drittel der Romantischen Straße. Auf der von vornehmen Patrizierhäusern gesäumten Maximilianstraße wandelt man sogar auf antiken Pfaden: Sie war das erste Stück der römischen Kaiserstraße, die vom Militärlager »Augusta Vindelicum« nach Italien führte. Besonders imposant gibt sich die 88 m lange Fassade der 1512–1515 errichteten Fuggerhäuser: eine wahrlich fürstliche Kaufmannsresidenz, in der auch Kaiser Karl V. gerne weilte.

Für die Armen der Stadt bauten die Fugger dann doch bescheidener, dafür aber kostenlos. In der Fuggerei, der ältesten Sozialsiedlung der Welt kostet noch heute die Miete für auserwählte Bedürftige einen Rheinischen Gulden pro Jahr: Das sind gerade mal 88 Cent!

Prunkbauten konnte sich das »Goldene Augsburg« auch ein Jahrhundert später noch leisten, als der geniale Baumeister Elias Holl (1573–1646) das Stadtbild prägte. Das 1615–1620 von Holl errichtete Rathaus mit dem glanzvoll rekonstruierten Goldenen Saal gilt als bedeutendster profaner Renaissancebau nördlich der Alpen. Vom benachbarten 78 m hohen Perlachturm, ebenfalls ein Werk Holls, genießt man bei Föhn schon den ersten Blick auf die noch über 100 km entfernte Alpenkette.

Stiller geht es in dem von Lechkanälen durchzogenen Handwerkerviertel mit schmalen Häusern und romantischen Stegen zu. Hier, in der Gasse Auf dem Rain 7, wurde Bert Brecht geboren; das Haus ist heute ein Museum. Ein weiterer illustrer Sohn der Stadt, Leopold Mozart, kam im Domviertel zur Welt, und zwar in der Frauentorstraße 30. Pflichtpunkt im Besichtigungsprogramm ist auch der Dom mit Kunstschätzen aus romanischer und gotischer Zeit, darunter Altargemälde von Hans Holbein d. Ä. und Deutschlands älteste figürliche Glasmalereien.

❯ Barocke Pracht des Pfaffenwinkels

Über tausend Jahre ist es her, dass auf dem Lechfeld zwischen Augsburg und Landsberg die Ungarnschlacht tobte, aber noch heute findet man hier Speerspitzen und Hufeisen aus dieser Zeit. **Landsberg am Lech** gilt als Tor zum Pfaffenwinkel mit seinen vielen Kirchen und Klöstern. Durch das prachtvolle Bayertor zogen einst die Salzhändler, aus München kommend, in die Stadt ein, um zähneknirschend den Zoll zu entrichten. Heute kann man von Turm des Tores über die Dächer der wunderschönen Altstadt hinweg »einischaun« in diesen gesegneten Landstrich, an dessen Horizont sich schon deutlich die Allgäuer Alpen abzeichnen. In der winzigen Turmschänke speist man übrigens vorzüglich.

Weitere Ansichten des harmonischen Stadtbilds bieten sich vom Westufer des Lechs. Den prachtvollen Marktplatz beherrscht die Renaissancefassade des Rathauses. Ihre um 1720 entstandene Stuckverkleidung schuf Dominikus Zimmermann, der Architekt der Wieskirche. Auch die von außen so bescheiden wirkende Heilig-Kreuz-Kirche der Jesuiten und die spätgotische Stadtpfarrkirche Mariä Himmelfahrt zieren Zimmermanns geniale barocke Stuckarbeiten.

› Heiter-farbenfrohes Meisterwerk des Rokoko: die Wieskirche

Schongau, weiter südlich schon in voralpiner Moränenlandschaft gelegen, besitzt ebenfalls eine von einem Mauerring mit Toren und Türmen umgebene Altstadt. Besonders schön ist die Ansicht des Marienplatzes mit der Mariensäule und dem gotischen Stufengiebel des Ballenhaus (1419 bis 1515), das früher als Rathaus diente. Sein Nachfolger, das Alte Rathaus (heute Städtische Musikschule), prunkt mit reicher Stuckierung des Wessobrunners Franz Schmuzer. Etwas außerhalb Schongaus wartet in **Altenstadt** eine architektonische Kostbarkeit: Mitten im Land des Rokoko erhebt sich hier eine unverfälscht erhaltene romanische Basilika mit zwei wuchtigen Osttürmen. Anders als bei der ursprünglich ebenfalls romanischen Steingadener Stiftskirche hat sich hier niemand je getraut, das klare strenge Innere zu barockisieren. Umso stärker wirkt das über 3 m hohe romanische Holzkruzifix, der »Große Gott von Altenstadt«.

Dann aber führt die Romantische Straße zu den Höhepunkten des Rokoko. Den Auftakt bildet das Kloster

Rottenbuch. Der Altarraum der Klosterkirche strotzt förmlich im Rokoko-Prunk und ist die richtige Einstimmung für die **Wieskirche,** die etwas abseits der Romantischen Straße bei Steingaden liegt. Mit dieser 1759 vollendeten Wallfahrtskirche zum Gegeißelten Heiland (seit 1983 Weltkulturerbe) schuf Dominikus Zimmermann mit seinem Bruder Baptist und einem Team Wessobrunner Dekorateure eine in diffuses Licht getauchte Apotheose christlicher Heilserwartung, wie sie schöner und fröhlicher kaum hätte ausfallen können. Alles zieht den Blick des Besuchers gen Himmel, zum Fresko des auferstandenen, auf einem Regenbogen thronenden Heilands, zum noch leeren Thron des Weltenrichters und zum noch verschlossenen Tor zur Ewigkeit. (Tgl. 8–19, im Winter bis 17 Uhr, während der Gottesdienste keine Besichtigung, Tel. (0 88 62) 93 29 30, www.wieskirche.de).

Ein schöner Spaziergang führt am Kreistenbach entlang von der Wieskirche wieder zurück auf die Romantische Straße nach Steingaden. Das Prämonstratenserkloster, schon 1147 von

Herzog Welf VI. gegründet, bestand bis 1803. Romanisch geblieben ist die Doppelturmfassade des Münsters, ebenso wie der (gotisch überwölbte) stimmungsvolle Westflügel des Kreuzgangs mit der Brunnenkapelle. Die Kirche erhielt ein farbenfrohes Rokokodekor, wirkt aber dennoch etwas strenger und klarer als die anderen Rokokokirchen des Pfaffenwinkels.

❯ Zu den Königsschlössern

Der letzte Abschnitt der Romantischen Straße, der auch einen Abschnitt der Deutschen Alpenstraße (S.18 ff.) bildet, führt geradewegs auf eine verwegene Träumerei zu: **Schloss Neuschwanstein,** erbaut von Bayerns größtem Romantiker, König Ludwig II. Schon viele Kilometer nördlich setzt es sich langsam in Szene: erst eine weiß schimmernde Ahnung vor der sich langsam aufbauenden Alpenkulisse, bis man schließlich Zinnen, Fenster und Türmchen ausmachen kann. Eine besonders stimmungsvolle Ansicht zeigt St. Koloman im Vordergrund, eine der schönsten alpenländischen Kapellen. Die Postkartenfotografen bestehen auf dem Blick vom Tegelberg, oft gar zu kitschig in intensive Herbstfarben getaucht. Ludwigs Träumerei offenbart sich eher an einem verschneiten Wintertag, wenn Nebelschwaden für Wagner-Atmosphäre sorgen. Beim Anblick der Besucherschlangen im Burghof ist man fast froh, dass es Neuschwanstein dann doch nicht unter die neuen »Sieben Weltwunder« geschafft hat, die 2007 in einer weltweiten Internetabstimmung ausgelobt wurden.

Info: Schlossverwaltung Neuschwanstein, Neuschwansteinstr. 20, 87645 Schwangau, Tel. (0 83 62) 93 98 80, www.neuschwanstein.de. Tgl. April bis Sept. 9–18 Uhr, Kasse 8–17, Okt. bis März 10–16 Uhr, Kasse 9–15 Uhr, Neujahr, Faschingsdienstag, 24./25.12. und 31.12. geschl. Eintrittskarten im Ticketcenter Hohenschwangau, Alpseestr. 12, Tel. (0 83 62) 93 08 30, www.ticket-center-hohenschwangau. de. Online-Reservierung bis zu einem Tag (bis 16 Uhr) im Voraus. Die gebuchte Besuchszeit ist strikt einzuhalten! Im Ticketcenter sind auch Karten für Schloss Hohenschwangau (geöffnet wie Neuschwanstein, geschl. nur 24.12.) erhältlich.

Der König verfolgte die Bauarbeiten vom Balkon des Tasso-Zimmers im gegenüberliegenden gelben Schloss **Hohenschwangau.** Ludwigs Vater, Maximilian II., hatte als Kronprinz 1832–1836 die Stammburg der Herren von Schwangau im neugotischen Tudorstil wieder aufbauen lassen. Ludwig verbrachte hier seine Kindheit.

Einige Kilometer westlich der Ortschaft Hohenschwangau, im mittelalterlichen **Füssen,** das bis 488 n. Chr. eine letzte Bastion der Römer nördlich der Alpen war, endet die Romantische Straße vor der Kulisse herrlicher Seen, hoher Berge und der sattgrünen Allgäuer Hügellandschaft. Oberhalb der Stadt thront das Schloss der Fürstbischöfe und spiegelt sich in den Fluten des Lechs: ein Anblick, der durchaus an die Marienfeste in Würzburg erinnert, den Ausgangspunkt dieser Romantikreise.

⟫ Romantische Straße ohne Auto

Weitgehend parallel zur Romantischen Straße verläuft eine etwas längere (428 km), fast überall gut mit einheitlichem Logo ausgeschilderte Radroute durch oft tatsächlich wildromantische Landstriche, meist auf verkehrsarmen Landsträßchen. In vielen Orten kann man Fahrräder mieten, und am Weg liegen preiswerte Unterkünfte. Besonders bequem ist die Route durch das liebliche Taubertal. Hier radelt man, ohne Höhenunterschiede überwinden zu müssen, an einem idyllischen Flussufer mit sanften Weinbergen entlang. Etwas anspruchsvoller ist der Wegabschnitt über die Frankenhöhe: Dafür wird man mit großartigen Ausblicken belohnt. Auch Lechtal und Pfaffenwinkel sind ohne dramatische Steigungen zu bewältigen. Der Höhenunterschied zwischen Landsberg und Füssen beträgt etwa 200 m.

Besonders praktisch für müde Radler ist der Europabus, der zwischen dem 1. April und dem 31. Dezember jeweils einmal täglich die Romantische Straße in beide Richtungen befährt und in einem Radanhänger auch den Drahtesel mitnimmt. Man kann die Fahrt mit einem Ticket beliebig oft unterbrechen und somit zum Beispiel Steigungsstrecken überbrücken. Wer sich etwa eine Woche Zeit nimmt, kann die wichtigsten Stationen auch ausschließlich mit diesem Bus erkunden. Eilige können vielerorts aber auch auf Linienbusverbindungen zwischen den einzelnen Orten zurückgreifen. In Rothenburg hat man zudem Anschluss zur Linie auf der »Burgenstraße« (s. S. 75) Info und Fahrplan bei **Deutsche Touring GmbH,** Am Römerhof 17, 60486 Frankfurt/Main, Tel. (0 69) 7 90 32 61, www.touring.de.

Die Romantische Straße komplett mit der Bahn zu erfahren ist nicht gut möglich, jedoch erreicht man viele größere Orte an der Route durchaus auch mit dem Zug. Von Steinach an der Hauptstrecke zwischen Augsburg und Würzburg geht es mit einem Buszubringer nach Rothenburg. Zwischen Augsburg, Donauwörth und Nördlingen besteht eine reguläre Bahnverbindung.

An bestimmten Tagen verkehren die **Museumszüge** der »Romantischen Schiene« zwischen Nördlingen, Dinkelsbühl, Feuchtwangen und Dombühl, entweder als historischer Schienenbus oder gar als Dampfzug. Fahrplan/Informationen unter www.bayerisches-eisenbahnmuseum.de, im Menüpunkt »Museumsbahnen«.

Zwischen Augsburg, Landsberg und Schongau fahren reguläre Züge. Zwischen Schongau und der Wieskirche/Steingaden gibt es regulären Busverkehr, ebenso zwischen Wieskirche, Neuschwanstein (Hohenschwangau) und Füssen, das wieder mit der Bahn von München und Augsburg aus zu erreichen ist.

Ein besonderes Erlebnis sind stimmungsvolle **Ballonfahrten** über Rothenburg bei Sonnenaufgang, die man buchen kann beim Veranstalter Happy Ballooning, Paradeisgasse 17, 91541 Rothenburg o. T., Tel. (0 98 61) 8 78 88, www.happy-ballooning.de.

Die Burgenstraße

› Eine Burg, und noch eine Burg, und noch eine ...
und dazu alte Fachwerkstädtchen. Auf der Burgenstraße reist man zurück in längst vergangene
Zeiten und entdeckt die Vorzüge der Langsamkeit.

› Burg Hornberg oberhalb von Neckarzimmern

Die bereits 1954 gegründete Ferienstraße ist eine der ältesten und bekanntesten touristischen Routen in Deutschland. Über 70 Burgen und Schlösser säumen den reizvollen Weg, unzerstörte städtische Kleinode wie Heidelberg, Schwäbisch Hall und Bamberg laden zum Verweilen ein. Die Burgenstraße berührt wichtige Städte wie Heilbronn, Nürnberg und Bayreuth, entflieht aber auch immer wieder in ruhigere Landstriche. Wanderer, Radfahrer, Kanufahrer und Kletterer kommen ebenso auf ihre Kosten wie Gourmets, Wein- und Bierkenner. Verträumte Landschaften warten zwischen Jagst und Kocher, spektakuläre Felsformationen in der Fränkischen Schweiz. Keine Ferienstraße Deutschlands hat mehr architektonische Sehenswürdigkeiten zu bieten als die Burgenstraße, und auch an Gastlichkeit lässt sie sich kaum übertreffen: Badenser, Schwaben und Franken heißen die Besucher willkommen. Noch mehr Burgen, Städtchen und Landschaften gibt es seit 1994 zu entdecken: Die Burgenstraße wurde bis in die Tschechische Republik erweitert und endet nun nach 1200 km in der Goldenen Stadt Prag.

Wie die Romantische Straße besitzt auch die Burgenstraße eine eindeutig ausgeschilderte Streckenführung, folgt aber einer weniger klaren Linie und schlägt in Franken manche Umwege, um möglichst viele Sehenswürdigkeiten anzusteuern. Zwischen Heidelberg und Heilbronn geht es von Burg zu Burg am Neckar und an den südlichen Ausläufern des Odenwalds entlang, dann durch die gar nicht so flache Hohenloher Ebene mit Jagst- und Kochertal ins Fränkische hinein, quer übers Taubertal nach Rothenburg, anschließend über Ansbach und Nürnberg in die Fränkische Schweiz und nach Bamberg, durch den Steigerwald nach Coburg und durch den Frankenwald nach Kronach und Bayreuth. Dort überschreitet die Burgenstraße die deutsch-tschechische Grenze und endet schließlich in Prag (s. S. 75).

❯ Kurpfälzischer Glanz in Mannheim

Ausgerechnet am westlichen Ausgangspunkt der Burgenstraße ist keine Burg in Sicht! Doch dafür bietet die ehemalige Residenzstadt Mannheim im Rhein-Neckar-Dreieck eines der größten Barockschlösser Deutschlands. Obwohl die heute zweitgrößte Stadt Baden-Württembergs seit 1803 zu Baden gehört, gilt sie vielen noch immer als das »Herz der Kurpfalz«. Mit gutem Grund: Es waren zwei Kurfürsten der Pfalz, Carl Philipp und dessen Nachfolger Carl Theodor, die das **Barockschloss** nach Verlegung ihrer Residenz von Heidelberg nach Mannheim errichten ließen. Der »Musenhof« sonnte sich im Glanz prachtvoller Feste mit Gästen wie Voltaire oder Mozart. Vom Ehrenhof aus erschließt sich die gewaltige, 450 m lange dreiflügelige Anlage, in der heute die renommierte Universität untergebracht ist.

Im Überblick

Kontakt: Die Burgenstraße e.V., Allee 28, 74072 Heilbronn, Tel. (0 71 31) 56 40 28, Fax 56 40 29, www.burgenstrasse.de
Bundesländer: Baden-Württemberg, Bayern
Streckenlänge: Von Mannheim nach Bayreuth 699 km, von Bayreuth nach Prag 502 km.
Reiseplanung: mindestens 7, besser 10 Tage; mit tschechischem Teil mindestens 5 Tage mehr.
Lohnende Abstecher: Das alte kurpfälzische Städtchen Ladenburg zwischen Mannheim und Heidelberg,
Wanderungen in der Fränkischen Schweiz

Ein Blick aus dem Aussichtsgeschoss des Fernsehturms in 121 m Höhe (mit Drehrestaurant) macht deutlich: Verlaufen wird man sich in Mannheim nicht. 144 Gevierte unterteilen die schachbrettartig angelegte Quadratestadt, und das Mannheimer Alphabet von A1 bis U6 ist schnell gelernt. Es lohnt sich, ein wenig länger zu bleiben, die »Monnemer« und ihre »Sprooch« etwas näher kennen zu lernen. Gelegenheiten dazu bieten sich z. B. in den Cafés am Paradeplatz oder im **Luisengarten,** einem der schönsten Stadtgärten Deutschlands mit zauberhaftem Chinesischen Garten und Teehaus. Im Juni und Juli, wenn die Seerosen blühen, ist der Garten besonders romantisch – falls nicht gerade der Wind von den Chemiewerken im linksrheinischen Ludwigshafen herüberweht ...

Sehenswert ist auch der **Friedrichsplatz,** eine der größten Platz- und Gartenanlagen Europas im Jugendstil. Nicht versäumen sollte man die hochkarätigen Gemälde- und Grafikausstellungen in der **Kunsthalle Mannheim,** einem Jugendstilgebäude von 1907, sowie den Gebäudekomplex des **Reiss-Engelhorn-Museums** mit kurfürstlichen Sammlungen zur Archäologie sowie zur Kultur- und Stadtgeschichte. Sehr eindrucksvoll sind das 2007 nach sorgfältiger Sanierung wiedereröffnete **Zeughaus** (1772–1779) und das moderne **Museum der Weltkulturen** gleich gegenüber (Di–So 11 bis 18 Uhr, www.rem-mannheim.de).

Für anspruchsvolle Zerstreuung sorgen die Aufführungen im Nationaltheater. Fans der weit über die Stadtgrenzen hinaus bekannten Popkultur kommen im Multikultiviertel Jungbusch auf ihre Kosten: Vielleicht tritt ja gerade einer der »Söhne Mannheims« auf oder Joy Fleming, das Urgestein des Mannheimer Dialekts.

Im Frühjahr wird in vielen Mannheimer Lokalen der besonders feine Schwetzinger Spargel serviert. Dem delikaten Stangengemüse widmet sich sogar eine eigene Ferienstraße, die Ba-

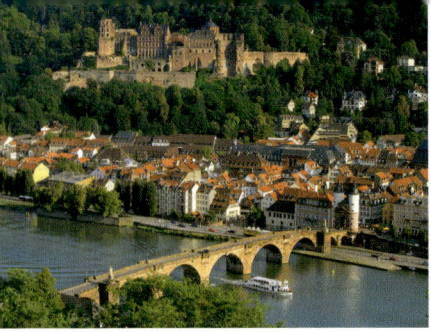

> Grandios: das Heidelberger Schloss

dische Spargelstraße. Daher ist die nur wenige Kilometer von Mannheim entfernte Schlossanlage von **Schwetzingen** auch dort beschrieben (S. 110).

Einen Abstecher lohnt das Städtchen **Ladenburg**, 11 km nordwestlich von Mannheim, mit seiner herrlichen spätmittelalterlichen Altstadt und dem Automuseum Dr. Carl Benz.

❯ »Alt-Heidelberg, Du feine«

Nur rund 13 km sind es von Schwetzingen nach Heidelberg, dem Aushängeschild der Burgenstraße schlechthin, denn eine imposantere Schlossruine wird man in ganz Deutschland nicht finden. An einem Frühlingsmorgen auf den Spuren Eichendorffs und Hölderlins zu wandeln und die von vielen Malern verklärte Aussicht auf die Neckarstadt vom Philosophenweg zu genießen, wenn auf diesem sonnenverwöhnten »Naturbalkon« Mandel-, Jasmin- und Zitrussträucher blühen, bleibt trotz der Touristenscharen ein einmaliges Erlebnis. Um sechs Uhr früh ist es hier noch himmlisch ruhig.

Einen frühmorgendlichen Besuch der barock geprägten Altstadt sollte man sich dagegen tunlichst verkneifen, da bis etwa 10 Uhr zahllose Anlieferfahrzeuge jede Romantik im Keim

ersticken. Am besten hält man sich für das Schloss mit dem vielbesungenen Heidelberger Fass (219 000 l) im kühlen Keller den späteren Nachmittag frei, genießt dann den zauberhaften Schlossgarten und freut sich, dass viele Reisebusse schon wieder fort sind. Auch für den Bummel durch die Altstadt und einen Spaziergang auf der schon von Goethe bewunderten Alten Brücke ist der frühe Abend ideal. Um Heidelberg wirklich kennen zu lernen, benötigt man ohnehin ein paar Tage.

Um die besonders turbulente Mittagszeit ist man im **Kurpfälzischen Museum** (Di–So 10–18 Uhr) gut aufgehoben, das u. a. den berühmten Zwölfbotenaltar von Tilman Riemenschneider zeigt. An wärmeren Tagen lädt der idyllische Museumsgarten zu einer Pause ein. Ebenfalls außerordentlich sehenswert sind die historischen Handschriften der **Bibliotheca Palatina** in der Universitätsbibliothek, zu denen auch die berühmte Manessische Liederhandschrift mit ihren mittelalterlichen Minnesängerdarstellungen zählt. Natürlich bekommt man aus konservatorischen Gründen nur ein sehr schönes Faksimile zu Gesicht.

Künstlerisch zweifelhafter, dafür um so unterhaltsamer ist das, was die Heidelberger Studenten bis 1914 an die Wände des **Studentenkarzers** malten. Er befindet sich an der Rückseite der Alten Universität. Die Haft war auszuhalten, denn das Essen konnten sich die unbotmäßen Herren Studiosi aus besseren Lokalen liefern lassen.

Schwer fällt der Abschied, aber bequem ist die Fahrt vom Kornmarkt mit der Bergbahn auf den 600 m hohen Königstuhl, für einen letzten Panoramablick auf Hölderlins »Ländlichschönste«. Aber die Reise auf der Burgenstraße hat ja erst begonnen.

❯ Perlen des Neckartals

Spätestens in **Neckargemünd** hat sich die Burgenstraße ihren Namen endgültig verdient. Hoch über dem Städtchen thront die mittelalterliche Bergfeste Dilsberg, die selbst die Eroberung durch Tilly im Dreißigjährigen Krieg überstand. Von den alten Mauern schweift der Blick über das Neckartal und den Odenwald. Neckargemünd ist ein anheimelndes Fachwerkstädtchen mit engen Gassen. Gleiches gilt für das benachbarte **Neckarsteinach** mit seinem Vierburgenpanorama: Krumme Gässchen, nette Wirtschaften und eine spätgotische Kirche sorgen für Flair.

Im Wettstreit um die schönste Postkartenansicht kann auch das Städtchen **Hirschhorn** mitreden, das sehr malerisch an der großen Neckarschleife liegt. Der Renaissancepalas der mittelalterlichen Burg ist heute ein stilvolles Hotel mit grandioser Aussicht auf die Dachlandschaft der barocken Fachwerkhäuser von Hirschhorn und auf das Neckartal, bis hinüber zur Ersheimer Kapelle (8. Jh.).

Burg, Aussicht, Fachwerkstädtchen und schon wieder eine Burg: So lässt sich die reizvolle Rad- und Wanderstrecke durch das weitere Neckartal bis ins staufische Bad Wimpfen zusammenfassen. **Eberbach** präsentiert eine gut erhaltene Stadtmauer mit vier Ecktürmen und eine staufische Burgruine. Dann folgt die imposante **Burg Zwingenberg** aus dem 13. Jh. Wieder

eine bequeme Wanderung weiter südöstlich liegt an den südlichen Ausläufern des Odenwalds das schon vor 400 Jahren als »fein und wohlgebaut« gerühmte **Mosbach:** eine Fachwerksinfonie in Grau, Schwarz und Rot. Besonders im Gedächtnis bleibt das 1610 errichtete Palmsche Haus, und auch die spätgotische Kirche St. Juliana sollte man gesehen haben.

❯ Im Reich des Götz von Berlichingen

Immer kürzer werden die Abstände zwischen den Burgen: Nur 8 km entfernt lockt am südlichen Neckarufer **Schloss Neuburg** bei Obrigheim mit traumhafter Aussicht und opulenter Schlemmerei im Hotel-Restaurant. Dann folgt, wieder am nördlichen Ufer oberhalb der Weinberge von Neckarzimmern, die Ruine der schon im 11. Jh. errichteten **Burg Hornberg.** Hier lebte im 16. Jh. Götz von Berlichingen, der Ritter mit der Eisernen Hand, 45 Jahre lang, elf davon in Hausarrest und Reichsacht, weil der Recke gelegentlich auf der falschen Seite kämpfte. Auch hier gibt es inzwi-

❯ Die vier Burgen von Neckarsteinach

schen ein Burghotel: mit romantischen Zimmern, guter Küche und Rebensaft aus eigenem Weingut.

Um einiges größer noch ist das zu Renaissancezeiten wiederaufgebaute Deutschordensschloss **Horneck** oberhalb von Gundelsheim. Hier hat man sich auf Weinwanderungen und Oldtimerfahrten spezialisiert. Wie es sich auf einer Ritterburg wirklich lebte, dokumentiert eine Ausstellung auf der unzerstörten **Burg Guttenberg,** 4 km neckaraufwärts. Die Deutsche Greifenwarte führt Adler und Großgeier vor, die Burgschenke serviert herzhafte Rittermahlzeiten, und die mittelalterliche Heuherberge »Zum alten Marstall« unterhalb der Burg lädt zum romantischen Kuscheln in duftendem Kräuterheu ein (s. S. 67).

❯ Im Stammland der Staufer: Bad Wimpfen

Vom frühgotischen Benediktinerkloster Wimpfen im Tal oder vom gegenüberliegenden Ufer des Neckars bietet sich ein wahrlich kaiserlicher Blick auf die Stadtsilhouette des »Wimpfener Götterhimmels«. Schon von weitem grüßt der neugotisch überkrönte Blaue Turm. Er wurde um 1200 als westlicher Bergfried der 1182 gegründeten staufischen **Kaiserpfalz** errichtet. Seit 650 Jahren wird hier die wohl älteste ununterbrochene Türmertradition Deutschlands gepflegt. Vom staufischen Palas ist die Nordwand erhalten, deren Arkaden mit ihren unterschiedlich geformten Säulen und Kapitellen zu den schönsten Beispielen romanischer Baukunst zählen. Den Kontrapunkt der Silhouette bilden die

zwei Türme der evangelischen **Stadtkirche** mit reicher spätmittelalterlicher Ausstattung. Alemannisch-fränkisches Fachwerk prägt die herrlichen **Bürgerhäuser** des heutigen Soleheilbads. Beim **Zunftmarkt** am letzten Augustwochenende präsentiert Bad Wimpfen sein mittelalterliches Erbe.

❯ Heilbronn und das Käthchen

Etwa 18 km sind es von Bad Wimpfen in die bedeutende Industriestadt Heilbronn. Nach seiner Zerstörung Ende 1944 ist das im Renaissancestil errichtete **Rathaus** mit astronomischer Kunstuhr von 1580 wiedererstanden. Die 1529 vollendete Westturmanlage der **Kilianskirche** mit Figurenprogramm aus der Reformationszeit gilt als eines der ersten bedeutenden Renaissancebauwerke nördlich der Alpen. Im spätgotischen Hallenchor steht der berühmte, 1498 vollendete Schnitzaltar von Hans Seyfer.

Und wo wohnte nun das liebreizende Käthchen von Heilbronn? Im gotischen Patrizierhaus am Marktplatz? Nein, für die Heldin aus Kleists großem Ritterschauspiel gibt es kein historisches Vorbild, aber schon 1843 wählte ein gedruckter Reiseführer kurzerhand ein passendes Haus aus, und heute grüßt des öfteren ein mittelalterlich gewandetes Käthchen huldvoll vom Renaissanceerker.

❯ Wo Jagst und Kocher fließen: Hohenloher Ebene

Eine sanft gewellte Hügellandschaft mit Weinbergen, Streuobstwiesen und leuchtend gelben Rapsfeldern im Frühling begleitet die Fahrt von Heil-

> Aus Lindenholz ist der spätgotische Altar in der Heilbronner Kilianskirche

bronn nach Schwäbisch Hall. Tief haben sich hier Jagst und Kocher in den Muschelkalkboden eingeschnitten. Für Abwechslung ist gesorgt: »In jedem Bauernnescht a Schlössle«, sagt der Volksmund. Und fast immer wohnte früher ein Hohenloher darin. Das uralte fränkische Fürstengeschlecht hatte weit verzweigte Linien, und erst der Rheinbund machte der Hohenloher Herrlichkeit ein Ende.

Eine besondere Geschichte rankt sich um die in den Bauernkriegen zerstörte Burg Weibertreu zu **Weinsberg.** Als Stauferkönig Konrad III. 1140 die Welfenfestung einnahm, gewährte er den Frauen freien Abzug, wobei sie alle Habe mitnehmen durften, die sie tragen konnten. Daraufhin nahmen die »Treuen Weiber von Weinsberg« ihre Ehemänner huckepack!

Malerisch präsentiert sich das in beherrschender Lage im Renaissancestil errichtete Wasserschloss **Neuenstein,** gute 30 km weiter östlich. Darin zeigt das Hohenlohe-Museum u. a. eine riesige Küche aus dem späten Mittelalter.

Jetzt sind es nur noch 12 km bis **Waldenburg.** Der auf einem Bergrücken gelegene »Balkon Hohenlohes« wurde in den letzten Kriegstagen 1945 von US-Artillerie zerstört, aber in mittelalterlicher Pracht wieder aufgebaut. Der Ausblick über die Hohenloher Ebene ist einfach zauberhaft.

› Auf Heller und Pfennig: Schwäbisch Hall

Schwäbisch Hall verbinden viele vor allem mit der Bausparwerbung, und wer einmal die alte Salzstadt besucht hat, die sich majestätisch in all ihrer Fachwerkpracht mit dem wie eine Gralsburg wirkenden ehemaligen Benediktinerkloster **Großcomburg** auf einem Hügel über dem Kocher erhebt, möchte am liebsten jeden »Häller« (eine silberne Kleinmünze, die ab 1189 hier geprägt wurde) in ein solides Eigenheim am Ort investieren. Die bereits 1079 gegründete Klosteranlage erlebte während der Stauferzeit ihre Blüte und wurde Ende des 15. Jhs. in ein Chorherrenstift umgewandelt.

Allein schon der das Himmlische Jerusalem symbolisierende majestätische Radleuchter aus vergoldetem Kupferblech der romanischen Klosterstiftskirche **St. Nikolaus** dürfte viele Hellersäcke gekostet haben – Salz bedeutete im Mittelalter nun einmal Reichtum, von dem die einstige Freie Reichsstadt heute noch zehrt. Ihr **Marktplatz** mit seinen prachtvollen, meist barocken Bürgerhäusern zählt zu den schönsten Süddeutschlands. Das 1945 abgebrannte herrliche **Barockrathaus** war schon zehn Jahre später wieder aufgebaut.

Wahrzeichen der Stadt ist die monumentale halbrunde **Freitreppe,** die seit 1507 zur auch innen sehenswerten evangelischen Pfarrkirche **St. Michael** hinaufführt. Von Juni bis August finden auf der Treppe und im Haller Globe Theater die traditionsreichen Freilichtspiele statt, und acht Tage vor Rosenmontag feiert man auf der Treppe und in den Gassen »Hallia Venezia«, einen Karneval mit selbstgefertigten, venezianisch inspirierten Masken. Im Mai begehen die Haller Salzsieder das Kuchen- und Brunnenfest, und dass der Haller Weihnachtsmarkt vor solcher Kulisse besonders stimmungsvoll ist, versteht sich von selbst.

❭ Hinüber nach Bayern

Über die größte Autobahnbrücke Europas, die in 185 m Höhe das Tal des Kocher überspannt, geht es nach **Langenburg.** Seine mittelalterliche Burg wurde in der Renaissance prachtvoll umgebaut, und der fürstliche Marstall beherbergt heute ein Automuseum mit Bugattis und Silberpfeilen. Dazu kommt der herrliche Blick vom Terrassencafé über das Hohenloher Land.

>> **Tourismus & Kongress Service,**
Geyerswörthstr. 3, 96047 **Bamberg,**
Tel. (09 51) 29 76-200, Fax 29 76–222,
www.bamberg.info
>> **Kongress- und Tourismuszentrale,**
Luitpoldplatz 9, 95444 **Bayreuth,**
Tel. (09 21) 8 85 88, Fax 8 85 55,
www.bayreuth-tourismus.de

Zu Gast in Burgen und Schlössern

Schloss-Hotel Hirschhorn,
Schlossstr. 39, 69434 Hirschhorn/Neckar,
Tel. (0 62 72) 9 20 90, Fax 32 67, www.
castle-hotel.de. Traumhafter Ausblick
über das Neckartal und acht stilvoll
möblierte Gästezimmer im Palas sowie
17 moderne Zimmer im Marstall der
Burganlage. Gekocht wird mit saisona-
len Zutaten aus der Region. ○○–○○○
Schloss Neuburg, 74847 Obrigheim,
Tel. (0 62 61) 63 950 66, www.
schloss-neuburg.eu, s. S. 63. ○○–○○○
Hotel-Restaurant Burg Hornberg,
74865 Neckarzimmern, Tel. (0 62 61)
9 24 60, Fax 92 46 44, www.burg-hotel-
hornberg.de. Bei Götz von Berlichingen
wohnt man in diesem komfortablen
Burghotel in Weinbergen hoch über
dem Neckartal. Grandioses Panorama,
gute regionale Küche. In der Wald-
kapelle kann geheiratet werden. ○○○
Burgschenke Burg Guttenberg, 74855
Haßmersheim-Neckarmühlbach,
Tel. (0 62 66) 2 28, Fax 16 97,
www.burg-guttenberg.de. Leckere
mittelalterliche »Speysen«, die originalen Rezepten nachgekocht und von
Knappen und Mägden in historischer
Gewandung aufgetragen werden.
Auch Schlemmereien im Ritterstil und
romantische Hochzeiten werden orga-

nisiert. Wanderer und Radfahrer
schätzen die Atmosphäre der mittelal-
terlichen Heuherberge im Marstall. ○○
Schloss Lehen, Hauptstraße 2, 74177
Bad Friedrichshall, Tel. (0 71 36) 9 89 70,
Fax 98 97 20, www.schlosslehen.de.
Edel mit altem Holzparkett, Antiquitä-
ten und hochwertigen Stoffen ausge-
stattete Zimmer. Spezialangebote für
Gourmet- und Tagungsreisende. ○○
Burg Rabenstein, Rabenstein 33, 95491
Ahorntal, Tel. (0 92 02) 97 05 80,
Fax 97 05 81, www.burg-rabenstein.de.
Besonders romantische und farben-
frohe Zimmer bietet dieses Burghotel,
in dem gerne geheiratet, aber auch
getagt wird. Auf den Tisch kommt die
herzhafte Küche der Fränkischen
Schweiz, und natürlich darf das Rit-
teressen dabei nicht fehlen. ○○○

Essen und Unterkunft

>> **Mannheim:**
Kurpfalzstuben, L 14,15, Tel. (06 21)
1 50 39 20, Fax 15 03 92 90, www.
kurpfalzstuben.de. Unlängst renoviertes schönes altes Stadthaus, nur 2 Min.
zu Fuß vom Hauptbahnhof, trotzdem
ruhig. Das Restaurant serviert schwäbische und badische Spezialitäten. ○○
>> **Heidelberg:**
Goldener Hecht, Steingasse 2,
Tel. (0 62 21) 16 60 25, Fax 53 68 99,
www.hotel-goldener-hecht.de. Kleines
Familienhotel an der Alten Brücke,
dessen behagliche Zimmer nach Dich-
tergrößen benannt sind. ○○
>> **Neckargemünd:**
Die Rainbach, Ortsstr. 9, Tel. (0 62 23)
24 55, www.rainbach.de. Mark Twain
schmeckte es hier, Henry Ford mochte
die »wonderful Gemutlichkeit«, und

auch Helmut Kohl tafelte mit François Mitterrand in der alten Stube des Landgasthofs von 1724. Spezialitäten sind knusprige Kalbshaxe und Ente, gefüllt nach dem Hausrezept der Familie Waibel. ○○

›› Bad Wimpfen:

Am Steinbrünnle, Fleckensteinstr. 12, Tel. (07063) 9337979, www.stein bruennle.de. Leckere »saure Nierle«, Kässpätzle sowie Zwiebelrostbraten. ○

›› Schwäbisch Hall:

Adelshof, Am Markt 12–13, Tel. (07 91) 7 58 90, Fax 60 36, www.hotel-adelshof.de. Mittelalterlicher Steinbau mit zwei Portalen. 1541 und 1546 diente das damalige »Büschlerhaus« Kaiser Karl V. als Herberge. Elegante Themenzimmer für Stimmungslagen von romantisch bis lebensfroh. Das Restaurant serviert Schwäbisch Hällisches Landschwein und Bœuf de Hohenlohe mit französisch-italienischem Pfiff. ○○○

Landgasthof Pflug, Weckriedener Str. 2, Tel. (07 91) 93 12 30, www.landgasthof-pflug.de. Küchenchef Hans-Harald Reber bietet regionale Küche mit internationalem Pfiff, z. B. gekochten Tafelspitz vom Hohenloher Rind oder Medaillons vom Schwäbisch-Hällischen Schweinefilet. Auf der exzellenten Weinkarte stehen viele Württemberger Tropfen. Übernachtet wird in Zimmern und Suiten im Landhausstil. ○○○

›› Nürnberg:

Dürer-Hotel, Neutormauer 32, Tel. (09 11) 2 14 66 50, Fax 2 14 66 55 55, www.burghotel-nuernberg.de. Modernes Hotel mit komfortablen Zimmern in bester Lage unterhalb der Burg, fast neben dem Dürerhaus. Preiswerte Wochenendangebote. ○○–○○○

Essigbrätlein, Weinmarkt 3, Tel. (09 11) 22 51 31. Nur an die 30 Gäste können hier (recht beengt) speisen, und die Tagesgerichte sind fast an einer Hand abzuzählen. Aber das nimmt man gern in Kauf für die allerfeinste Gourmetküche von Andree Köthe und Yves Ollech. Neben vorzüglichen Frankenweinen gibt es viele Tropfen aus anderen deutschen Anbaugebieten und eine breite Auswahl internationaler Spitzengewächse. Unbedingt reservieren. ○○○

›› Forchheim:

Zöllner's Weinstube, Sigritzau 1, Tel. (0 91 91) 1 38 86. Fränkischer Fachwerk-Landgasthof mit delikater internationaler Küche und einer Auswahl bester Frankenweine, von denen viele per Glas verkostet werden können. ○○

›› Bamberg:

Barockhotel am Dom, Vorderer Bach 4, Tel. (09 51) 5 40 31, Fax 5 40 21, www.barockhotel.de. 1520 erbautes und um 1740 barock umgestaltetes Haus in der Altstadt mit modernnüchternen Zimmern. ○○

Schlenkerla, Dominikanerstr. 6, Tel. (09 51) 5 60 60, www.schlenkerla. de. Ungemein beliebte Brauereigaststätte in der Altstadt. Hier schmecken Bamberger Bratwürste mit Sauerkraut oder Fränkische Bierhaxe in Rauchbiersoße. Die Mutigen trinken dazu ein Aecht Schlenkerla Rauchbier. ○○

›› Bayreuth:

Hotel Goldener Anker, Opernstr. 6, Tel. (09 21) 6 50 51, Fax 6 55 00, www.goldener.anker-bayreuth.de. Traditionshotel im barocken Stadtzentrum neben dem markgräflichen Opernhaus mit individuell gestalteten, ruhigen Zimmern. ○○

Auch hier prägen Fachwerkhäuser das Bild der Altstadt. Kurz vor **Rothenburg ob der Tauber** wird die Grenze zu Bayern passiert. Dieses Juwel des Mittelalters ist im Kapitel Romantische Straße, die ebenfalls durch den Ort verläuft, beschrieben (S. 50 f.).

❭ Zwischen Ansbach und Nürnberg

Eigentlich traut man der streng protestantischen fränkischen Residenzstadt **Ansbach** soviel Schwelgerei gar nicht zu. Und doch zählt die Markgräfliche Residenz, eine vierflügelige Anlage aus dem frühen 18. Jh., zu den prunkvollsten Raumschöpfungen des Rokoko. Die schönsten Säle sind der doppelgeschossige Festsaal, das Spiegelkabinett und der Kachelsaal mit 2800 Fliesen aus der ehemaligen Ansbacher Fayencenmanufaktur. Dazu kommt ein ruhiger Hofgarten mit Orangerie: ein glanzvoller Aufführungsort für Rokoko-Festspiele. Unbedingt besuchen sollte man auch das Markgrafen-Museum, dessen Kaspar-Hauser-Abteilung viel über das mysteriöse »Kind von Europa« zu erzählen weiß, das 1833 in Ansbach starb und auf dem Stadtfriedhof begraben ist.

Zwischen Ansbach und Nürnberg liegt ein Stück weniger bekanntes romantisches Franken, dessen Höhepunkte die Burgenstraße verbindet. Sehenswert sind die auf einem Bergkegel thronende wuchtige **Burg Colmberg** (heute Hotel), die **Burg Lichtenau,** die fast an eine Miniaturausgabe der Nürnberger Burg erinnert (im Sommer täglich zu besichtigen, im Winter nur Innenhof geöffnet), sowie

das Deutschordensstädtchen **Wolframs-Eschenbach,** in dessen Liebfrauenmünster, Deutschlands ältester gotischer Hallenkirche, der berühmte Minnesänger bestattet sein soll. Sein gotisches Grabmal ging verloren, dafür widmet sich heute ein Museum dem Dichter des Parzival. Im 1632 erbauten ehemaligen Deutschordensschloss ist das Rathaus untergebracht.

Schon von weitem sichtbar ist die Silhouette der 750 Jahre alten Anlage der **Burg Abenberg,** die ein Tagungshotel und ein Restaurant mit internationaler Küche beherbergt. Im Mai feiert man hier das historische Burgfest mit Mittelaltermarkt.

Letzter Halt vor Nürnberg ist die ehemalige Markgrafenstadt **Roth.** Hier erbaute sich Markgraf Georg der Fromme 1535–1537 das Jagdschloss Ratibor, dessen großartiger Prunksaal mit Decken- und Wandgemälden aus der griechischen Göttersage und Homers Odyssee geschmückt ist. Roth ist eine Industriestadt, in der man seit über 200 Jahren versilberte und vergoldete Drähte fertigt – u. a. für Christbaumschmuck, der natürlich auf dem Nürnberger Christkindlesmarkt verkauft wird.

❭ Nürnberg, Schatzkästlein des Reichs

»Äweng schad«, wie die Nürnberger in ihrem verniedlichenden Understatement so gerne sagen, ist es ja schon, dass man unter der Pranke des bayrischen Löwen leben muss, aber ansonsten haben viele »Nämbercher« wenig an der »schönsten kleinen Großstadt der Welt« auszusetzen. Ihre Glanzzeit war das späte Mittelalter, als die Kaiserburg die Reichskleinodien hütete und immer wieder die Herrscher des Heiligen Römischen Reichs auf kostspieligen Besuch kamen. Sie übernachteten bald nicht mehr in der zugigen Burg, sondern in den offenbar sehr komfortablen Wohnhäusern der Pfeffersäcke und Gschäftlasmacher. Später war das dann schon »aa bissla unangenehm« mit der großmäuligen Zeit der NS-Reichsparteitage und Judenhetze, aber dafür hat man nicht erst nach tausend Jahren, sondern schon nach derer zwölf bitter bezahlt.

An länger zurückliegende Zeiten erinnert man sich eben leichter und lieber: z. B. an Martin Behaims berühmten Globus und Peter Henleins Taschenuhr, das Nürnberger Ei, und natürlich an Albrecht Dürer, dessen Haus man originalgetreu wieder aufgebaut hat wie so viele mittelalterlichen Gebäude, die auch auf den Lebkuchendosen erscheinen. Den Krieg überstanden haben auch Werke des Erzgießers Peter Vischer sowie der Bildhauer Veit Stoß und Adam Kraft, zu bewundern z. B. in der wiederaufgebauten Kirche **St. Sebaldus** und im **Germanischen Nationalmuseum.**

Der monumentalen **Kaiserburg** (tgl. April–Sept. 9–18, sonst 10 bis 16 Uhr) konnten englische Fliegerbomben nichts anhaben. Noch heute sieht sie fast genauso aus, wie sie auf dem Hintergrund des Bartholomäus-Altars in der Lorenzkirche abgebildet ist: mit Luginsland, Fünfeckturm, Sinwellturm und Palas. Nur die Türme der Stadtmauer, die ebenfalls den Krieg überstanden, sind nicht mehr

eckig, sondern rund: auf Empfehlung Albrecht Dürers übrigens. Der malte nicht nur Porträts und Hasen, sondern wusste auch, dass runde Mauern Kanonenkugeln besser ablenken. Reisen bildete eben schon damals!

Den berühmten **Christkindlesmarkt** gibt es natürlich nur im Dezember, und die Elisenlebkuchen schmecken auch am besten, wenn es draußen schön kalt ist. Aber Nürnberger »Brodwörschdla« sind zu jeder Jahreszeit beliebt, obwohl sie »äweng klaa« sind. Am besten munden sie als »Blaue Zipfel«, gegart in Essigsud. Für den größeren Appetit empfiehlt sich eher das Krustenschäuferla aus dem Backofen, ein üppiges Stück Schweineschulter, und dazu ein »Kloß mit Soß«. Dazu trinkt man in Bierfranken natürlich Gerstensaft, auch wenn der nicht mehr aus Nürnberger Sudkesseln kommt, sondern vom Land und aus Oberfranken. Genau dorthin führt nun auch die Burgenstraße. Adele, Nämberch!

❯ Die Fränkische Schweiz

Zwischen Nürnberg, Bamberg und Bayreuth liegt einer der landschaftlich und kulturell reichsten Landstriche Deutschlands. Auch hier reiht sich Burg an Burg. In der Altstadt von **Forchheim** erwartet Reisende eine waschechte Kaiserpfalz mit Wandmalereien aus dem 14. und 16. Jh. Im tausendjährigen **Ebermannstadt** erreicht die Burgenstraße das Herz der Fränkischen Schweiz und spaltet sich vor lauter Begeisterung kurzzeitig in zwei Routen. Hier und in den nicht minder schönen benachbarten Orten lässt sich

› Die Kaiserburg zu Nürnberg

die Entschleunigung des Reisens so richtig genießen, wenn man nicht gerade zum Walberlafest eintrifft, das zu Ehren der hl. Walpurgis Anfang Mai auf dem Hochplateau Walberla südlich von Kirchehrenbach stattfindet.

Auf idyllischen Wanderwegen durch Kirschbaumhaine und schattige Wälder, an vielen kühlen »Bächla« entlang, die das glasklare Wasser für zahlreiche Naturbiersorten liefern, wandert man von Burg zu Burg, Brauerei zu Brauerei, und von einem malerischen Felsen zum nächsten. Kletterer reichen sich die besten Tipps per Mundpropaganda weiter. Sie kennen die Schwierigkeitsgrade, jeden einzelnen »gorregd« gesetzten Haken und natürlich auch die aktuelle Liste der gerade zum Schutz brütender Greifvögel gesperrten Felsen. Echte Profis wissen, dass der Kletterfelsen Diebesloch stark überhängend und perfekt gesichert ist, dass seine Felsstruktur Löcher aufweist und dass er schon 16 erklommene Routen verzeichnet, wobei Beavis and Butthead Schwierigkeitsgrad 9- von 9 hat. Und das ist nur einer von vielen hundert Felsen, deren 6500 Routen selbst der fanatischste Kletterer nie alle schaffen wird! Klettertechnisch am besten erschlossen ist das Trubachtal.

Genussreisende belassen es lieber beim Anschauen und Fotografieren. Besonders beliebte Motive sind die berühmten Felstürme von **Tüchersfeld.** Diese besucht man am besten auf einer gemütlichen Wanderung oder auf einer ebenfalls nicht sehr anstrengenden Radtour auf weitgehend autofreien Wegen.

Ausgangspunkt ist das Städtchen **Pottenstein,** dominiert von der über tausend Jahre alten gleichnamigen Burg, die heute ein Museum ist. Hier war 1228 die hl. Elisabeth zu Gast, an die das Elisabethzimmer erinnert. Doch unter Tage ist es in Pottenstein fast noch spannender: Die **Teufelshöhle** gilt als die größte und schönste »Unterwelt« der Fränkischen Schweiz.

Weiter geht es in den Luftkurort **Gößweinstein,** den die gleichnamige Burg überragt. Sie diente vermutlich Richard Wagner als Vorbild für die Gralsburg in seinem »Parsifal«. Von ihren Mauern bietet sich ein großartiger Blick. Hauptattraktion ist aber die berühmte Gößweinsteiner Basilika zur heiligen Dreifaltigkeit, die Balthasar Neumann 1730–1739 als Wallfahrtskirche neu errichtete. Der prächtige Barockbau aus hellem Sandstein mit machtvoller Zweiturmfassade und feinen Stuckarbeiten birgt bedeutende Kunstschätze, darunter einen imposanten Hochaltar, dessen prunkvoller Aufbau das geschnitzte spätgotische Gnadenbild der Madonna umrahmt.

Von Gößweinstein radelt es sich recht bequem die wenigen Kilometer nach **Tüchersfeld.** Die in bizarren

> Bambergs stolzes Altes Rathaus

Bamberg – fränkisches Rom

Wie die ewige Stadt, so wurde auch Bamberg auf sieben Hügeln erbaut, und das Bistum feierte 2007 sein tausendjähriges Bestehen »unterm Sternenmantel«. Dieser prunkvolle, im Diözesanmuseum zu bewundernde Mantel des heiliggesprochenen Kaisers Heinrich II. ist der kostbarste Besitz des Erzbistums. Von Kriegszerstörungen blieb die Altstadt, heute Weltkulturerbe, weitgehend verschont. So fesselt der berühmte **Bamberger Reiter** – vermutlich ein Abbild des Ungarnkönigs Stephan – nun schon seit 750 Jahren die Besucher des romanischen **Doms,** der noch weitere Meisterwerke der gotischen Skulptur präsentiert: das Fürstenportal und die besonders reizvollen Figuren der Ecclesia und Synagoge im südlichen Seitenschiff, wobei die Verkörperung des »blinden« jüdischen Glaubens geradezu unverschämt hübsch ausfällt.

Doch Bamberg hat noch viele weitere architektonische Glanzlichter, z. B. die Renaissancefassade der **Alten Hofhaltung,** in deren von Fachwerkbauten gesäumte Innenhof die Calderón-Festspiele des ETA-Hoffman-Theaters stattfinden. Wie Hoffmanns Kater Murr streift man durch die krummen Gassen der Altstadt, vorbei am bunt bemalten barocken Rathaus, genießt das Panorama vom Turm des Renaissanceschlosses Geyerswörth, um am Ende im Gassengewirr von »Klein-Venedig« zu landen. Erschöpft von der Besichtigung der Werke altdeutscher Meister in der **Neuen Residenz** (tgl. April–Sept. 9–18, Okt.–März 10 bis 16 Uhr) setzt man sich dann auf eine

Formationen hoch über den Fachwerkhäusern aufragenden Kalkfelsen zieren zahllose Bildbände und Postkarten zur Fränkischen Schweiz. Von den im 13. Jh. dort oben errichteten Burgen sind zwar nur kümmerliche Reste erhalten, doch lohnt das landeskundliche Fränkische-Schweiz-Museum im umbauten unteren Burghof einen Besuch (April–Nov. Di–So 10 bis 17, Dez.–März nur So 13.30–17 Uhr; www.fsmt.de). Über Rackersberg und Weidmannsgesees erreicht man wieder den Ausgangspunkt Pottenstein.

Schon vor der über 800 Jahre alten trutzigen **Burg Rabenstein,** in deren Umgebung es mit der Sophienhöhle eine der schönsten aktiven Tropfsteinhöhlen Süddeutschlands zu bewundern gibt, haben sich beide Strecken der Burgenstraße wieder vereint. Nach einer Stärkung im idyllischen Biergarten der Burg geht es nun weiter in eine der schönsten Städte Deutschlands.

Bank des herrlichen Rosengartens, genießt die Aussicht auf die Altstadt und das Kloster Michelberg und beschließt den Abend in der Gesellschaft vieler Studenten bei so manchem Glas würzigen Bamberger Rauchbiers.

› Zwischen Bamberg und Bayreuth

Um möglichst viele Höhepunkte Oberfrankens zu erfassen, nimmt die Burgenstraße diverse Umwege. Von Bamberg aus mainaufwärts liegt Staffelstein; in der Nähe erhebt sich die Wallfahrtskirche **Vierzehnheiligen,** ein weithin sichtbarer zweitürmiger Barockbau, den Balthasar Neumann 1743–1772 errichtete. Die Deckenfresken schuf Giuseppe Appiani. Am rechten Mainufer, in Sichtweite der Wallfahrtskirche, steht der 1701 gegründete monumentale Baukomplex des ehemaligen Benediktinerklosters **Banz.** Zwei Glanzlichter des fränkischen Barocks auf engstem Raum!

Schon im Coburger Land liegt das Fachwerkstädtchen **Seßlach,** bekannt für das hier gebraute Bier. Die komplett erhaltene mittelalterliche Stadtmauer mit drei Wehrtürmen brachte Seßlach auch den Beinamen oberfränkisches Rothenburg ein – das echte liegt in Mittelfranken. Aus einer Burganlage des 12. Jhs. ist das im 19. Jh. neogotisch umgestaltete Schloss Geyersberg hervorgegangen. Schloss Heiligersdorf (im gleichnamigen Ortsteil) ist eine eindrucksvolle Barockanlage von 1705.

Weiter nördlich dann wieder eine Burg, und was für eine! Die ehemalige Herzogsresidenz **Coburg,** deren Geschlecht in etliche europäische Herrscherhäuser einheiratete, besitzt mit ihrer Veste eine der größten Festungsanlagen Deutschlands. Nach der Besichtigung der Kunst- und Altertümersammlungen lädt die Altstadt der »Krone Frankens« mit ihren mittelalterlichen Gassen zum Bummeln ein.

Fast ebenso bedeutend ist die nie eroberte barocke Festungsanlage Rosenberg des mittelalterlich geprägten **Kronach.** Nur einmal wurde es eng für die Frankenwald-Stadt, nämlich 1634. Damals vertrieben die Kronacher Mädchen und Frauen feindliche Eindringlinge mit Pflastersteinen und kochendem Wasser. Seither dürfen sie am 1. Sonntag nach Fronleichnam die alljährliche »Schwedenprozession« anführen. Beliebt sind auch die jeden Sommer auf der Festung abgehaltenen Faust-Festspiele: Goethes Meisterwerk als unprätentiöses vergnügliches Volksschauspiel! Berühmt wurde die Stadt aber nicht durch Mephisto, sondern durch ihren größten Sohn, den Maler Lucas Cranach d. Ä. (1472 bis 1553), der entsprechend prominent in der Fränkischen Galerie vertreten ist.

› Mittelalter live in Kronach

Am Zusammenfluss von Weißem und Rotem Main liegt die Bierstadt **Kulmbach,** in der das stärkste Bier der Welt gebraut wird, worüber das Bayerische Biermuseum viel zu erzählen weiß. Man sollte sich den Genuss des Gerstensaftes aber erst einmal verkneifen, denn der Fußweg hinauf zur 1135 gegründeten Hohenzollernfeste Plassenburg ist steil. Wer schon ins Glas geschaut hat, nimmt besser den »Plassenburg-Express«-Bus. Glanzstück der heutigen Vierflügelanlage ist der im Renaissancestil angelegte Schöne Hof mit übereinander liegenden Arkadengängen und reicher Reliefverzierung. In der Burg zeigt das Deutsche Zinnfigurenmuseum die größte Zinnfigurensammlung der Welt.

Eisenbahnfans sollten unbedingt einen Ausflug mit der dampfgetriebenen Museumsbahn von Kulmbach über Neuenmarkt nach Marktschorgast unternehmen.

❯ Weia, Waga, Wagner: In Bayreuth

Letzter Höhepunkt ist die Festspielstadt Bayreuth. Burgen findet man hier nur auf den Bühnenbildern des Richard-Wagner-Festspielhauses, dessen harten Sitzplätze dafür sorgen, dass auch nach vier Stunden »Rheingold« kein prominenter Gast einschläft. Wer Walküren und Meistersinger nicht mag bzw. nicht sieben Jahre und länger auf eine Karte warten möchte, besucht das Markgräfliche Opernhaus: eines der schönsten Barocktheater der Welt und natürlich ein großartiger Rahmen für Opern und Kammerkonzerte mit Werken von

❯❯ Tschechische Burgenstraße

1994 wurde die Burgenstraße bis in die »Goldene Stadt« Prag verlängert. Auch in Böhmen reihen sich historisch bedeutsame Burgen und Schlösser aneinander. Erste Station ist die Burg im knapp 70 km von Bayreuth entfernten mittelalterlichen Städtchen **Cheb (Eger),** die schon im 12. Jh. errichtet wurde. Im Dreieck der westböhmischen Kurbäder liegt Schloss **Kynžvart (Königswart),** das eine kostbare Bibliothek beherbergt. Dann folgt die sagenumwobene Burg **Loket (Elbogen)** bei Karlsbad. Im Tal des Tepl-Flusses zwischen Karlsbad und Marienbad liegen Burg und Schloss **Bečov (Petschau)** mit dem berühmten romanischen Reliquiar des hl. Mauritius. Weitere Stationen sind das 1193 gegründete Prämonstratenserkloster **Teplá** mit romanisch-gotischer Hallenkirche, die im 15. und 16. Jh. erbaute Wasserburg **Švihov,** das barocke Schloss **Nebílovy,** das klassizistische Schloss **Kozel** und das wieder barocke Schloss **Hořovice (Horzowitz).**

Noch mittelalterlich sind die zwei Burgen **Žebrák** und **Točník.** Schönste gotische Stilprägung zeigt die Burg **Křivoklát,** und 30 km vor Prag erhebt sich die 1348 errichtete Burg **Karlštejn,** eine touristische Hauptattraktion Tschechiens. Mit der Ende des 9. Jhs. auf dem Hradschin-Berg erbauten **Prager Burg,** der größten geschlossenen Burganlage der Welt, endet dann eine über tausend Kilometer lange Reise durch das kulturelle Herz Mitteleuropas.

Händel, Purcell und Vivaldi. Mit diesen musikalischen Fanfaren kann man hier die Reise auf der deutschen Burgenstraße beschließen.

» Die Burgenstraße zu Lande und zu Wasser

Man könnte die gesamte Burgenstraße mit dem Drahtesel bereisen, jedoch ist der Fernradweg »Burgenstraße« noch nicht durchgängig ausgeschildert. Zwischen Mannheim und Schwäbisch Hall radelt es sich besonders leicht, weil man überall Bahnanschluss hat.

Beliebt ist der gut ausgeschilderte, fast steigungsfreie Neckartal-Weg, der von Mannheim über Ladenburg nach Heidelberg führt und dann dem Neckar von Burg zu Burg bis nach Heilbronn folgt. Fast noch ein Geheimtipp ist der quer durch die blühende Hohenloher Ebene verlaufende Kocher-Jagst-Weg, dessen Südroute man vortrefflich zwischen Bad Wimpfen und Schwäbisch Hall folgen kann. Großteils parallel zur Burgenstraße zieht sich der Kraichgau-Burgen-Weg zwischen Heilbronn und Rothenburg ob der Tauber. Im fränkischen Abschnitt der Burgenstraße findet man zwischen Rothenburg und Nürnberg in Ansbach und Roth Bahnanschluss. Die Fränkische Schweiz kann man von den Bahnhöfen Forchheim und Ebermannstadt im Westen und Pegnitz im Osten erobern. Bamberg, Coburg, Kronach und Bayreuth sind mit der Bahn von Nürnberg zu erreichen. Von Mai bis September fährt der Europabus (mit Fahrradanhänger) einmal täglich die Burgenstraße in beiden Richtungen ab. In Rothenburg besteht Anschluss zur Buslinie »Romantische Straße« (Infoadresse s. S. 58).

Für Wanderer eignet sich im Württembergischen besonders der Abschnitt am Neckar zwischen Neckargemünd und Bad Wimpfen. Hier liegen die Burgen nie weiter als eine gemütliche Tageswanderung auseinander, Unterkunft findet man überall. Ein Paradies für genussreiche Wanderungen ist die Fränkische Schweiz, wo man auf vielen Wegen Wandern und Klettern verbinden kann.

Mit dem Schiff durchs Neckartal schippert man z. B. mit der Rhein-Neckar-Fahrgastschifffahrt (www.rnf-schifffahrt.de) an. »Bummeln auf dem Neckar« kann man mit den Fahrgastschiffen der Personenschifffahrt Stumpf (www.schifftours-heilbronn.de). Die Burgenstraße mit dem Kanu erleben? Das ermöglicht Kanu Bike (www.kanu-bike.de). Gepaddelt wird auf dem Neckar zwischen Jagstfeld und Neckarmühlbach. Auch Kombinationen mit Kanu und Fahrrad sind möglich.

› Reizvolle Schiffstour mit Burgblick

Deutsche Fachwerkstraße

Auf dieser Reise durch idyllische Landschaften und romantische Städtchen zwischen Elbe und Bodensee erschließen sich alle Facetten der deutschen Fachwerkkunst.

Das mittelalterliche Rathaus von Besigheim am Neckar

In Deutschland prägen noch über eine Million Fachwerkbauten, die Bränden, Kriegsschäden und dem Zahn der Zeit erfolgreich getrotzt haben, das Bild ganzer Altstädte und Dorfkerne. Die Skelettbauweise, bei der die Zwischenräume (das Gefach) eines tragenden Gerüsts aus Eichen- oder Tannenholz meist mit einem Holz-Lehm-Verbund oder Ziegelwerk gefüllt wurden, war vom Mittelalter bis ins 19. Jh. in Deutschland weit verbreitet. Während beim niedersächsischen Fachwerkbau reich geschnitzte Schmuckformen wie Sonnenscheiben, Laubstäbe, Figurenfriese, Knaggen und Inschriften vorherrschen, dominieren beim fränkischen und alemannischen Stil fantasievolle Figurationen wie Andreas- und Strebenkreuze.

Die 1990 gegründete, insgesamt mehr als 2800 km lange Deutsche Fachwerkstraße ist in neun Regionalstrecken unterteilt, die völlig unabhängig voneinander bereist werden können. Allerdings kehrt man nicht zum Ausgangspunkt zurück; es bietet sich daher an, mehrere Routen miteinander zu verknüpfen. So lassen sich die beiden nördlichsten Routen gut verbinden, indem man einfach von Bad Gandersheim nach Duderstadt fährt. Auch bei den hessischen Streckenabschnitten empfehlen sich Kombinationen. Auf der Fachwerkstraße fährt man durch sehr reizvolle, oft waldreiche Landschaften: Es geht durch das niedersächsische Wendland, die Lüneburger Heide, den Harz und den Thüringer Wald, durch die romantischen Flusstäler von Werra, Fulda, Lahn und Neckar, durch Rhön, Spessart, Wetterau und Odenwald bis zum Schwarzwald und an den Bodensee.

› Von der Elbe zum Weserbergland (447 km)

Mit einer der schönsten Städteansichten Norddeutschlands glänzt der Mitte des 13. Jhs. angelegte Alte Hafen von **Stade.** Schmucke Bürgerhäuser des 17. Jhs. säumen den Straßenzug Wasser West. Besonders auffällig ist die prachtvolle Fassade des Bürgermeister-Hintze-Hauses (1621) im Stil der Weserrenaissance. Bescheidener, dafür aber älter sind die Fachwerkgiebelhäuser des 16. Jhs. in der Bäckerstraße. In die Stützhölzer sind biblischen Figuren geschnitzt. 26 Holzsonnen zieren das um 1590 errichtete dreigeschossige Traufenhaus. Das Hökerhus (1650) in der Hökerstraße halten Kenner für das am geschlossensten erhaltene spätmittelalterliche Fachwerkhaus Stades.

Auch **Nienburg an der Weser** (Straße der Weserrenaissance, S. 98) ist ein malerisches Fachwerkstädtchen, wo sich auf speziellen Fachwerkführungen mehrere Baustile studieren lassen.

Der von Fachwerkhäusern gesäumte Marktplatz von **Bad Essen** gilt als einer der schönsten im Osnabrücker Land. Sorgfältig restaurierte Fachwerkbauten machen die Altstadt von **Stadthagen** zu einer Perle der Weserrenaissance (s. S. 97). **Northeim** mit seinen oft traufenständigen Fachwerkhäusern bietet eine der großartigsten mittelalterlichen Fachwerkansichten in Mitteldeutschland, doch auch die alte Bierstadt **Einbeck** mit ihren über 400 farbenprächtigen, mit Fächerrosetten verzierten Bürgerhäusern hat beim Wettbewerb um das schönste Stadtbild ein Wörtchen mitzureden.

Die auf ottonische Zeiten zurückgehende romanische Stiftskirche und Deutschlands erste Dichterin, Roswitha von Gandersheim, machen **Bad Gandersheim** zur kulturellen Wiege Niedersachsens. Ältestes Bürgerhaus ist das 1473 am Markt errichtete Haus Bracken mit reichem Schnitzwerk. Abschluss der Route ist **Alfeld** an der Leine. An den Brüstungsbrettern der Alten Lateinschule (1610) zeigen bunte Schnitzereien humanistische Ideale, biblische Szenen, die Sieben Freien Künste sowie Tugenden und Musen – all das mit lateinischer Beschriftung.

❯ Von der Elbtalaue zum Harz
(650 km)

Nördlicher Ausgangspunkt der zweiten norddeutschen Route ist das Fachwerkstädtchen **Bleckede** an der Elbe. Mit sehr reizvollen Fachwerkgassen

❯ Fachwerkfassaden in Einbeck

wartet das in romantischer Flusslandschaft an der Elbe vor sich hinträumende **Hitzacker** auf. In Deutschlands nördlichstem Weinberg sollen einst sagenumwobene Zwerge gehaust haben.

Auch **Dannenberg** an der Elbe besticht durch ein sehr einheitlich wirkendes Fachwerkensemble, ebenso wie **Lüchow** im Hannoverschen Wendland, von wo sich Ausflüge in die Rundlingsdörfer empfehlen. In **Salzwedel** (Straße der Romanik, S. 87 f.) erinnern Backsteingotik und geschlossene Fachwerkzeilen an Hansezeiten. **Celle,** die alte Residenzstadt des Fürstentums Lüneburg, gilt mit rund 500 seit spätgotischer Zeit entstandenen Fachwerkbauten als Kleinod unter den Heidestädten. Die Fassade des Hoppener-Haus von 1532 ist geradezu ein architektonisches Bilderbuch.

Ab **Königslutter** durchquert die Route zwischen Braunschweiger Land und Harz im Zickzackkurs eine Fachwerkstadt nach der anderen. Über **Schöningen** geht es in die vom Krieg verschonte Residenzstadt **Wolfenbüttel** mit einer bedeutenden, 1572 von Herzog Julius im Schloss gegründeten und einst von Lessing und Leibniz geleiteten Bibliothek. Über 600 Fachwerkhäuser aus Renaissance und Barock sind in Wolfenbüttel erhalten.

Nur wenige Kilometer südlich wirkt **Hornburg** am Harz mit romantischen Winkeln und Gassen wie ein Freilichtmuseum des norddeutschen Fachwerkbaus. Das 1847 abgebrannte und unmittelbar im Anschluss wieder aufgebaute **Bockenem** weiter westlich zeigt, dass man sogar im 19. Jh. den Fachwerkbau noch pflegte. In **Oster-**

Kontakt: Deutsche Fachwerkstraße, ARGE Historische Fachwerkstädte e.V., Propstei Johannesberg, 36041 Fulda, Tel. (06 61) 4 36 80, Fax 94 25 03 66, www.deutsche-fachwerkstrasse.de
Streckenlänge: 9 Routen, insgesamt über 2800 km
Bundesländer: Niedersachsen, Sachsen-Anhalt, Hessen, Thüringen, Baden-Württemberg, Bayern
Reiseplanung: Für längere Strecken 3 bis 6 Tage, für kürzere 2 bis 4 Tage

wieck im Harzvorland lässt sich die Entwicklung des Fachwerkbaus von der Gotik bis zum Klassizismus studieren. Über dem Torbogen des Eulenspiegelhauses (1534) zeigt sich ein Schankwirt mit Bierkrug und Eule.

Vor dem Krieg zählte **Halberstadt** (Straße der Romanik, S. 89) mit zu den wichtigsten Fachwerkstädte Deutschlands. Was erhalten blieb, wird liebevoll restauriert. Überaus attraktiv ist **Wernigerode** (Oranierroute, S. 232 f.), die fast 1000-jährige »bunte Stadt am Harz«, deren zweitürmiges Rathaus Heilige, Narren, Gaukler, Spielleute und Tänzer zieren. Ein kluger Spruch steht über dem Eingangsportal: »Einer macht's, der andere betracht's, der dritte verlacht's, was macht's.«

Genug Holz gab es auch in **Osterode,** dem Tor zum Südharz, und so säumen viele Fachwerkhäuser den Kornmarkt. Auch hier wartet ein Sinnspruch, diesmal an der Ratswaage von 1550: »Es sind nicht alles Jäger, die die Hörner blasen.« Wie wahr!

Den würdigen Abschluss dieser Route bildet **Duderstadt,** die »Perle des Eichsfelds«. Sein schon ab 1300 erbautes Fachwerkrathaus vereint in seltener Harmonie Baustile von der Gotik bis zur Renaissance. In einmaliger Geschlossenheit reihen sich mehr als 600 farbenfrohe Fachwerkhäuser aneinander: architektonische Geometrie in Rot, Blau und Grün.

Vom Harz zum Thüringer Wald (204 km)

Auch diese Route der Deutschen Fachwerkstraße berührt den Harz. Das Bergbau- und Residenzstädtchen **Stolberg** ist stolz auf seine herrlichen Fachwerkbauten aus Spätgotik und Renaissance und auf seinen wunderschönen Marktplatz. Über **Bleicherode** und **Worbis** führt die Route nach Thüringen, ins mittelalterliche, turmreiche **Mühlhausen.** Ihre elf Kirchen brachten der Stadt den Beinamen Steinerne Chronik Thüringens ein. Das hessische **Wanfried** im Werratal ist wieder ein besonders buntes Städtchen mit Prachtbauten aus dem 16. Jh. – damals gab es hier sogar eine Börse. Wieder in Thüringen, ebenfalls im idyllischen Werratal, liegt das von der Burg Normannstein überragte **Treffurt**. Auch hier findet sich ein Stadtkern mit vielen Fachwerkhäusern und mittelalterlichem Rathaus. Die Gassen besitzen noch originales Kalksteinpflaster aus dem Mittelalter.

Farbenfrohe Fachwerkbauten, viele davon aus dem 14. Jh., prägen **Vacha**, »das Tor zur Rhön« im Werragrund. Die Route endet in **Schmalkalden**, eine der schönsten Städte Thüringens, deren Häuser großteils in fränkischer Rähmbauweise errichtet wurden. Acht Mal kamen die protestantischen Fürsten, die sich zum Schmalkaldischen Bund gegen Kaiser Karl V. zusammengeschlossen hatten, hier zusammen. Im Lutherhaus am Lutherplatz wohnte der Reformator 1537.

〉 Vom Reinhardswald zum Waldecker Land (135 km)

Ins Märchenland der Brüder Grimm (Deutsche Märchenstraße, S.184 ff.) führt diese kurze Regionalstrecke. Diemelsächsisches Fachwerk prägt hier viele Ortschaften und verbreitet in **Hofgeismar, Grebenstein, Immenhausen** und **Zierenberg** (mit dem ältesten Fachwerkrathaus Hessens) das Flair der guten alten Zeit. Äußerst fotogen sind die prachtvollen Fachwerkbauten von **Wolfhagen** und **Bad Arolsen**, aber auch **Naumburg** und die 1000-jährige Altstadt von **Korbach** lohnen einen Besuch. Ziel ist **Bad Wildungen** mit seiner Fachwerkaltstadt.

〉 Vom Weserbergland zum Vogelsberg (198 km)

Durch das niedersächsische **Hannoversch Münden** am Zusammenfluss von Werra und Fulda führen auch die Straße der Weserrenaissance (S. 94) und die Deutsche Märchenstraße (S. 185). Immerhin rühmte schon Alexander von Humboldt Münden als eine der sieben schönstgelegenen Städte der Welt. Von der Tillyschanze bietet sich ein Blick auf das geschlossene mittelalterliche Stadtbild mit über 700 Fachwerkhäusern im »Mündener Sonderstil« aus sechs Jahrhunderten.

Weiter südlich fügt sich das hessische **Eschwege**, eine 1000-jährige Fachwerkstadt, in die malerische Landschaft des Werratals ein. Über **Hessisch Lichtenau**, dem Reich von Frau Holle, geht es nach **Spangenberg** mit seinem harmonischen Marktplatz. Die spätgotischen Häuser sind in Ständerbauweise mit Kreuzverstrebungen aufgeführt, während die Häuser aus barocker Zeit aufwendig geschmückte Gesimse, runde Schnitzereien und Quergiebel mit Inschriften zeigen. Mit einem mittelalterlichen Stadtbild und einem 29 m hohen Fachwerkrathaus besticht **Melsungen** an der Fulda. Mehrere Patrizierhäuser sind mit Zopf- und Fischgrätenmuster verziert. Für Reichtum und Glück stehen Andreaskreuze, Rauten und Eierstab.

Die wegen ihres romanischen Doms bekannte alte Kaiserstadt **Fritzlar** besitzt hübsche Gassen mit bunten Fachwerkhäusern und einen entzückenden Marktplatz. Im viergeschossigen Hochzeitshaus pflegten die Fritzlarer Bürger ab 1590 zu feiern.

Allgemeine Infos

>> **Stade Tourismus,** Hansestr. 16,
21682 **Stade,** Tel. (0 41 41) 40 91 70,
Fax 40 91 50, www.stade-tourismus.de

>> **Tourismus Region Celle GmbH,**
Markt 14–16, 29221 Celle, Tel. (0 51 41)
12 12, Fax 1 24 59, www.region-celle.de

>> **Tourist-Information Bad Hersfeld
e.V.,** Am Markt 1, 36251 **Bad Hersfeld,**
Tel. (0 66 21) 20 12 74, Fax 20 12 44,
www.bad-hersfeld.de

>> **Tourist-Info Limburg,** Hospitalstr. 2,
65549 **Limburg,** Tel. (0 64 31) 61 66,
Fax 32 93, www.limburg.de

>> **Tourist-Information Bietigheim-
Bissingen,** Am Marktplatz 10, 74321
Bietigheim-Bissingen, Tel. (0 71 42)
7 42 27, Fax 7 42 29,
www.bietigheim-bissingen.de

>> **Meersburg Tourismus,**
Kirchstr. 4, 88790 **Meersburg,**
Tel. (0 75 32) 44 04 00, Fax 4 40 40 40,
www.meersburg.de

Essen und Unterkunft

>> **Celle:**
Utspann, Im Kreise 13, Tel. (0 51 41)
9 27 20, Fax 92 72 52, www.utspann.de.
Stilvolle, komfortable Zimmer in einem
Altstadt-Fachwerkhaus. ◐◐

>> **Wernigerode:**
Weißer Hirsch, Marktplatz 5,
Tel. (0 39 43) 60 20 20, Fax 63 31 39,
www.hotel-weisser-hirsch.de. Schöner
Fachwerkbau am Marktplatz mit
freundlichen Zimmern, das Restaurant
erfreut mit Harzer Küche. ◐◐

>> **Bad Hersfeld:**
Zum Stern, Linggplatz 11, Tel. (0 66 21)
18 90, Fax 18 92 60, www.zumstern
hersfeld.de. Hinter einer spätgotischen
Steinfassade verbergen sich roman-

tisch-verwinkelte Zimmer im Landhausstil mit liebevoll restaurierten Details,
ein holzvertäfeltes Gourmetrestaurant
mit regional geprägter Küche und ein
Weinkeller unter uraltem Gewölbe. ◐◐

>> **Limburg:**
Schinderhannes, Rütsche 5,
 Tel. (0 64 31) 69 42,
www.werner-senger-haus.de. Das in
einem der ältesten Häuser Deutschlands, dem Werner-Senger-Haus, untergebrachte Restaurant serviert zu
Kaminfeuer und Kerzenschein auch
historische Limburger Gerichte. ◑◑

>> **Reichelsheim:**
Treusch im Schwanen, Rathausplatz 2,
Tel. (0 61 64) 22 26,
www.treuschs-schwanen.com.
Feine Odenwälder Regionalküche mit
mediterranem Pfiff gibts im Restaurant
und bodenständig Deftiges in den
Stuben. In Treuschs Pommothek werden
mehr als 20 verschiedene Apfel- und
Birnenweine ausgeschenkt. ◐◐

>> **Bietigheim-Bissingen:**
Friedrich von Schiller, Am historischem
Marktplatz 5, Tel. (0 71 42) 9 02 00,
Fax 90 20 90, www.hotelschiller.de. Im
Gebäude aus dem 17. Jh. sind romanti-
sche Zimmer zu Themen nach Friedrich
Schiller eingerichtet. Im Nobelgasthaus
kommt kreative regionale marktfrische
Küche auf den Tisch. ◐◐◐

>> **Meersburg:**
Weinstube Löwen, Marktplatz 2,
Tel. (0 75 32) 4 30 40, Fax 43 04 10,
www.hotel-loewen-meersburg.de.
Romantisches Hotel in einem 500 Jahre
alten Haus am malerischen Marktplatz
mit liebevoll eingerichteten Zimmern.
Die gemütliche Gaststube serviert
natürlich auch Felchenfilets. ◐◐◐

Ein solches Hochzeitshaus aus gleicher Zeit leistete sich auch das mittelalterliche **Homberg (Efze),** das Matthaeus Merian schon 1655 als der »vornehmsten Oertern Einer« beschrieb. Auch hier bildet der Marktplatz ein geschlossenes Ensemble. Über **Schwalmstadt** führt die Route zu ihrem südlichen Endpunkt **Alsfeld:** noch eine romantische Fachwerkstadt, die sich ihren mittelalterlichen Charakter bewahrt hat. Das Rathaus (1512 bis 1516) auf dem malerischen Marktplatz darf man zu den schönsten gotischen Fachwerkbauten Deutschlands zählen. Mittelalterlich gekleidete Stadtführer berichten, dass das Ständerhaus in der Hersfelder Gasse Nr. 10/12 schon um 1375 errichtet wurde.

› Von Waldhessen zum Vogelsberg (250 km)

Auch auf dieser quer durch Hessen führenden Route kreuzt man öfter die Deutsche Märchenstraße (S. 184 ff.). Trotz mehrerer Brände konnte sich das waldhessische Landgrafenstädtchen **Rotenburg an der Fulda** sein mittelalterliches Stadtbild weitgehend erhal-

› Jerusalemer Tor, Büdingen

ten, und es lohnt sich, an der anekdotenreichen Nachtwächterführung teilzunehmen. Das Fachwerkensemble der Brotgasse fasziniert mit Hausinschriften, geschnitzten Türen und reich verzierten Ständerbalken.

Bad Hersfeld besitzt nicht nur die größte romanische Kirchenruine Europas und mit dem Lullusfest eines der ältesten nachweisbaren Volksfeste in Deutschland, sondern auch eine Vielzahl von Fachwerkhäusern am Marktplatz und am Lingplatz. Einige zeigen reiche Beschlagwerkornamentik, bei der die eingeschnitzten Muster den Metallbeschlägen von Türen, Truhen und Schränken nachempfunden sind.

Über das romantische Burgenstädtchen **Schlitz,** das sich für reizvolle Wanderausflüge zum Vogelsberg und in die Rhön empfiehlt, geht es weiter nach **Lauterbach,** wo laut Volkslied ein Strumpf verloren ging, aber eine Fachwerkaltstadt mit Burg die Zeiten überdauerte. In der im reizvollen Kinzigtal gelegenen, mehrmals abgebrannten Barbarossastadt **Gelnhausen** setzte man den Sandsteinsockeln nach dem Dreißigjährigen Krieg schöne Fachwerkhäuser auf, die noch heute Ober- und Untermarkt prägen. Die Wirren der Zeit überlebt hat das um 1351 errichtete Gotische Haus. Noch ehrwürdiger ist das steinerne Romanische Haus, das schon um 1180 erbaut wurde. Im ältesten Amtshaus Deutschlands residierte der kaiserliche Vogt. Erhalten blieb auch das Geburtshaus des Barockschriftstellers Grimmelshausen, der in seinem »Abenteuerlichen Simplicissimus« die Gräuel des Dreißigjährigen Krieges schilderte.

Nicht minder düster ist die Geschichte des mächtigen runden Hexenturms.

Die Fürstenstadt **Büdingen** zählt zu den besterhaltenen mittelalterlichen Stadtanlagen Deutschlands. Durch das mächtige, 1503 erbaute Jerusalemer Tor betritt man die Fachwerk-Altstadt und genießt im Malerwinkel den Blick auf den gotischen Meliorsturm. Stolze Fachwerkbauten prägen auch **Butzbach** mit der ältesten Fachwerkkirche Hessens sowie die Residenzstadt **Lich** zwischen der nördlichen Wetterau und dem Vogelsberg. Würdiger Abschluss der Route ist **Grünberg** mit einem bemerkenswerten Marktplatz.

› Vom Lahntal zum Rheingau (175 km)

In **Dillenburg** kreuzt die Oranierroute (S. 235) diesen Abschnitt der Deutschen Fachwerkstraße. **Herborn** präsentiert in der Obergasse, am Marktplatz und in der Mühlgasse stolze Fachwerkfassaden. Auch die Domstadt **Wetzlar** prunkt mit einer herrlichen Altstadt. Gleiches gilt für **Braunfels** und **Hadamar.** Den Höhepunkt bildet **Limburg an der Lahn** mit dem oberhalb der Altstadt auf einem Felsen thronenden siebentürmigen Georgsdom. In großartiger Weise vereint er französische Frühgotik und rheinische Spätromanik. Einzigartig ist der mittelalterliche Domschatz, eine Kostbarkeit ist aber auch die Altstadt mit ihren mittelalterlichen Fachwerkhäusern. Am längsten wird man wohl vor dem Haus der sieben Laster (Brückengasse 9) verweilen, dessen geschnitzte Balkenköpfe die sieben Hauptlaster des Christentums darstellen.

› Der Georgsdom in Limburg

Auch **Bad Camberg** und **Idstein** bieten Schmuckstücke des Fachwerkbaus, und in **Eltville** kann man die Fachwerktour bei einem Glas Rheingauer Riesling ausklingen lassen.

› Vom Rhein zum Main und Odenwald (203 km)

Herrliches südhessisches Fachwerk mit reich verzierten Erkern und aufwendigen Fensterkonstruktionen begleiten Reisende auf dieser Tour. Man startet in **Trebur** am Rhein, von wo aus Kaiser Heinrich IV. seinen Gang nach Canossa antrat, und fährt über **Dreieich** und **Hanau-Steinheim** nach **Seligenstadt** in reizvoller Lage am Main zwischen Spessart und Odenwald. Schmucke Fachwerkhäuser im mainfränkischen Stil und die romanische Einhard-Basilika mit schönem Klostergarten dominieren das Stadtbild (s. auch Deutsche Limes-Straße, S. 211).

> Schäferlauf in Markgröningen

Die Tour geht weiter über **Babenhausen, Dieburg,** die Odenwalder Weininsel **Groß-Umstadt** und das romantische **Wertheim an der Tauber** nach **Miltenberg** am Main (s. Deutsche Limes-Straße S. 209 f.) mit fast komplett erhaltener mittelalterlicher Altstadt. Reizend sind die Gässchen und prächtig verzierten hochgiebeligen Fachwerkhäuser im Schwarzviertel. Idyllische Altstadtansichten bieten auch **Walldürn, Erbach** und das Etappenziel **Reichelsheim** im Odenwald.

› Vom Neckar in den Schwarzwald und zum Bodensee (560 km)

Kreuz und quer durch Baden-Württemberg führt die letzte Regionalstrecke. In den 23 mittelalterlich geprägten Etappenstädten lassen sich alle Stilrichtungen des alemannischen und fränkischen Fachwerktyps vom 13. bis 19. Jh. studieren. In **Mosbach** im Neckartal kreuzt die Route die Deutsche Burgenstraße (S. 64). In der mittelalterlichen Reichsstadt **Eppingen** mit Fachwerkmuseum bewundert man prachtvolle alemannische und fränkische Häuserzeilen sowie gotische Wandmalereien (1320) in der Altstädter Kirche. Weiter geht es durch die schwäbische Toskana: Über **Besig-**

heim, Bietigheim-Bissingen – wieder mit fast vollständig erhaltener mittelalterlicher Altstadt – und **Vaihingen an der Enz** fährt man nach **Markgröningen** und in die Schillerstadt **Marbach,** dann in das mit Fachwerkbauten des frühen 18. Jhs. gesegnete **Backnang,** nach **Waiblingen** und in die Daimlerstadt **Schorndorf** mit filmreifer Fachwerkkulisse und hübschen Gässchen. Im über 100-jährigen **Esslingen** steht die älteste deutsche Fachwerkhäuserzeile, und **Kirchheim unter Teck** erkor sein Fachwerkrathaus mit Mondphasenuhr zum Wahrzeichen.

In **Bad Urach** teilt sich die Route. Die Weststrecke führt über **Herrenberg** im Gäu (mit Fachwerkpfad), die Hermann-Hesse-Stadt **Calw** an der Nagold und die in wildromantischer Landschaft gelegene Flößerstadt **Altensteig** nach **Dornstetten,** das einzigartiges Rundfachwerk bewahrt. Weiter geht es ins mittelalterliche **Schiltach** und nach **Haslach** im Schwarzwälder Kinzigtal. Auf der Oststrecke, die häufig die Oberschwäbische Barockstraße (S. 212 ff.) berührt, geht es über **Blaubeuren** am Blautopf in die Donaustadt **Riedlingen,** wo Störche nisten, und weiter nach **Biberach an der Riss** mit prächtigen Patrizierhäusern am Marktplatz. In einem der ältesten Fachwerkhäuser Süddeutschlands (1318) vermittelt das Webermuseum alles übers Flachsen, Spinnen und Weben. Über **Pfullendorf** erreicht die Deutsche Fachwerkstraße **Meersburg** am Bodensee, das mit barocker Silhouette und Fachwerkhäusern in der Steigstraße den würdigen Schlusspunkt dieser Entdeckungsreise setzt.

Straße der Romanik

In Form einer Acht, mit Magdeburg als Schnitt-punkt, geht die Straße der Romanik als steinerner Kalender deutscher Geschichte in Sachsen-Anhalt auf Entdeckungsreise durch das Mittelalter.

› Die Stiftskirche St. Cyriacus in Gernrode

Vom Rheinland abgesehen ist kein deutsches Bundesland üppiger mit romanischen Baudenkmälern gesegnet als Sachsen-Anhalt. Die Straße der Romanik, gegründet 1993, soll als erstes großes Tourismusprojekt der Landesregierung fast tausendjährige Dome, alte Klosterkirchen und malerische Burgen zu einem einzigartigen Kulturmuseum mitteldeutscher Geschichte verbinden. Zu den besonderen Glanzpunkten zählen fraglos Magdeburg, Salzwedel, Quedlinburg, Halberstadt, Gernrode, Naumburg und Hecklingen. Freyburg und Umgebung haben Weinliebhabern viel zu bieten.

Die Straße der Romanik besteht aus einer Nord- und einer Südroute, die, jeweils mit Ausgangspunkt Magdeburg, seit der Erweiterung 2007 nun 80 Baudenkmäler in 65 Orten Sachsen-Anhalts verbinden. Die Ferienroute (rot-weißes Logo) schlängelt sich auf Nebenstraßen durch die Altmark und das Harzvorland im Norden Magdeburgs und geht im Süden auf Entdeckungsreise durch das Weinland des Saale-Unstrut-Gebiets. Wer lediglich die Highlights besichtigen möchte, kann häufig über Hauptstraßen abkürzen. Rund um Naumburg ergänzen sich kunsthistorisches Interesse und landschaftliche sowie leibliche Genüsse, da die Straße der Romanik hier teilweise parallel zur Weinstraße Saale-Unstrut verläuft. Auch Kombinationen mit einer Route der Deutschen Fachwerkstraße (S. 76 ff.) sind möglich, z. B. in Salzwedel und Quedlinburg. Wer mit dem Drahtesel unterwegs ist, kann den Süden Sachsen-Anhalts auf Saale-Radwanderweg und Unstrut-Radwanderweg erkunden.

❯ Magdeburg

Dreh- und Angelpunkt der Straße der Romanik ist Magdeburg – dabei ist der romanische Dom Kaiser Ottos I. schon 1207 abgebrannt! Sein Nachfolger, der **Dom St. Mauritius und St. Katharina,** gilt als erste Schöpfung im Stil der gotischen Kathedralarchitektur, und diese verschafft sich im oberen Chorumgang, dem Bischofsgang, bereits machtvoll Geltung. Doch so ganz konnten sich die Baumeister nicht von den romanischen Formen lösen, wie die Bündelpfeiler und halbrunden Bögen des gewaltigen Gewölbes zeigen. Viele Kunstschätze des Doms sind Meisterwerke der Romanik. Besonders kostbar ist der um 1170 gearbeitete Osterleuchter am Sarg Ottos I. Die Kapitelle des Chorumgangs mit Dämonen und Fabeltieren, Knospen und Ranken gehören zum Schönsten, was die spätromanische Bildhauerkunst in Deutschland hervorgebracht hat. Auch das thronende Herrscherpaar Editha und Otto I. (um 1250) in der Heilig-Grab-Kapelle wirkt in seiner heiteren Strenge wie ein letztes Aufbegehren der romanischen Formenwelt. Bei den himmelhoch jauchzenden und zu Tode betrübten klugen und törichten Jungfrauen in der Paradiesvorhalle triumphiert schon die Gotik.

Mit dem **Kloster Unser Lieben Frauen** besitzt Magdeburg eine der be-

> Magdeburg, das »sächsische Rom«, mit seinem berühmten Dom

deutendsten romanischen Anlagen Deutschlands. Zwar hat die Kirche eine Gotisierung erfahren, doch die nach 1129 erbaute Klausur zeigt noch unverfälschte Romanik. Eine Augenweide ist das Brunnenhaus des kreuzgratgewölbten Kreuzgangs. Kaum vorstellbar, dass all dies im Zweiten Weltkrieg zerstört und mustergültig wiederaufgebaut wurde. Romanisch sind auch die 1169 geweihte **St. Sebastianskirche** mit ihren mächtigen Westtürmen sowie der um 1150 entstandene Westbau der **St. Petrikirche.**

› Auf der Nordroute

Erste von 25 Stationen auf der Nordroute ist das Benediktinerkloster (1135) mit Klosterkirche Petrus und Paulus in **Groß Ammensleben.** Das Langhaus der Kirche zeigt sich fast zur Gänze in seiner ursprünglichen romanischen Strenge, jedoch aufgelockert

von Palmetten- und Schachbrettmusterdekor. In **Hundisburg** fügt sich der Westquerturm (um 1200) der Ruine Nordhusen in die stille Landschaft ein.

Nur Ruinen blieben von der um 942 gegründeten Stiftskirche St. Marien in **Walbeck.** Ihr größter Schatz, der fein profilierte romanische Sarkophag des 964 verstorbenen Stifters Graf Lothar II., ist in der Dorfkirche zu sehen.

Die ehemalige Kirche des Klosters Marienwerder in **Diesdorf,** eine Mitte des 12. Jhs. gegründete dreischiffige Basilika, ist dagegen ein sehr gut erhaltenes Denkmal aus romanischer Zeit: sogar die rot-weiße geometrische Kontrastausmalung der Fensterleibungen ist noch sichtbar. Auch Zickzack-, Rauten- und Kreuzbandfriese sowie reich verzierte Kapitelle künden von der Formensprache der Romanik.

Die typische romanische Gliederung hat sich auch die Lorenzkirche

Im Überblick

Kontakt: Tourismus-Marketing Sachsen-Anhalt GmbH, Am Alten Theater 6, 39104 Magdeburg, Tel. (01 80) 5 37 20 00, www.sachsen-anhalt-tourismus.de

Streckenlänge: Nord-Route von Magdeburg nach Pretzien ca. 430 km; Süd-Route von Magdeburg nach Hecklingen ca. 745 km

Bundesland: Sachsen-Anhalt

Reiseplanung: mindestens 4, besser 7 Tage

Lohnende Abstecher: Ausflüge in den Harz oder in die Weinberge des Saale-Unstrut-Gebiets

von **Salzwedel** bewahrt. Salzwedel, eine der sieben Hansestädte der Altmark, feiert im Juli ein Hansefest. Der historische Stadtkern mit über 600 Fachwerkhäusern stammt aus einer Zeit, als hier Salzhandel, Tuchmacherei und Gewandschneiderei florierten. Wahre Kunstwerke sind auch die hier seit 1682 gebackenen Baumkuchen.

Der hoch über der Stadt **Havelberg** thronende Backsteindom St. Marien (1150) ist mit seinem mächtigen, fast unverändert erhaltenen Westriegel das Wahrzeichen des Elbe-Havel-Landes. Die herrliche gotische Innenausstattung umfasst Buntglasmalereien, figürliche Sandsteinleuchter, Lettnerreliefs und eine Triumphkreuzgruppe.

Eines der bedeutendsten romanischen Kunstwerke der Altmark, ein Holzkruzifix, beherrscht den Innenraum der barockisierten Dorfkirche St. Maria und Willibrord in **Schönhausen.** In **Jerichow** verdient das 1144 gegründete Prämonstratenserstift mit seiner feierlich strengen Kirche einen Besuch. Besonders plastisch skulptiert sind die Kapitelle der kreuzgratgewölbten Krypta. Romanisch ist auch die Jerichower Stadtkirche St. Georg.

In der Kirche von **Genthin-Altenplathow** blieb ein sehr altertümlich wirkender Figurengrabstein (1170) aus dem romanischen Vorgängerbau erhalten. In **Burg** zeigt das Innere der Unterkirche St. Nikolai, eine dreischiffige Pfeilerbasilika, ein fast unverändertes romanisches Bild. Die Oberkirche Unser Lieben Frauen besitzt einen massiven doppeltürmigen Westbau. Idyllisch wirkt die Kirchenruine Unser Lieben Frauen (1190) in **Loburg,** während die 1140 bis 1155 entstandene und nach dem Zweiten Weltkrieg umfassend restaurierte Stiftskirche Sancta Maria in monte in **Leitzkau** durch ihr mächtiges Querschiff auffällt.

Einen farbenfrohen Abschluss der Nordroute bietet die um 1140 erbaute, äußerlich recht schmucklose Dorfkirche St. Thomas in **Pretzien:** Ihre erst 1973 freigelegten spätromanischen

Wandmalereien zählen zu den wertvollsten Mitteldeutschlands. Besonders gut erhalten ist die Apsisausmalung, die Christus mit Maria und Johannes zeigt. Im Chorraum sind noch einige der klugen und törichten Jungfrauen zu sehen, im Westteil der nördlichen Schiffswand entdeckt man einen 4 m großen Christophorus, den Schutzheiligen der Reisenden.

〉 Auf der Südroute

43 Stationen verknüpft die ebenfalls in Magdeburg beginnende Südroute, die zu gefeierten Bauwerken der Romanik führt. Besonders prachtvollen Bauschmuck zeigt die nahezu unverfälscht im romanischen Stil erhaltene Stiftskirche St. Pankratius (um 1110) von **Hamersleben,** eine kreuzförmige Säulenbasilika ohne Westwerk. Allein die Kapitelle könnte man stundenlang studieren. Besonders hervorzuheben sind die reich skulptierten Chorschranken und ein baldachinartiges, ebenfalls reich verziertes Altarziborium aus dem frühen 13. Jh., eines der ältesten Deutschlands. Dazu kommen spätgotische Wandmalereien.

〉 Halberstadts Kunstschätze

Hochromanischen Stil zeigt die **Liebfrauenkirche** von Halberstadt, deren Westtürme, bereits um 1200 vollendet, rheinische Rhombendächer tragen. Im Langhaus zieht ein im Vierungsbogen hängendes monumentales romanisches Triumphkreuz die Blicke auf sich. Zwischen den Querhausarmen und der Vierung blieben die reich skulptierten romanischen Chorschranken erhalten. Besonders faszi-

niert die farbig gefasste Darstellung von Maria, Christus und den Aposteln, die zu den bedeutendsten romanischen Plastiken Deutschlands zählt.

Der berühmte **Dom St. Stephanus** ist eine hochgotische Kathedrale, besitzt aber auch romanische Bauelemente. Vom spätromanischen Vorgängerbau stammt die hölzerne, byzantinisch wirkende Triumphkreuzgruppe (um 1220), die heute über dem Lettner angebracht ist – ein Werk von europäischem Rang. Romanisch ist auch der 1195 gestiftete Taufstein, den vier ruhende Löwen tragen. Um alle Kostbarkeiten des Domschatzes aufzuzählen, bräuchte es viel Platz: Ältestes Stück der erlesenen Sammlung ist das Diptychon des römischen Konsuls Constantinus aus dem Jahre 414. Zeitlos schön sind eine vergoldete byzantinische Weihbrotschale aus dem 11. Jh. und die eigens für den Dom gefertigten Wandteppiche: Abraham-, Apostel- und Karlsteppich wurden im 12. Jh. gewebt. Auch die Halberstädter Sitzmadonna und der Stollen- oder Reliquienschrank, beide um 1230 entstanden, sind Prunkstücke der Kollektion.

〉 Engel im Dom zu Halberstadt

❯ Abstecher in den Harz

Nur 17 km sind von Halberstadt nach Quedlinburg, doch es lohnt, der Straße der Romanik in den Harz folgen. So hat St. Stephani in **Osterwieck** seine Doppelturmfassade (12. Jh.) und einen Bronzetaufkessel (13. Jh.) bewahrt. Romanischen Estrich mit Pflanzen- und Tierornamentik besitzt die Kirche des Klosters St. Peter und Paul in **Ilsenburg.** Auch sein Süd- und Ostflügel sind romanisch, mit kunstvollen Säulen im Refektorium. Aufwendige Dekoration zeigt die romanische Klosterkirche St. Viti in **Drübeck.** Das Kloster Michaelstein in **Blankenburg** ist ebenfalls romanisch geprägt.

❯ Quedlinburg

Wie ein gewaltiges Schiff thront die 1129 geweihte romanische Stiftskirche **St. Servatius** auf dem Burgberg über der Weltkulturerbe-Fachwerkaltstadt von Quedlinburg. Mit sage und schreibe acht Baustilen ist sie wahrlich ein Kapitel für sich, und die Irrfahrt des Quedlinburger **Domschatzes** mit seinen Pretiosen aus byzantinischer Zeit gäbe den Stoff für einen guten Krimi ab. Am Fuß des Burgbergs, wo der spätere Heinrich I. am Vogelherd die frohe Kunde von seiner Wahl vernahm, steht die **Wipertikirche,** deren romanische Krypta um 1020 entstand.

❯ Kirchen, Klöster, Burgen

Gernrode, südlich von Quedlinburg, besitzt mit der 961 gegründeten Stiftskirche St. Cyriakus das älteste Beispiel einer ottonischen Emporenbasilika mit einfachem Stützenwechsel. Außerdem ist hier die älteste erhaltene Nach-

bildung des Grabes Christi in Jerusalem auf deutschem Boden zu sehen (um 1130). Die figürlichen Stuckreliefs stellen biblische Szenen dar. In der Apsis zeigen Reste romanischer Fresken den thronenden Christus.

Seit 2007 leitet die Südroute auch zum berühmten Kloster St. Marien zu Helfta (13. Jh.) in der **Lutherstadt Eisleben,** und weiter zur Burganlage mit Schlosskapelle (11. Jh.) in **Seeburg.**

In **Ballenstedt** fällt der wehrhafte romanische Westbau der Klosterkirche St. Pankratius und Abundus auf, 8 km entfernt prägt die auf einer Bergkuppe thronende, ab 1120 errichtete Burg Falkenstein das Landschaftsbild.

Die mächtige romanische Stiftskirche St. Cyriakus (um 1170) macht **Frose** zur weiteren Station, dann folgt Kloster Konradsburg in **Ermsleben,** dessen Klosterkirche eine Hallenkrypta mit üppig verzierten spätromanischen Säulen und Kapitelle birgt. Französisch-burgundische Einflüsse zeigt die Ulrichskirche (um 1100) in **Sangerhausen,** eine strenge dreischiffige Pfeilerbasilika mit Apsidenchor.

Imposant ist die ab Ende des 10. Jhs. erbaute Burg von **Querfurt,** deren romanische Burgkirche durch einen oktogonalen Vierungsturm auffällt. In **Memleben** stand die Pfalz, auf der Frankenkönig Heinrich I. 936 starb. Die spätromanische Ruine des Benediktinerklosters St. Marien besticht mit einer dreischiffigen Hallenkrypta.

Bis in 15 m Höhe romanisch erhalten ist der Wohnturm der Eckartsburg in **Eckartsberga.** Wer auf oder entlang der Saale mit Kanu oder Rad unterwegs ist, sieht auch die zwei romani-

Allgemeine Infos

>> **Tourist-Information Magdeburg,**
Ernst-Reuter-Allee 12, 39104 **Magde-
burg,** Tel. (03 91) 5 40 49 02, Fax
5 40 49 30, www.magdeburg-tourist.de
>> **Haus der Romanik,** Info-Zentrum
Straße der Romanik, Domplatz 1b,
Magdeburg, Tel. (03 91) 8 38 02 22,
Mo, Mi–Fr 10–18, Sa, So bis 16 Uhr
>> **Quedlinburg-Tourismus-Marketing
GmbH,** Markt 2, 06484 **Quedlinburg,**
Tel. (0 39 46) 905-624, -625,
Fax 90 56 29, www.quedlinburg.de
>> **Tourist- und Tagungsservice Naum-
burg,** Markt 12, 06618 **Naumburg,**
Tel. (0 34 45) 27 31 12, Fax 27 31 05,
www.naumburg-tourismus.de

Essen und Unterkunft

>> **Magdeburg:**
Residenz Joop, Jean-Burger-Str. 16,
Tel. (03 91) 6 26 20, Fax 6 26 21 00,
www.residenzjoop.de. In einer Grün-
derzeitvilla von 1903 im Grünen bietet
das Privathotel stilvolle Zimmer. ○○
Gewölbekeller Buttergasse, Alter
Markt 13, Tel. (03 91) 6 62 56 66.
Deftige regionale Küche in einem
800 Jahre alten Keller. ○○
>> **Salzwedel:**
Hotel Union, Goethestr. 11,
Tel. (0 39 01) 27 70 02, Fax 42 21 36,
www.hotel-union-salzwedel.de.
Alteingesessenes Hotel an der mittelal-
terlichen Stadtmauer mit komfortablen
Zimmern und gutem Restaurant. ○○
>> **Quedlinburg:**
Romantik-Hotel Theophano, Markt 13,
Tel. (0 39 46) 9 63 00, Fax 96 30 36,
www.hoteltheophano.de. Dieser ba-
rocke Fachwerktraum vereint charman-
te Zimmer, ausgezeichnete mediterrane

Küche im Weinkeller, ein Café und
einen romantischen Innenhof. ○○
>> **Naumburg:**
Hotel Stadt Aachen, Markt 11,
Tel. (0 34 45) 24 70, Fax 24 71 30, www.
hotel-stadt-aachen.de. Am historischen
Marktplatz bietet das überwiegend
mittelalterliche Haus Zimmer mit Stil-
möbeln. Das Restaurant bewirtet mit
regionalen Gerichten und Saale-
Unstrut-Weinen. ○○
Bocks, Steinweg 5, Tel. (0 34 45)
2 30 13 30. Eine Naumburger Institu-
tion in einem alten Zunfthaus, mit
Domblick-Salon, Brunnenhof und
Weinkeller. Zu neuer deutscher Küche
mit internationalem Touch trinkt man
Weine von Saale und Unstrut. ○○
>> **Bad Kösen:**
Berghotel Wilhelmsburg, Eckartsberger
Str. 20, Tel. (03 44 63) 36 70, Fax 3 67 20,
www.berghotel-wilhelmsburg.de. In
schönster Südhanglage, mit Ausblick
auf Bad Kösen und das Saaletal, bietet
dieses Hotel gute, behagliche Zimmer.
Im Restaurant schmeckt die regionale
Küche, serviert mit exzellenten Weinen
von Saale und Unstrut. ○○
>> **Freyburg:**
Zum Künstlerkeller, Breite Str. 14,
Tel. (03 44 64) 7 07 50, Fax 7 07 99,
www.kuenstlerkeller.de. Denkmalge-
schütztes Hotel mit modernen Zimmern
und einem der schönsten Weinlokale
Freyburgs. Lauschiger Innenhof. ○○
>> **Zeitz:**
Hotel Drei Schwäne, Altmarkt 6,
Tel. (0 34 41) 21 26 86, Fax 71 22 86,
www.hotel-drei-schwaene.de. Ange-
nehme Zimmer, rustikaler Bierkeller
und Restaurant in einem 1581 gegründeten traditionsreichen Haus. ○–○○

> Die Uta im Naumburger Dom

schen Burgruinen oberhalb **Bad Kösens.** Das Romanische Haus aus dem späten 12. Jh. steht direkt am Flussufer.

› Mittelalterliches Naumburg

Ein harmonisches Nebeneinander von Romanik und Gotik bildet der **Dom St. Peter und Paul** zu Naumburg. Berühmt ist er wegen der schönen Uta, die seit über 750 Jahren mit kapriziöser Miene vom Westchor blickt. Doch nicht nur die frühgotischen Skulpturen des unbekannten Naumburger Meisters machen den Dom zu einem Juwel mittelalterlicher Baukunst. Auch der frühgotische Hallenlettner zwischen Langhaus und Westchor mit Figurenfries der Leidensgeschichte, die gotischen Glasmalereien im Chor und das romanische Domschatzgewölbe im Kreuzgang sind höchst sehenswert. Anschließend lohnt die mittelalterliche **Altstadt** einen Bummel.

› Saaleromantik und Baukunst

Eine romanische Krypta besitzt der gotisch umgebaute Dom St. Peter und Paul in **Zeitz,** in **Freyburg** ist die Doppelkapelle von Schloss Neuenburg, das über den Weinbergen des Unstruttals thront, das bedeutendste romanische Bauelement. Ein romanisch-gotisches Ensemble bilden Schloss und Dom St. Johannes und Laurentius in **Merseburg.** Zur wertvollen Domausstattung zählt die einst vergoldete Bronze-Grabplatte Rudolfs von Schwaben, Gegenkönig von Heinrich IV. Das älteste datierte Bildnisgrabmal Deutschlands entstand wohl kurz nach 1080. Auch das Taufbecken ist romanisch.

Die Burg **Giebichenstein** in Halle wurde bereits 961 erwähnt, doch stammen nur noch Baureste der heutigen Hochschule für Kunst und Design aus romanischer Zeit. Dagegen blieb die turmlose Saalkirche von **Böllberg** seit dem 12. Jh. fast unverändert. Ein bemerkenswert schönes Exempel spätromanischer Architektur ist die Doppelkapelle St. Crucis von **Landsberg.**

Vor Magdeburg glänzt noch einmal ein Highlight: Die um 1150 begonnene Benediktinerinnen-Klosterkirche St. Georg und Pancratius in **Hecklingen** ist ein besonders stilrein erhaltenes Beispiel der romanischen Architektur zwischen Harz und Elbe. Reich verziert sind die Säulen und Kapitelle der Nonnenempore. Mit 14 um 1230 nach byzantinischem Vorbild entstandenen Engeln, die im Mittelschiff die Arkadenzwickel zieren, besitzt die Kirche den umfangreichsten Zyklus der spätromanischen Stuckplastik.

Straße der Weserrenaissance

Welsche Giebel, Bossenquader, Fächerrosetten und Utluchten: Die Straße der Weserrenaissance versetzt Reisende zurück ins Norddeutschland des 16. Jahrhunderts.

› Typische Formen: das Rathaus in Hannoversch Münden

Zwischen Weserbergland und Bremen, entlang alter Hanserouten, setzte sich ab 1520 ein von humanistischem Gedankengut geprägter Stil in Architektur und Möbelbau durch. Er wird gern als erste Manifestation einer »europäischen« Kultur in Deutschland bezeichnet, da er Elemente der italienischen und westeuropäischen Renaissance vereint. Als wichtigste Vertreter gelten Cord Tönnis aus Hameln und Jörg Unkair aus Lustnau bei Tübingen. Dank des Waldreichtums sowie der hochwertigen Sandsteinvorkommen des Wesertals konnten bis zum Dreißigjährigen Krieg über 30 Baumeister den Stil der Weserrenaissance pflegen.

Die Straße der Weserrenaissance mäandert von Hannoversch Münden aus zu den Höhepunkten des Baustils. Immer wieder verlässt sie das Tal der Weser für Abstecher nach Westfalen und ins Lipper Land. Wer mit dem Drahtesel unterwegs ist, folgt auf Landstraßen dem anfangs sehr idyllischen Wesertal auf dem 500 km langen und fast steigungsfreien Weserradweg bis nach Bremen. Auf Wanderpfaden lernt man die großen Naturparks Münden, Reinhardwald, Solling-Vogler und Weserbergland kennen.

❯ Im Weserbergland

Im mittelalterlichen **Hannoversch Münden,** wo sich auch die Deutsche Märchenstraße (S. 184 ff.) und eine Route der Deutschen Fachwerkstraße

(S. 76 ff.) treffen, beginnt diese »Architektour«. Für die erste Begegnung mit der Weserrenaissance sorgt das Welfenschloss (1562–1574). Prunkstück ist der Werraflügel: Seine geschwungenen Giebel, deren Ränder Obelisken, Kugeln und allegorischen Figuren verzierten, lösen die strenge Kontur des spätgotischen Staffelgiebels in Schnörkelgebilde auf. Entnommen sind diese Formen den flämischen manieristischen Ornamentstichen aus der Mitte des 16. Jhs. Im Gemach zum weißen Ross finden sich in dieser Qualität für Norddeutschland fast singuläre Renaissancefresken (um 1575/ 80) mit einem alttestamentarischen Figurenzyklus in antikischer Scheinarchitektur. Das im gleichen Stil geschmückte Römergemach im Stockwerk darüber zeigt Bildnisse antiker Helden. Heute ist im Schloss das Städtische Museum untergebracht, u. a. mit wertvollen Mündener Fayencen.

Über das hessische **Hofgeismar,** dessen Hochzeitshaus von 1620 als Denkmal der Spätrenaissance gilt, führt die Fahrt nach **Uslar,** quasi das Südtor zum Solling. Es ist ein Paradebeispiel kleinstädtischer Fachwerkromantik. Bedeutend für die Weserrenaissance ist Schloss Freudental: In seinem erhaltenen Sockelgeschoss fand erstmals das typische Banddekor mit Kerbschnittquadern Verwendung.

Zu den schönsten Städten Norddeutschlands zählt die alte Hansestadt **Einbeck.** Symbol des Bürgerstolzes ist das Alte Rathaus aus dem späten 16. Jh., dessen Hauptfassade drei mit schiefergedeckten Spitzhelmen überdachte Erker prägen. Aber auch die

Im Überblick

Kontakt: Weserrenaissance-Museum
Schloß Brake,
Schloßstraße 18, 32657 Lemgo
Tel. (0 52 61) 94 50-0, Fax 94 50-50,
www.wrm.lemgo.de
Streckenlänge: ca. 400 km
Bundesländer: Niedersachsen, Hessen,
Nordrhein-Westfalen, Bremen
Reiseplanung: mindestens 3, besser 5 Tage

Ratsapotheke und das Brodhaus auf dem Marktplatz sind sehr sehenswert. Auf den Brüstungsfeldern des um 1612 entstandenen Eickeschen Hauses in der Marktstraße breiten Lebensweisheiten und Relieffiguren mit antiken und biblischen Motiven ein humanistisches Bildprogramm aus.

1603–1612 ließ Graf Statius von Münchhausen die eindrucksvolle, teils durch vertikale Mauerstreifen (Lisenen) gegliederte doppelstöckige Vierflügelanlage bei **Holzminden** errichten; Baumeister von Schloss Bevern war wohl Johann Hundertossen aus Hameln. Besonders kunstvoll präsentiert sich die nordwestliche Eingangsfront: Die Lisenen der Giebel und Dachaufbauten sind hier bis zum Boden herab verlängert. Welsche Hauben überdachen die beiden achteckigen Treppentürme, der Nordflügel besitzt eine reich verzierte Utlucht (erkerähnlicher, auf Bodenniveau beginnender Vorbau). Gewände und Giebel der Portale zeigen üppige Ornamente.

❯ In Westfalen

Auch zahlreiche Gebäude von **Höxter** an der Weser sind prachtvoll verziert: mit Palmetten und Schnitzereien im Stil der Weserrenaissance. Besonders schön zeigen sich die zweigiebelige Dechanei und das Adam-und-Eva-Haus, an dessen Fassade der Sündenfall sowie die Jungfrau Maria und der Erzengel Gabriel dargestellt sind. Eine 1716 angelegte Allee, der Neue Weg, verbindet Höxter mit dem Klosterkomplex von Corvey. Das frühromanische Westwerk der Reichsabtei verdankt sich einer viel älteren Renaissance, nämlich der karolingischen.

Über **Brakel** erreicht die Ferienstraße die ehrwürdige Domstadt **Paderborn.** Sie besitzt mit der Bartolomäuskapelle Deutschlands älteste, 1017 geweihte Hallenkirche. Das Diözesanmuseum birgt eine der ältesten großfigurigen Darstellungen der thronenden Madonna in der abendländischen Kunst. Die dreigieblige Fassade des Rathauses ist ein erlesenes Beispiel für die Architektur der Weserrenaissance. Im Kreis Paderborn erhebt sich die 1603–1609 als Nebenresidenz der Paderborner Fürstbischöfe erbaute dreiflügelige **Wewelsburg** über dem Almetal. In der Nazizeit war sie eine Kult- und Terrorstätte der SS. Heute nutzen eine Jugendherberge und ein Museum das Gelände auf friedlichste Weise.

Weniger belastet ist die Geschichte des Fürstlichen Residenzschlosses von **Detmold** (heute Lippisches Landesmuseum). Viele Fachwerkhäuser prägen die Altstadt, doch auch das Westfälische Freilichtmuseum lohnt einen Besuch. Obligatorisch ist ein Ausflug zum 53 m hohen Hermannsdenkmal. Es erinnert an die Varusschlacht gegen die Römer am Teutoburger Wald.

Sehr populär sind auch die wild zerklüfteten Externsteine. In der Mitte des 17. Jhs. sah hier die Fantasie des Bürgermeisters von **Lemgo** Hexen über Borstgras und Besenheide tanzen – mit fatalem Ergebnis: An die hundert Frauen ließ der Fanatiker Hermann Cothmann hinrichten. Er residierte imLemgoer Hexenbürgermeisterhaus, das mit seinem manieristischen Steingiebel, seinen Schnörkeln und seinen Skulpturen von Adam und Eva über dem Portal eigentlich von humanistischen Idealen erzählt. Eine Ausstellung im Haus erinnert an Maria Rampendahl (1645–1705), die der Folter trotzte und ihre Peiniger sogar verklagte.

Die Hexenprozesse fanden im mittleren Laubengang des wunderschönen Rathauses statt. Am Apothekenerker der reich gegliederten Renaissancefassade sind seit 1612 berühmte Ärzte von Aristoteles bis Paracelsus abgebildet. Das Planetenhaus in der Mittelstraße stellt im Giebel die sieben damals bekannten Planeten (inkl. der Sonne) als römische Gottheiten dar.

Mit den Sternen hatte es auch Graf Simon VI. zur Lippe (1554–1613), der sich mit **Schloss Brake** eine eindrucksvolle Residenz errichtete. Seit 1986 residiert hier das Weserrenaissance-Museum, das mit vielen Ausstellungsobjekten sowie einem alchemistischen Labor die Frühe Neuzeit in der Weserregion veranschaulicht (Di–So 10 bis 18 Uhr; vgl. auch S. 95).

❭ An der Weser

Über **Herford** kehrt die Straße der Weserrenaissance nach Niedersachsen zurück. Mit dem 1562 vollendeten Schloss von **Bad Pyrmont** ist die neben der Zitadelle von Spandau einzige Festungsanlage des 16. Jhs. in Norddeutschland erhalten. Von größerer stilistischer Bedeutung ist jedoch das am Berghang über Emmerthal gelegene **Schloss Hämelschenburg.** Die hufeisenförmige Anlage besteht aus zwei Seitenflügeln mit Verbindungstrakt und zwei achteckigen Treppentürmen (1592 bzw. 1599), deren Glockenhelme das mit Aufbauten versehene Schieferdach überragen. Verzierte horizontale und vertikale Bänder gliedern die Hoffassade, ionische und korinthische Säulen rahmen die Doppelfenster. Auf einem Fries lassen sich Maskenköpfe entdecken. Bei der reichen Gliederung des zur Straße gewandten dreigeschossigen Südflügels (1606/07) wechseln Natursteinbänder mit Lisenen. Die von Schnörkelgiebeln bekrönten Aufbauten auf dem Dach sind mit vielerlei typischem Dekor spätmanieristisch üppig verziert. Gut, dass man sich hier im Café oder Biergarten erholen kann.

Das mittelalterliche **Hameln** am Weserufer – und an der Deutschen Märchenstraße (S. 187) – müsste gar nicht so viel Aufhebens um seine Rattenfängersage machen: Schließlich sind in der einstigen Hansestadt etliche Prachtbauten im Stil der Weserrenaissance erhalten. Dazu zählt auch das dreigeschossige Rattenfängerhaus in der Osterstraße. Seine Straßenfront ist mit reich geschmücktem Schnörkelgiebel und Rundbogenportal plastisch gegliedert und mit einer Fülle kleinteiliger Zierformen überzogen. Der linksseitigen, mit Masken, Löwenköpfen und Girlanden verzierten Utlucht ist heute ein Balkon aufgesetzt. Ebenso repräsentativ ist das Hochzeitshaus mit den volutengeschmückten Dachaufbauten. Vielleicht eröffnet dort wieder die »Erlebniswelt Renaissance«, ein Ausstellungsprogramm, das sechs historische Standorte nahe der Weser miteinander verbindet.

In der Osterstraße passiet man auch das mit Apostel- und Planetenbildern verzierte Stiftsherrenhaus sowie das Leisthaus, bei dem Baumeister Cord Tönnis seinen ganzen Einfallsreichtum spielen ließ und die Schauseite reich mit Halbsäulen, Löwenköpfen, Bartmasken und Ziegelimitation dekorierte. In der Giebelnische des Standerkers verkörpert eine vollplastische Lukretia-Figur die bürgerlich-republikanische Tugend. Darunter tummeln sich auf einem Reliefband die christlichen Kardinaltugenden.

4 km nördlich von Hameln steht das von Cord Tönnis ab 1570 als Dreiflügelensemble mit achteckigen Treppentürmen erbaute **Schloss Schwöber**. In **Bad Münder** zeigt der 1596 errichtete Münchehof mit ionischer Pilasterrahmung und Fensterpfosten als kannelierte Ziersäulen viele Stilelemente der Weserrenaissance. In **Stadthagen** besucht man das von Jörg Unkair im frühen Renaissancestil erbaute Schloss (1534–1544). Erstmals im Weserraum tauchen die von italienischen Vorbildern inspirierten, mit kugelbesetzten Halbkreisen gekrönten Ziergiebel und Dachaufbauten auf, die sog. Welschen Giebel.

› Rattenfängerhaus in Hameln

> Das fürstliche Residenzschloss von Bückeburg

Barockisiert wurde das Schloss von **Bückeburg,** dessen unregelmäßige Vierflügelanlage mit rechteckigem Hof, Treppenturm und Hofgalerie noch auf den Stil der Renaissance verweist. Die gesamte barocke Prachtentfaltung des frühen 17. Jhs. zeigt die Schlosskapelle im Nordflügel mit üppigem manieristischem Schnitzwerk. Prunkvoll ausgestaltet ist auch der Goldene Saal im Obergeschoss des Nordflügels. Die Türrahmung der berühmten reliefierten »Götterpforte«, quillt vor geschnitzten Putten, allegorischen Figuren und Ornamenten schier über (April–Sept. 9.30–18 Uhr, Okt.–März bis 17 Uhr; www.schloss-bueckeburg.de). Mit der Stadtkirche, einem der frühesten protestantischen Großbauten, besitzt Bückeburg ein weiteres Juwel frühen norddeutschen Barocks. Von der geschnitzten spätmanieristischen Kanzel predigte zwischen 1771–1776 Johann Gottfried Herder.

In **Minden** an der Porta Westfalica führen historisch gewandete Nachtwächterinnen durch die Domstadt. Auf der Tour, die unter dem Lauben-gang von Westfalens ältestem Rathaus startet, lernt man die bedeutendste gotische Hallenkirche der Region kennen und bewundert eine fast unveränderte Reihe von Bürgerhäusern des 16. Jhs.

Vorbei am Steinhuder Meer geht es über **Wunstorf** und **Neustadt am Rübenberge** nach **Nienburg,** dessen Rathaus durch eine Sandsteinfront im Stil der frühen Weserrenaissance mit Pilaster- und Gesimsgliederung, doppelgeschossiger Utlucht und gestaffelten Treppengiebeln auffällt. Schon vor Bremen liegt die Bischofsstadt **Verden,** deren lichter Dom einer der wichtigsten hochgotischen Sakralbauten Norddeutschlands ist. Die Renaissancebauten der Stadt schmücken Fächerrosetten, Sonnenrädern und Taubandknaggen. Ein Schlossbau der späten Weserrenaissance ist der ab 1619 errichtete **Erbhof Thedinghausen.**

> Bremer Rathaus und Roland

Die Hansestadt **Bremen** bildet den glanzvollen Schlusspunkt dieser an architektonischen Höhepunkten so reichen Ferienstraße. Ihr Rathaus, bewacht von der 1404 errichteten Rolandsfigur, zählt zu den wichtigsten und besterhaltenen Profanbauten seiner Gattung – was die Erhebung zum Weltkulturerbe der UNESCO unterstreicht. Der Bremer Stadtbaumeister Lüder von Bentheim gestaltete das gotische Rathaus 1595–1616 zu einem prächtigen Beispiel der Weserrenaissance um. Hier läuft noch einmal das gesamte Bildprogramm dieses Baustils ab, dessen Blütezeit der Dreißigjährige Krieg so jäh beendete. Kostbarstes Schmuckstück des Rathauses ist die 1616 fertiggestellte zweigeschossige Güldenkammer im großen Erker, die überreich mit Malerei und Schnitzwerk verziert ist. Damit kündigen sich bereits die monumentalen Formen des Barock an.

❯❯ Allgemeine Infos

❯❯ **Tourist-Information Hann. Münden,** Rathaus, Lotzestr., 34346 **Hann. Münden,** Tel. (0 55 41) 7 53 13 o. 7 53 43, Fax 7 54 04, www.hann.muenden.de
❯❯ **Lemgo-Information,** Kramerstr. 1, 32657 **Lemgo,** Tel. (0 52 61) 9 88 70, Fax 98 87 28, www.lemgo-marketing.de
❯❯ **Hameln Marketing und Tourismus GmbH,** Deisterallee 1 (am Bürgergarten), 31785 **Hameln,** Tel. (0 51 51) 95 78 23, Fax 95 78 40, www.hameln.de
❯❯ **Tourismusinformation,** Bahnhofsplatz 15, **Bremen,** Tel. (0 18 05) 10 10 30, Fax (04 21) 3 08 00 30, www.bremen-tourismus.de

❯❯ Essen und Unterkunft

❯❯ **Hann. Münden:**
Gasthaus Letzter Heller, Letzter Heller 7, Tel. (0 55 41) 64 46, www.letzter-heller.de. Gästezimmer in einem liebevoll renovierten Fachwerkhaus und marktfrische regionale Küche. ◯◯
❯❯ **Einbeck:**
Der Schwan, Tiedexer Str. 1, Tel. (0 55 61) 46 09, Fax 72 36 66, www.schwan-einbeck.de. Um 1900 erbautes Hotel mit stilvollen Zimmern und einfallsreicher Gourmetküche. ◯◯

❯❯ **Lemgo:**
Schlosshotel Stadtpalais, Papenstr. 24, Tel. (0 52 61) 25 89 00, Fax 25 89 21, www.schlosshotel-stadtpalais.de. Nette Zimmer und gute Küche in einem historischen Fachwerkbau. ◯◯
❯❯ **Hameln:**
Hotel Christinenhof, Alte Marktstr. 18, Tel. (0 51 51) 9 50 80, Fax 4 36 11, www.christinenhof-hameln.de. Moderner Komfort in einem Fachwerkhaus. ◯◯
Rattenfängerhaus, Osterstr. 28, Tel. (0 51 51) 38 88, www.rattenfaenger haus.de. Das Restaurant im historischen Rattenfängerhaus serviert »Rattenschwänze« (Schweinefiletstreifen) und kredenzt Rattenfängerschnaps. ◯◯
❯❯ **Bremen:**
Hotelschiff Perle, Schlachteanleger 7, Tel. (04 21) 9 49 41-0, Fax 9 49 41–10, www.hotelgruppe-kelber.de. Heute ist das 1948 erbaute Fahrgastschiff ein Hotel mit zwei luxuriösen Kabinen. ◯◯
L'Orchidée, Am Markt, Tel. (04 21) 3 34 79 27, www.ratskeller-bremen.de. Im 600 Jahre alten Ratskeller serviert Bremens bestes Restaurant mediterran verfeinerte Küche, aber auch lokale Spezialitäten wie Seemannslabskaus und »Knipp« (Grützwurst). ◯◯◯

Bayerische Bierstraße

Zwischen Ingolstadt, Regensburg und dem romantischen Altmühltal laden traditionsreiche Brauereien, Wirtschaften und Biergärten zu Entdeckungstouren im bierseligen Südbayern ein.

› Biergenuss in einem Hopfengarten der Hallertau

Die Bayerische Bierstraße versteht sich als touristische Themenroute, die, von Ingolstadt ausgehend, bisher durch die Landkreise Neuburg-Schrobenhausen, Pfaffenhofen an der Ilm und Kelheim verläuft und dabei größtenteils durch das Hopfenanbaugebiet Hallertau führt. Eine ausgeschilderte Autoroute gibt es für die 2004 ins Leben gerufene Straße noch nicht. Lediglich eine Radwanderkarte mit fünf Touren wurde bislang zusammengestellt.

Die hier beschriebene Route von Ingolstadt über Wolnzach, Abensberg, Kelheim, Weltenburg, Beilngries und Neuburg ist daher ein Vorschlag des Autors, wie man die wichtigsten bisher ausgewiesenen Stationen der Bayerischen Bierstraße kennen lernen kann.

› Hopfenland Hallertau

Ausgangspunkt einer Tour mit Auto, Fahrrad und Schiff ist **Ingolstadt** mit seiner malerischen Altstadt. Besonders sehenswert sind die Asamkirche St. Maria Victoria, ein Hauptwerk des bayerischen Rokoko, und das siebentürmige Kreuztor von 1385. In Ingolstadt verkündete Wilhelm IV., Herzog in Bayern, am Georgitag anno 1516 das älteste deutsche Lebensmittelgesetz: »Ganz besonders wollen wir, dass forthin allenthalben in unseren Städten, Märkten und auf dem Lande zu keinem Bier mehr Stücke als allein Gersten, Hopfen und Wasser verwendet und gebraucht werden sollen.« Noch heute wird für Touristengrup-

pen die Proklamation des Reinheitsgebots täglich wiederholt: Wasser, Malz, Hopfen, Hefe – sonst nichts!

Die **Hallertau** zwischen Ingolstadt, Freising und Regensburg ist das größte geschlossene Hopfenanbaugebiet der Welt (18750 ha). 25000 t des sog. grünen Goldes produziert man hier, davon werden ca. 70 % exportiert. Der Hopfen ist eine typische Spekulationspflanze und hat in der Vergangenheit wilde Preisschwankungen erlebt.

In **Wolnzach** erzählt das moderne, in Form eines Hopfengartens gebaute Hopfenmuseum (Di–So 9–17 Uhr, www.hopfenmuseum.de) alles über das durstige Schlingengewächses, das bei günstiger Witterung bis zu 30 cm am Tag wächst. Früher war der antibakteriell wirkende Hopfen eigentlich eher zur Konservierung gedacht, wie schon Hildegard von Bingen um 1160 beschrieb. Bald kam man jedoch darauf, dass er auch das Bier so angenehm bitter würzt. Im Museumsshop gibt es aber nicht nur Gerstensaft: Um einiges hochprozentiger sind die Brände und Liköre Hallertauer Hopfengold oder Wolnzacher Hopfalaus.

› Das Hopfenmuseum in Wolnzach

›› Im Überblick

Kontakt: Tourismusclub Bayerische Bierstraße,
Dr.-Kurt-Schumacher-Ring 33
85139 Wettstetten bei Ingolstadt,
Tel. (08 00) 2 43 77 87 (gebührenfrei),
www.bayerische-bierstrasse.de
Streckenlänge: nicht festgelegt,
weitere beteiligte Städte: Landshut, Pfaffen-
hofen, Schrobenhausen und Vohburg an der
Donau
Bundesland: Bayern
Reiseplanung: 2–3 Tage, mit dem Rad länger.

› Weißbier im Spargelland

Vorbei an Erdbeer- und Spargelfeldern
geht es nach **Abensberg** im Landkreis
Kehlheim. Steile Giebelbauten und
kleine Erker prägen die nette Altstadt.
Hier führt der Chef der Weißbierbrauerei Kuchlbauer, Leonhard Salleck,
persönlich durch sein Reich. Dem
Sterben kleiner Brauereien stemmt er
sich auf ungewöhnliche Art entgegen:
Er baut seine Brauerei zu einem begehbaren Gesamtkunstwerk aus. Um
seinen 35 m hohen Hundertwasser-
turm, zu dem ihn der berühmte österreichische Maler das Modell lieferte,
streitet sich die Gemeinde bis heute,
doch seit Frühjahr 2007 wird gebaut.
Einzigartig ist auch die Bierglassamm-
lung beim Kuchlbauer. In mehreren
Vitrinen sind Gläser von sämtlichen
bayerischen Brauereien alphabetisch
geordnet. Natürlich genießt man nach
der Besichtigung die hauseigenen Sorten »Kuchlbauer Weisse« oder »Alte
Liebe«, und wer im Frühjahr kommt,
hat die Chance, einmal Hopfenspargel

zu probieren, den es nur sehr kurze
Zeit gibt: kein echter Spargel, sondern
die Sprossen der Hopfenpflanzen.

› An der Donau

Von Abensberg kann man nach **Bad
Gögging** an der Deutschen Limesstra-
ße (S. 206) fahren oder radeln. Zum
Wellness-Angebot der hiesigen Limes-
therme zählen auch Bierbäder und
Hopfenöl-Ganzkörpermassagen.

Ab **Eining** folgen Radler dem Deutschen Limes-Radweg zum **Kloster
Weltenburg,** das malerisch am beein-
druckenden Donaudurchbruch liegt.
Wandermönche gründeten es schon
um 600 n. Chr., um das Herzogtum
Bayern zu missionieren. Berühmt ist
der Barockaltar von Cosmas Damian
Asam. Bereits seit 1050 wird hier Bier
gebraut, auch nährstoffreiches Fasten-
bier, denn gemäß der Ordensregel
brach Flüssiges das Fasten nicht. Im
Biergarten der Klosterschenke kann
man sich mit reichlich Weltenburger
Weizen und Dunkel stärken. Übrigens

> Klosterschenke Weltenburg

kommt die bayerische Biermengenbezeichnung »Maß« (1 Liter) von der Ration, die den Klosterinsassen an Brot und Bier täglich zustand: Fünf Maß Bier täglich waren Klosterbrauch, wobei ein Maß damals zwischen ein und zwei Liter variierte.

Mit dem Rad oder dem Schiff erreicht man **Kelheim,** die sympathische Stadt am Zusammenfluss von Altmühl und Donau, über dem die Befreiungshalle thront. Hier lockt man die Private Weißbierbrauerei G. Schneider & Sohn. Sie ist die älteste Bayerns und braut sechs Spezialitäten, die naturbelassen, also nicht pasteurisiert sind. Das Bier gärt in den Flaschen, wodurch es sich mit natürlicher Kohlensäure anreichert: Das Resultat sind aromatische Weißbiere mit einer ausgeprägten Note der obergärigen Hefe und einem runden Geschmack. Probiert und gegessen wird in der Traditionsgaststätte Weißes Bräuhaus.

Flussabwärts bietet sich ein Abstecher mit einem Ausflugsschiff nach **Regensburg** an, dessen mittelalterliche Altstadt seit 2006 Weltkulturerbe ist (s. Limesstraße S. 205). Bierfreunde besuchen die fürstliche Brauerei Thurn und Taxis oder kehren in der Brauereigaststätte Kneitinger am Arnulfsplatz ein: Hier lebt ein Stück echter bayerischer Wirtschaftskultur fort.

› Ins Altmühltal

Fahrgastschiffe fahren von Kelheim auch auf der Altmühl und dem Main-Donau-Kanal nach Beilngries. Radler folgen dem Altmühl-Radweg. In **Riedenburg** probiert man in Krieger's Bräustüberl die ökologischen Bierspe-

zialitäten des Riedinger Brauhauses, die aus Urgetreide wie Dinkel, Emmer und Einkorn gebraut werden.

Im schönen **Beilngries** nimmt man an einer Führung (Sa 10.30 Uhr) durch den 8 °C kühlen Felsenkeller einer früheren Privatbrauerei unterhalb des Schlosses teil, der zum Museum ausgebaut wurde. Fast 600 Jahre Braukultur kann man hier entdecken. Beilngries hat heute noch 34 Wirtshäuser – bei 3940 Einwohnern! Früher braute jede Wirtschaft ihr Bier selbst. Erst die Entwicklung der Eismaschinen durch Carl von Linde ab 1870/71 machte die Felsenkeller überflüssig.

Die Rückkehr nach Ingolstadt gestaltet sich landschaftlich sehr schön. Man folgt weiter dem Altmühl-Radweg (Autofahrer der Deutschen Ferienroute Alpen-Ostsee) durch das romantische Altmühltal bis in die Bischofsstadt **Eichstätt** an der Deutschen Limesstraße und weiter bis **Dollnstein.** Von hier führt eine idyllische Landstraße durch das **Wellheimer Trockental.** Die bis zu 50 m hohen Dolomitfelsen im Tal der Urdonau sind ein Dorado für Kletterfreunde. Dann erreicht man **Neuburg an der Donau** mit sehenswertem Schloss. Auf der B16 bzw. dem Donau-Radweg geht es zurück nach Ingolstadt.

⟩⟩ Allgemeine Infos

(siehe auch Deutsche Limesstraße,
S. 204 ff.)

⟩⟩ **Städtisches Verkehrsamt Ingolstadt,**
Rathausplatz 2, 85049 **Ingolstadt,**
Tel. (08 41) 3 05 30 30, Fax 3 05 30 39,
www.ingolstadt.de

⟩⟩ **Markt Wolnzach,** Marktplatz 1,
85283 **Wolnzach,** Tel. (0 84 42) 6 50,
www.wolnzach.de

⟩⟩ **Touristinformation im Herzogskasten,** Dollingerstr. 18, 93326 **Abensberg,**
Tel. (0 94 43) 91 03 59, Fax 91 03 18,
www.abensberg.de

⟩⟩ **Stadt Kelheim,** Ludwigsplatz 16,
93309 **Kelheim,** Tel. (0 94 41) 70 10,
Fax 70 13 10, www.kelheim.de

⟩⟩ Essen und Unterkunft

⟩⟩ **Ingolstadt:**
Hotel Rappensberger, Harderstr. 3,
Tel. (08 41) 31 40, Fax 31 42 00,
www.rappensberger.de. Traditionshaus
mit hohem Standard und gediegenen
wie modernen Zimmern. ○○—○○○

⟩⟩ **Abensberg:**
Brauerei-Gasthof **Zum Kuchlbauer,**
Am Stadtplatz 2, Tel. (0 94 43) 14 84,
Fax 90 31 88, www.gasthof-kuchlbauer.
de. In den gepflegten Räumlichkeiten
werden zum hauseigenen Bier die
Spezialitäten der Region serviert: im
Frühjahr gibt es Abensberger Spargel
satt, der mit Altmühltaler Lammschinken besonders gut harmoniert. ○○

⟩⟩ **Kelheim:**
Weißes Bräuhaus, Emil-Ott-Str. 1–5,
Tel. (0 94 41) 34 80. Im hellen Gewölberaum oder im Biergarten schmeckt die
»Schneider Weiße« in allen Varianten.
Dazu passen eine Altbayrische Brotsuppe mit Dunkelbier, ein saftiger Krusten-

braten und als Nachspeise ein Eisparfait
vom Weizenbock auf Orangensauce mit
frischer Minze. ○○

⟩⟩ **Klosterschenke Weltenburg,**
Asamstr. 32, Kelheim-Weltenburg, Tel.
(0 94 41) 6 75 70, www.klosterschenkeweltenburg.de. Das Bier wird direkt aus
dem 40 m unter der Erde liegenden
Felsenkeller der ältesten Klosterbrauerei der Welt gezapft und im Sommer im
vielleicht schönsten Biergarten der Welt
serviert. Dazu isst man knuspriges Spanferkel mit Asam-Bock-Kruste, Reiberknödel und Krautsalat oder Altmühltaler Lammkoteletts mit Kartoffelnockerl
und dicken Bohnen. ○○

⟩⟩ **Regensburg:**
Brauerei-Gaststätte Kneitinger,
Am Arnulfsplatz 3, Tel. (09 41) 5 24 55.
www.kneitinger.de. Zum »Kneitinger
Bock« oder einem »Kneitinger Export
Dunkel« gibts deftige Brotzeiten und
bayrische Schmankerl. ○—○○

⟩⟩ **Riedenburg:**
Gasthof Krieger's Bräustüberl,
Mühlstr. 37b, Tel. (0 94 42) 15 00,
www.kriegers-braeustueberl.de. Unfiltrierte Ökobiere aus hochwertigem
Malz und erlesenen Aromahopfen,
dazu feine Pilzgerichte, Forellen oder
Wild aus eigener Jagd, serviert in einer
gemütlichen Gaststube oder im Biergarten. Übernachten kann man in komfortablen Gästezimmern. ○—○○

⟩⟩ **Beilngries:**
Hotel-Gasthof Der Millipp, Hauptstr. 9,
Tel. (0 84 61) 12 03, Fax 78 70,
www.der.millipp.de. 1458 errichteter
Gasthof, ein Juwel des Ortes, mit gutem
Essen, altbayrischem Bier und wunderschönen, liebevoll eingerichteten
Zimmern mit gotischen Balken. ○○

Die Viezstraße

> Von einer Obstbrennerei zur nächsten geht
> es auf der Viezstraße – durch Streuobstfelder und
> zu Römervillen zwischen Mosel und Saar.

› In der »Äppelkeschd« reifen die Äpfel für den Viez

»Unsere Landschaft schmeckt«, lautet die Devise der Viezstraße, die in Nord-Süd-Richtung von Konz an der Mosel durch die abwechslungsreiche Landschaft des Saar-Mosel-Gaues bis nach Wallerfangen im Saargau verläuft. Dabei steuert sie gemütliche Restaurants und Gasthäuser an, besucht Brennereien, Probierstuben und Bauernläden. Der aus Äpfeln hergestellte Haustrunk der Saarländer heißt in Frankreich Cidre, in Hessen Äppelwoi – und im Trierer Land und im Raum Merzig eben Viez. Wo der Name herkommt, weiß keiner so genau; Scherzbolde meinen, vom französischen »vite« (schnell), denn der Genuss eines frischen Apfel- oder Birnenviezes hat »durchschlagende« Wirkung!

Die 1997 ins Leben gerufene Viezstraße zieht sich in mehreren Schleifen durch die Landschaft im Westen des Naturparks Saar-Hunsrück, wobei manche Sehenswürdigkeit etwas abseits der ausgeschilderten Strecke liegt. Die Route lässt sich mit der Moselweinstraße und der Saar-Riesling-Straße kombinieren und ist gut mit dem Rad zu befahren. Die neue, grenzüberschreitende Radroute VeloRoute SaarLorLux verbindet die Städte Saarbrücken, Trier, Luxemburg und Metz und führt überwiegend entlang der Flusstäler von Saar, Mosel und Sauer zu kulturellen Höhepunkten und landschaftlichen Schönheiten des Dreiländerecks Deutschland – Frankreich – Luxemburg. Auf Schusters Rappen genießt man die Landschaft auf dem Streuobst-Wanderweg, der von der Mosel in das Saartal und weiter in den Schwarzwälder Hochwald führt. Außerdem sind Rundwanderwege ausgewiesen. Rund um die Viezstraße finden zahlreiche Veranstaltungen wie Bauernmärkte, Apfel-Kelteraktionen und Feste statt.

〉 Römische Anfänge

Schon bei **Konz** an der Mosel wartet der erste Höhepunkt der Tour, die **Igeler Säule.** Das mit 23 m höchste erhaltene römische Pfeilergrabmal wurde von einer Trierer Tuchhändlerfamilie errichtet und zeigt Szenen aus dem Leben der Tuchmacher und der griechisch-römischen Mythologie. Zusammen mit den Römerbauten von Trier ist es seit 1986 Weltkulturerbe.

In **Tawern,** dessen Name vom lateinischen »taberna« (Geschäft, Laden) kommt, wurde eine römische Tempelanlage im Wald auf dem Metzenberg teilweise rekonstruiert. »Tavernen« –

〉 Viez schmeckt – ob herb oder süß

Im Überblick

Kontakt: Arbeitskreis Viezstraße,
Poststr. 12, 66663 Merzig,
Tel. (0 68 61) 7 44 90, Fax 99 27 64,
www.viezstrasse-online.de
www.tourismus.saarland.de
Streckenlänge: ca. 150 km auf
verkehrsarmen Nebenstraßen
Bundesland: Rheinland-Pfalz und
Saarland
Reiseplanung: 2–3 Tage

Viezkeller und Obstbrennereien – säumen den weiteren Weg nach **Sinz.** Ein Abstecher nach **Nennig** bei **Perl** an der luxemburgischen Grenze lohnt sich, denn hier wurde das schönste römische Mosaik nördlich der Alpen entdeckt. Es schmückte die Empfangshalle einer noblen Villa und ist in situ zu bewundern. Auf einer Fläche von 160 m² kämpfen Gladiatoren in der Arena, ein gepeitschter Bär reißt einen seiner Peiniger zu Boden (April–Sept. Di–So 8.30–12, 13–18 Uhr, sonst 9 bis 12, 13–16.30 Uhr, Dez.–Febr. geschl.).

❯ In der »Äppelkeschd«

Etwas südlich von Sinz, in **Borg,** wurde eine weitere Villa Rustica mit Herrenhaus und Villenbad ergraben und originalgetreu rekonstruiert (April–Okt. Di–So 11–18, sonst 11–16 Uhr; www.villaborg.de). Über **Büschdorf** geht es weiter nach **Tünsdorf.** Hier stattet man Josef Jacoby einen Besuch ab, denn der Bio-Obstbauer macht in der Äppelkeschd, wie die Saarländer dieses

Gebiet nennen, die wunderbarsten Leckereien aus Äpfeln: vom im Holzfass gereiften Balsamico-Apfelessig über Quitten-Apfel-Gelee bis zum Äppelprickler-Sekt, eine Flaschengärung, die langsam im Felsenkeller reift.

Weiter östlich folgt der landschaftliche Höhepunkt der Strecke. Vom berühmten Cloef, dem 200 m über dem Saartal aufragenden Aussichtsfelsen bei **Orscholz** schweift der Blick über die waldgesäumte **Saarschleife.** Stundenlang könnte man diese spektakuläre Laune der Natur betrachten.

❯ Im Reich der Viezkönigin

Als wäre sie beschwingt vom Viez, schlängelt sich die Ferienstraße weiter, über **Nohn** nach **Bethingen,** wo man durch das liebliche **Salzbachtal** wandern kann, dann nach **Wehingen** und **Wellingen.** Hier kann man dem internationalen Kunstprojekt »Steine an der Grenze« auf einem Kulturweg bis nach Frankreich folgen. Dann geht es über **Büdingen** und **Schwelmingen** nach **Hilbringen,** wo ein barockes Schlösschen wartet**.** Wanderer zieht es ins nahe, für seine Orchideen bekannten Naturschutzgebiet **Nackberg.**

Anschließend bummelt man in **Merzig** durch die Fußgängerzone. Die barocke Freitreppe des Stadthauses aus der Spätrenaissance wird im Oktober zur Bühne für das Merziger Viezfest. Auf den Stufen wird die Viezkönigin präsentiert. Die Kirche St. Peter, das wichtigste romanische Bauwerk im Saarland, lohnt ebenfalls einen Besuch. Interessantes vermitteln auch der Streuobstlehrpfad Merzig sowie der Wolfspark.

Bis zu ihrem südlichen Ende in **Wallerfangen** schlägt die Viezstraße noch drei scharfe Kurven durch den Saargau. Höhepunkte des letzten Streckenabschnitts sind die **Tropfsteinhöhle Niedaltdorf,** das **römische Quellheiligtum Sudelfels** und die **Teufelsburg Oberfelsberg.**

Allgemeine Infos

>> **Tourist-Information Konz,** Granastr. 22, 54329 **Konz,** Tel. (0 65 01) 77 90, Fax 47 18, www.konz.eu

>> **Gemeindeverwaltung Perl,** Trierer Str. 28, 66706 **Perl,** Tel. (0 68 67) 6 60, www.perl-mosel.de

>> **Saarschleife Touristik,** Freiherr-von-Stein-Str. 64, **Mettlach,** Tel. (0 68 64) 83 34, www.mettlach.de

>> **Tourist-Information** Merzig, Poststr. 12, 66663 **Merzig,** Tel. (0 68 61) 8 39 06 92, www.merzig.de

Essen und Unterkunft

>> **Perl-Nennig/Mosel:**
Victor's Residenz Hotel Schloss Berg, Schlosshof 7–9, Tel. (0 68 66) 7 90, Fax 7 91 00, www.victors.de. Neues luxuriöses »Vital-Resort« neben dem alten Schloss Berg. Im Schloss sind die sehr schönen Zimmer des Victor's Privat Hotel untergebracht, mit herrlichem Ausblick ins Moseltal und auf den Renaissancegarten. Dazu kommt das Gourmetrestaurant von Christian Bau, der als einer der besten Köche Europas gilt. Eindrucksvolle Weinkarte. ○○○

>> **Merzig:**
Hotel-Restaurant Merll-Rieff, Schankstr. 27, Tel. (0 68 61) 93 95 20, Fax 9 39 52 26, www.hotel-merll-rieff. de. Zwölf ordentliche Zimmer und Restaurant, das u. a. »Merziger Igel« (Hackbraten mit Kartoffeln) serviert. ○○

Hotel-Restaurant Roemer, Schankstr. 2, Tel. (0 68 31) 9 33 90, Fax 93 39 30, www.roemer-merzig.de. Traditionsreiches Haus mit geschmackvollen, modernen eingerichteten Zimmern. Das Restaurant bietet ein »Viez-Buffet« an. ○○

>> **Wallerfangen:**
Hotellerie Waldesruh, Siersburger Str. 8, Wallerfangen-Oberlimberg, Tel. (0 68 31) 9 66 00, Fax 96 60 60, www.waldesruh-wallerfangen.de. Grüne Oase der Ruhe im Naturpark Saar-Hunsrück mit modernen, gemütlichen Zimmern und einer rustikalen Gaststätte mit Biergarten. ○○

Villa Fayence, Hauptstr. 12, Tel. (0 68 31) 9 64 10, Fax 6 20 68, www. villafayence.de. Prachtvolle Villa mit drei eleganten Zimmern und einer Suite. Wintergartenrestaurant mit französisch-mediterraner Küche. ○○○

Badische Spargelstraße

> Blühende Felder, Spargeläcker,
> aber auch Barockschlösser, Museen, Gärten
> und Parks liegen auf der Route des königlichen
> Stangengemüses in Baden.

> Karlsruhes Barockschloss und -garten locken jederzeit

Sonnenkönig Ludwig XIV. liebte Spargel, und um 1650 kam auch der pfälzische Kurfürst Karl I. Ludwig, Vater der berühmten Liselotte von der Pfalz, auf den Geschmack. Im heutigen Schlossgarten seiner Sommerresidenz Schwetzingen ließ er das königliche Gemüse anbauen. Von hier verbreitete sich der Spargelgenuss in die höfischen Küchen der benachbarten Fürstentümer. Heute gilt badischer Spargel als der beste der Welt: Grund genug, ihm eine eigene Ferienstraße zu widmen.

Die Nordroute der durchgehend beschilderten Badischen Spargelstraße führt von Schwetzingen nach Karlsruhe, wobei sie sich zwischen Waghäusel und Linkenheim teilt (empfohlen wird die Ostvariante über Bruchsal). Die Südroute zwischen Karlsruhe und Scherzheim passiert Rastatt und Baden-Baden. Eine Radwanderkarte ist im Rathaus von Reilingen erhältlich. Auch Wanderwege durch das Genießerland sind ausgewiesen.

❯ Das »weiße Gold« von Schwetzingen

Heute wird im Garten des Schwetzinger Schlosses natürlich kein Spargel mehr gezogen, denn das würde das einzigartige Ensemble aus Gartenkunst, Architektur, Skulptur und Kunsthandwerk empfindlich stören. Hier verwirklichten die Gartenarchitekten Nicolas de Pigage und Friedrich Ludwig Sckell die neuesten Ideen des kunstfreudigen, sinnenfrohen Kurfürsten Carl Theodor (1724–1799). Wie kaum eine andere Gartenanlage demonstriert das von Voltaire, Casanova und Mozart bewunderte Schwetzingen Geistesgeschichte und Moden von Barock und Rokoko über die Aufklärung bis hin zur Romantik. Musikfreunde beglückt eine Aufführung im unvergleichlichen Schwetzinger Rokoko-Schlosstheater. In der Saison von Mitte April bis Ende Juni findet täglich ein Spargelmarkt statt. In dieser Zeit wird überall entlang der Ferienstraße rund um den Spargel gefeiert.

❯ »Der beste Spargel im ganzen Land ...«

Die Spargelstadt **Hockenheim** ist Fans von Schumi & Co. eher wegen ihrer Autorennen ein Begriff. Von hier ist es nicht weit ins dörfliche **Reilingen**. »Der beste Spargel im ganzen Land wächst auf den Feldern im Reilinger Sand«, lautet die Devise, und so haben die Spargelbauern am Ortsrand einen Spargel- und Tabaklehrpfad angelegt. Auch internationale Fachtagungen zum Spargelanbau finden hier statt. Badischer Spargel gilt noch immer als der feinste Deutschlands, und in den warmen, trockenen Sandböden der Rheinebene wächst und gedeiht er besonders gut. Zwar werden die langen, kahlen Reihen von Erdwällen, in denen die Spargelstangen vor Licht geschützt wachsen, heute mit Maschinen angehäufelt, geerntet wird aber nach wie vor nur von Hand. Wenn eine Spargelsprosse ans Licht wächst, wird die Erde vorsichtig zur Seite geschoben, der Spargel mit dem Spargelmes-

ser gestochen und herausgeholt. Dann streicht man die Erde wieder glatt. Die Direktvermarkter verkaufen Spargel frisch vom Acker, und natürlich bittet auch die Reilinger Gastronomie mit leckeren Spargelgerichten zu Tisch.

Walldorf war früher ein Zentrum der badischen Hopfen- und Tabakproduktion, ist aber längst auf Spargel umgestiegen. Besonders beliebt ist der Walldorfer Spargelmarkt im Juni. Spargelgenuss mit Golfen verbinden kann man in **St. Leon-Rot,** danach geht es in das von Spargelbetrieben geprägte **Waghäusel.** Hier führt die West-Variante der Spargelstraße über **Graben-Neudorf,** Baden-Württembergs größte Spargelanbaugemeinde, nach Karlsruhe, die Ost-Variante nimmt den längeren Weg über **Hambrücken** und Bruchsal.

› Spargelhauptstadt Europas

Bruchsal ist unter Kunstliebhabern wegen seines Barockschlosses mit dem berühmten Treppenhaus von Baltha-

sar Neumann und der ebenfalls von Neumann erbauten barocken Peterskirche bekannt. Spargelfreunde wissen jedoch, dass auf dem Bruchsaler Großmarkt jährlich 3600 t des Edelgemüses umgeschlagen werden. Bruchsaler Spargel übertrifft in seinen strengen Qualitätsanforderungen die EU-Vorgaben bei weitem. Bei den Versteigerungen werden Höchstpreise erzielt, die wiederum als Richtschnur für viele Spargelvermarkter in ganz Deutschland dienen. Sogar Feinschmeckerrestaurants in den USA reißen sich um den Bruchsaler Spargel.

Über **Linkenheim-Hochstetten** geht es zum Zielpunkt der Nordroute nach **Karlsruhe.** Beliebt sind die »Badischen Spargelwochenenden«, und ganzjährig verdienen das ab 1715 errichtete Barockschloss mit Schlossgarten und Badischem Landesmuseum, das Ensemble Staatliche Kunsthalle und Botanischer Garten sowie das Zentrum für Kunst- und Medientechnologie einen Besuch.

› Auf der Südroute

Das Land zwischen Karlsruhe und Scherzheim bietet ebenfalls beste Voraussetzungen für den Spargelanbau, ist aber auch Kennern des badischen Weins ein Begriff. Hier lenken etliche kunsthistorische Attraktionen vom eigentlichen Thema der Ferienstraße ab.

In **Rastatt** besichtigt man das größte Barockschloss Südwestdeutschlands sowie 5 km südöstlich der Stadt das zauberhafte Schloss Favorite mit dem prachtvollem Spiegelkabinett. Auch **Baden-Baden** mit seinem weltberühmten Casino, seinen herrlichen Kuranlagen und dem sehenswerten Museum Frieder Burda (Klassische Moderne und zeitgenössische Kunst; Di–So 11–18 Uhr) ist in die Streckenführung einbezogen.

Ein letzter Höhepunkt ist das romanische **Schwarzacher Münster** südwestlich von Iffezheim, bevor diese Ferienstraße in Scherzheim endet.

›› Allgemeine Infos

›› Stadtinformation Schwetzingen, Dreikönigstr. 3, 68723 **Schwetzingen,** Tel. (0 62 02) 94 58 75, Fax 94 58 77, www.schwetzingen.de
›› Tourist-Information Karlsruhe, Bahnhofsplatz 6, 76137 **Karlsruhe,** Tel. (07 21) 37 20 53 83, Fax 37 20 53 85, www.karlsruhe.de
›› Baden-Baden Tourist-Information, Schloss Solms, Solmsstr. 1, 76530 **Baden-Baden,** Tel. (0 72 21) 27 52 66, Fax 27 52 61, www.baden-baden.de

› Weißes Gold aus Baden

›› Essen und Unterkunft

›› Schwetzingen:
Villa Benz, Zähringer Str. 51, Tel. (0 62 02) 93 60 90, Fax 9 36 09 20, www.villa-benz.de. An der Südseite des Schlossparks bietet die gepflegte kleine Villa behagliche Zimmer. ○○
Schwetzinger Brauhaus zum Ritter, Schlossplatz 1, Tel. (0 62 02) 92 49 50, www.brauhaus-zum-ritter.de. Gemütliche Gaststuben, im Frühjahr Spargel über Spargel, dazu drei Sorten Bier. ○○
›› Bruchsal:
Hotel Scheffelhöhe, Adolf-Bieringer-Str. 20, Tel. (0 72 51) 80 20, www.scheffelhoehe.de. Ruhiges Wellness-Hotel. Spargel wird hier auch auf asiatische Art zubereitet. ○○–○○○
›› Karlsruhe:
Oberländer Weinstube, Akademiestr. 7, Tel. (07 21) 2 50 66, www.oberlaender-weinstube.de. Kreative Küche mit badischen Spezialitäten. ○○–○○○
›› Baden-Baden:
Zum Alde Gott, Weinstr. 10, Tel. (0 72 23) 55 13, www.zum-alde-gott.de. Renommiertes Landhaus-Gourmetrestaurant im Ortsteil Neuweiher. ○○○

Straße der Staufer

Auf Erlebnisfahrt ins hohe Mittelalter führt die Straße der Staufer durch die schönsten Landschaften Baden-Württembergs, zu Burgen, Klöstern und Reichsstädten des Stauferlandes.

> Der Hohenstaufen regiert die gesamte Umgebung

Zwischen Schwäbisch Gmünd, Göppingen und Heidenheim liegt die Wiege der Stauferdynastie. Die Kaiser dieses Adelsgeschlechts prägten im 12. und 13. Jh. die deutsche und europäische Geschichte. Wer der Straße der Staufer folgt, kann romanische Kirchen und Klöster besuchen, bizarre Höhlen und Felsformationen, trutzige Ruinen von Stauferburgen, aber auch alte Städte, die unter den Staufern zu Ruhm und Reichtum kamen.

Die Ferienstraße führt in vielen Schleifen am burgenreichen Nordrand der Schwäbischen Alb entlang und durch das Voralbland: eine sanfte Landschaft mit Wäldern, Talmulden und jäh aufragenden Vorbergen. Radfahrer mit guter Kondition lernen die drei Kaiserberge z. B. auf dem Schwäbische-Alb-Radweg kennen, außerdem sind entlang der Straße zahlreiche schöne Wanderwege ausgeschildert.

› Marktplatz in Schwäbisch Gmünd

› Schwäbisch Gmünd

Die älteste Stauferstadt besitzt mit dem **Heilig-Kreuzmünster** die älteste gotische Hallenkirche Süddeutschlands (Bauzeit zirka 1315–1521). Ihr zweigeschossiger Chor (um 1350) mit Umgang und Kapellenkranz beeindruckt durch seine großartige Raumwirkung. In unmittelbarer Nachbarschaft steht die barockisierte gotische **Augustinerkirche.** An der Westseite des Marktplatzes erhebt sich die **Johanniskirche,** eine spätromanische Pfeilerbasilika, deren original erhaltene Westfassade in Stein gemeißelte Fabelwesen zieren.

Aufgrund seiner langen Achse ist dem wunderschönen **Marktplatz** die staufische Anlage noch anzusehen. Ringsum bilden die größtenteils barocken Bürgerhäuser und der Marienbrunnen mit kostbarer Säule eine eindrucksvolle Kulisse. Blickfang ist das 1760 errichtete **Rathaus.** Die **Grät,** das Haus nebenan, besitzt noch staufische Fundamente aus Buckelquadern, auf die 1536 ein Fachwerkobergeschoss gesetzt wurde. 1434 bis 1437 entstand das ehemalige Amthaus des **Gmünder Spitals,** ein Fachwerkständerbau.

Die Stadt ist berühmt für ihre Gold- und Silberschmiedekunst: Schöne und kostbare Objekte zeigen das **Museum im Prediger** (Di–Fr 14–17, Do bis 19, Sa, So 11–17 Uhr) und das **Silberwaren- und Bijouteriemuseum** (gleiche Zeiten, nur Mitte April–Mitte Okt.).

› Zu den Kaiserbergen

Ein geologischer Lehrpfad führt vom Hölltal am westlichen Stadtrand hinauf zur **Burgruine Hohenrechberg**

> **Im Überblick**

Kontakt: Touristikgemeinschaft Stauferland e.V.,
Marktplatz 37/1, 73525 Schwäbisch Gmünd,
Tel. (0 71 71) 6 03 42 50, Fax 6 03 42 99,
www.stauferland.de
(sechs Autotouren, 16 Radtouren,
Motorradtouren sollen entstehen)
Streckenlänge: ca. 340 km
Bundesland: Baden-Württemberg
Reiseplanung: 3–4 Tage

aus dem 12. Jh. mit Blick auf den **Hohenstaufen.** Von hier kann man zur Wallfahrtskirche (17. Jh.) auf dem 707 m hohen **Rechberg** wandern: Er gehört mit Hohenstaufen und **Stuifen** zu den drei »Kaiserbergen«.

Lorch liegt an der engsten Stelle des idyllischen Remstals am »Limesknie« (Deutsche Limesstraße, S. 208). Nordöstlich der Stadt erhebt sich das 1102 gestiftete Hauskloster der Staufer. Glanzpunkt ist die romanische dreischiffige Pfeilerbasilika, ein Musterbeispiel der Hirsauer Bauschule, mit gotischem Chor. Die Lorcher Chorbücher im Klostermuseum sind Meisterwerke spätgotischer Buchmalerei.

Südlich von Lorch befindet sich **Wäschenbeuren** mit einer im 13. Jh. errichteten Burg eines staufischen Ministerialen, dem **Wäscherschlössle.** Der Sage nach hatte Friedrich Barbarossa eine Liebschaft mit einer Wäscherin, der er dieses Schloss schenkte.

Wieder schweift der Blick in südöstlicher Richtung hinauf zum Hohen-

staufen, an dem die Ferienstraße später noch näher vorbeiführen wird. Zunächst aber geht es in einem westlichen Schlenker zum ehemaligen Prämonstratenserkloster **Adelberg,** das in der Gunst von Friedrich Barbarossa stand. Die um 1500 mit herrlichem Netzrippengewölbe im Chor errichtete Ulrichskapelle dient im Juli als Kulisse für die Freilichtspiele Adelberg. Sehenswert ist der spätgotische Hochaltar von 1511 mit Gemälden und Skulpturen aus Ulmer Werkstatt.

> **In und um Göppingen**

Auf der Weiterfahrt bietet sich in **Wangen** oberhalb des Filstals, am Rande des Schurwaldes, ein Panoramablick auf die Schwäbische Alb: vom Rosenstein über die drei Kaiserberge bis zu den Burgen Teck und Hohenneuffen.

Im Göppinger Stadtteil **Faurndau** bewundert man eine romanische Stiftskirche mit achteckigem Gewölbe, schönen Kelchknotenkapitellen und Ausmalung aus dem frühen 13. Jh.

Über der Fils thront **Schloss Filseck,** eine mächtige Vierflügelanlage aus dem 16. Jh. mit Daueraustellung zur mittelalterlichen Buchmalerei.

Eine weitere romanische Pfeilerbasilika steht weiter südlich in **Bad Boll,** ein seit 1477 bekanntes Schwefelbad mit Thermalanlagen aus der Bieder-

meierzeit. Hier lassen sich herrliche Albwanderungen unternehmen.

Von Bad Boll geht es ins klassizistisch geprägte Stadtzentrum von **Göppingen.** Fans von Modelleisenbahnen besuchen die Märklin-Welt (tgl. 9 bis 17 Uhr). Das Städtische Museum im Fachwerkschlösschen Storchen (Di–Sa

›› Allgemeine Infos

›› **i-Punkt Schwäbisch Gmünd,** Marktplatz 37/1, 73525 **Schwäbisch Gmünd,** Tel. (0 71 71) 6 03 42 50, Fax 6 03 42 99, www.schwaebisch-gmuend.de
›› **i-Punkt** im Rathaus, Hauptstr. 1, **Göppingen,** Tel. (0 71 61) 65 02 92, Fax 65 02 99, www.goeppingen.de
›› **Tourist-Information,** Hauptstr. 34, 89522 **Heidenheim an der Brenz,** Tel. (0 73 21) 3 27 49 10, Fax 3 27 49 11.
›› **Stadtverwaltung Giengen an der Brenz,** Marktstr. 11, 89537 **Giengen an der Brenz,** Tel. (0 73 22) 95 22 92, Fax 95 22 64, www.giengen.de

›› Essen und Unterkunft

›› **Schwäbisch Gmünd:**
City Hotel Pelikan, Türlensteg 9, Tel. (0 71 71) 35 90, Fax 35 93 59, www.hotel-pelikan.de. Traditionsadresse in der Altstadt mit schicken Zimmern und gutem Restaurant. ○○
›› **Göppingen:**
Hotel Restaurant Hohenstaufen, Freihofstr. 64–66, Tel. (0 71 61) 67 00, www.hotel-hohenstaufen.de. Komfortable Zimmer und vorzügliche schwäbische Küche in stilvollen Räumlichkeiten. ○○
›› **Heidenheim/Oggenhausen:**
Landgasthof Traube, Oggenhausener Hauptstr. 27, Tel. (0 73 21) 9 78 70,

Fax 97 87 48, www.traube-oggenhausen.de. Landgasthof mit hellen Zimmern und schwäbischen Spezialitäten aus hauseigener Metzgerei. ○–○○
›› **Giengen/Brenz:**
Hotel und Restaurant Lamm, Marktstr. 17–19, Tel (0 73 22) 9 67 80, Fax 9 67 81 50, www.lamm-giengen.de. Nettes Haus mit gut ausgestatteten Zimmern und schwäbischer Küche. ○○
›› **Salach:**
Burg Staufeneck, Tel. (0 71 62) 93 34 40, Fax 9 33 44 55, www.burg-staufeneck. de. Luxuriöses Wellness-Hotel mit sehr stilvollen modernen Zimmern und einer preisgekrönten Gourmetküche. ○○○
›› **Steinheim:**
Ringhotel Zum Kreuz, Hauptstr. 26, Tel. (0 73 29) 9 61 50, Fax 96 15 55, www.kreuz-steinheim.de. Freundliche Zimmer und Restaurant mit bodenständig-schwäbischer Küche. Besonders fein: Wild aus heimischen Wäldern und Lamm von der Ostalb, dazu naturtrübes hausgebrautes Kellerbier. ○○○
›› **Dischingen-Katzenstein:**
Burg Katzenstein, Tel. (0 73 26) 91 96 56, Fax 96 35 24, www.burg katzenstein.de. Appartements innerhalb der Burganlage und schwäbische Küche, auch Rittermahle in Staufersaal und Felsenkeller. ○○

13–17, So 11–17 Uhr) besitzt Stücke aus der Stauferzeit, darunter eine Goldmünze Friedrichs II.

Von Göppingen wandert man in zwei Stunden auf den **Hohenstaufen** (684 m). Die einst hier aufragende Stammburg der Staufer wurde in den Bauernkriegen zerstört und später fast restlos abgetragen. Ein Modell zeigt der Dokumentationsraum für staufische Geschichte im Ort Hohenstaufen.

Neuerlich wendet sich die Straße der Staufer nach Süden und führt an der **Burgruine Staufeneck** bei Salach vorbei. Von ihrem 30 m hohen runden Bergfried genießt man eine traumhafte Aussicht. Hinter **Donzdorf,** Ausgangspunkt für Wanderungen im Lautertal, kann man in einem Abstecher an den Kaiserbergen und der Burgruine Hohenrechberg vorbei nach Schwäbisch Gmünd zurückkehren.

❯ Über die Stauferalb

Die Hauptroute führt weiter nach Osten, durch das bei Skilangläufern beliebte **Böhmenkirch,** dann in Richtung Norden nach **Bartholomä.** In einer engen Schleife geht es nach **Heubach** mit der Ruine Rosenstein, zurück nach Bartolomä und schließlich durch das **Wental,** ein urzeitliches Trockental mit bizarren Felsformationen.

Königsbronn liegt reizvoll am Brenzursprung, einem der schönsten Karstquelltöpfe der Alb. Dann gelangt man, vorbei an der Ruine **Herwartstein,** nach **Heidenheim an der Brenz.** Die Geschichte des unter Kaiser Domitian (81–96 n. Chr.) angelegten Kastells Aquileia beleuchtet das Museum im Römerbad (Do 10–12, 14–17,

So 10–17 Uhr). Das Kunstmuseum Hermann Voith (Di–Fr 10–12, 14–17, Mi bis 19, Sa, So 11–17 Uhr) ist wegen seiner Sammlung von Picasso-Plakaten ebenso bedeutend wie die Renaissanceanlage von Schloss Hellenstein. Bis 1610 wurde es über einer staufischen Burganlage errichtet. Das hier untergebrachte Museum (Di–Sa 10 bis 12, 14–17, So 10–17 Uhr) besitzt eine wichtige frühgeschichtliche Abteilung sowie eine große Kutschensammlung.

Via **Herbrechtingen** führt die Straße der Staufer nun ins schöne **Eselsburgertal,** das wegen seiner schroffen Felsnadeln und Ruinen von Burgen und Klöstern ein beliebtes Ausflugsziel für Wanderer und Naturliebhaber ist.

Über **Niederstotzingen,** Startpunkt für Wanderungen ins nahe, fast unberührte **Lonetal** mit Grotten, Felsüberhängen und Trockentälern, erreicht man die ehemalige Reichsstadt **Giengen/Brenz,** wo die Firma Steiff ihre heißgeliebten Teddys und Plüschtiere produziert und ins attraktive Steiff-Erlebnismuseum einlädt (tgl., April bis Okt. 9.30–19, sonst 10–18 Uhr). In eine andere Welt entführt die **Charlottenhöhle** bei Giengen-Hürben mit fantastischen Tropfsteinformationen.

Ein letzter Schlenker leitet nördlich von Giengen zur **Burg Katzenstein** bei Dischingen, ein staufischer Wehrbau. Von hier kann man über Heidenheim auf einer Südroute über Steinkirch zurück nach Göppingen fahren. Dabei geht es durch das Steinheimer Becken, dessen Landschaftsbild vor 15 Mio. Jahren durch einen Meteoriteneinschlag entstand (Fossilienmuseum in Sontheim; geologischer Rundweg).

Reußische Fürstenstraße

> Zu den Burgen, Schlössern und Residenzen des ostthüringischen Vogtlandes, in dem sich früher bis zu zehn Fürstenhäuser drängelten, führt diese Ferienstraße.

> Schloss Burgk, bis 1945 reußische Sommerresidenz

» Die Ausläufer des Frankenwaldes und des Thüringer Schiefergebirges sowie die Flusstäler der Saale, Wisenta, Weida und Weißen Elster prägen die Region. Hier saßen einst kaiserliche Verwalter, die Vögte. Einen von ihnen, Heinrich I., nannte man den Russen, weil er mit einer polnisch-russischen Fürstentochter verheiratet war; aus »Russe« wurde »Reuß«, die Bezeichnung für ein ganzes Fürstenhaus. Bald zersplitterte der Landstrich in zahlreiche Fürstentümer, die mit Strumpfwirkerei und Tuchmacherei zu Geld kamen.

Die Ferienstraße schlängelt sich von Lobenstein über Gera bis nach Bad Köstritz durch das Vogtland. An Seen und Talsperren kann man baden, das Rad- und Wanderwegenetz lädt zu ausgedehnten Touren ein. Reiterhöfe bieten Ausflüge hoch zu Ross, im Kremser oder in der Pferdekutsche an.

› An der Saale

Das Moorheilbad **Lobenstein,** südliches Ausgangsziel der Ferienroute, war einst Hauptstadt eines reußischen Zwergreichs, wie am Neuen Schloss im Barockstil abzulesen ist. Mehrmals täglich verrichtet der Fässleseecher im Rathausturm sein Geschäft: Zum Walken des Tuchs brauchten die Weber früher Ammoniak, den sie auf natürlichem Weg selbst herstellten – vermutlich wehte den Bürgern seinerzeit ein recht herber Geruch um die Nase!

In **Ebersdorf** am westlichen Saaleufer lohnt ein Besuch des englischen Landschaftsparks. Im Schloss residierte bis 1848 die Fürstenfamilie Reuß jüngerer Linie Lobenstein-Ebersdorf.

Saalburg liegt an der Bleilochtalsperre, dem größten Stausee Deutschlands und Wassersportdorado. Kinder lieben den Märchenwald im Dornbachgrund. An der Straße nach Schleiz steht das Naturdenkmal **Steinerne Rose,** das vor ca. 350 Jahren durch einen Vulkanausbruch entstand. Ein Wanderweg führt von Saalburg hinauf

» Allgemeine Infos

» **Tourist-Information Greiz,**
Burgplatz 12, Unteres Schloss,
07973 **Greiz,** Tel. (0 36 61) 68 98 15,
Fax 70 32 91, www.greiz.de
» **Gera Tourismus e.V.,** Heinrichstr. 35,
07545 Gera, Tel. (03 65) 8 30 44 80,
Fax 8 30 44 81, www.gera-tourismus.de

» Essen und Unterkunft
» **Saalburg:**
Hotel Fürstenhöhe, Am Kulmberg 2,
Tel. (03 66 47) 29 90, Fax 29 91 17,

www.saalburg.de. Idyllisch gelegenes
Hotel mit großartigem Ausblick auf
Bleilochstausee und Rennsteig. ◐◐
» **Greiz:**
Zum Höhler, Steinweg 18–20, Tel.
(03 65) 51 40 80. Traditionsgaststätte
mit Thüringer Spezialitäten. ◐–◐◐
» **Gera:**
The Royal Inn Regent, Schülerstr. 22,
Tel. (03 65) 9 18 10, Fax 9 18 11 00,
www.the-royal-inn.de. Niveauvoll:
schöne Zimmer im englischen Landhausstil und Restaurant. ◐◐–◐◐◐

Im Überblick

Kontakte: Reußische Fürstenstraße e.V.,
Straße der Einheit 58, 07987 Mohlsdorf,
Tel. (0 36 61) 67 41 44,
www.thueringer-vereine.de/
reuss_fuerstenstr.htm
Thüringer Vogtland Tourismus e.V.,
Schuhgasse 7, 07937 Zeulenroda,
Tel. (03 66 28) 8 24 41, Fax 8 92 76,
www.thueringen-vogtland.de
Streckenlänge: ca. 110 km
Bundesland: Thüringen
Reiseplanung: 2–3 Tage

zu **Schloss Burgk,** der ältesten und größten – allerdings rekonstruierten – Schlossanlage des Thüringer Oberlandes. In der Kapelle erklingt die Silbermann-Orgel, auch im Sophien-Pavillon der Parkanlage wird musiziert.

❭ Im Tal der Weißen Elster

In **Schleiz** besucht man die Bergkirche mit barocker Ausstattung und dem Sarkophag Heinrichs des Mittleren (um 1500). Die Strumpfwirkerhochburg **Zeulenroda** lockt mit einem klassizistischen Marktplatz; Entspannung bietet die Badewelt Waikiki.

Ab hier führt eine westliche Nebenroute über **Hohenleuben** (Burgruine Reichenfels) nach Weida, die Ostroute nimmt den Weg über **Greiz.** Greiz war lange Zeit Residenz des Fürstentums Reuß älterer Linie. Vom 16. bis 18. Jh. teilten sich sogar zwei Herrschaftsbereiche diese Perle des Vogtlands. Ein Teil des Staatsarchivs Weimar nutzt heute das Obere Schloss, das klassizistische Untere Schloss dient u. a. als Heimatmuseum. Das Sommerpalais im Greizer Park zeigt die Kupferstichsammlung sowie das Satiricum mit Karikaturen und Pressezeichnungen.

Unweit von Greiz steht mit der **Göltzschtalbrücke** die weltgrößte Ziegelmauerbrücke (1846–1851).

Von **Weida,** wo Heinrich der Fromme im 12. Jh. die Osterburg errichtete, führt eine Nebenroute über **Wünschendorf** mit dem Kloster Mildenfurth und der 1000-jährige St.-Veit-Kirche. Die Hauptroute strebt direkt nach **Gera.** Um 1900 machten Stoffe und Tuche die Stadt reich. Davon zeugen das Jugendstiltheater und prächtige Villen. Für die BUGA 2007 wurde der Hofwiesenpark an der Weißen Elster aufgehübscht. Das Geburtshaus von Otto Dix präsentiert eine bedeutende Kollektion von Bildern des Expressionisten. Von Gera führt ein Abstecher zur **Burg Posterstein** und nach **Schmölln** (nettes Knopfmuseum), die Hauptroute endet in **Bad Köstritz,** bekannt für sein Schwarzbier.

Die Hohenzollernstraße

Herrliche Waldlandschaften, romantische
Flusstäler, Schlösser, Burgen und
Klöster erwarten Besucher auf dieser über die
Zollernalb führenden Ferienstraße.

❯ Das neu erstandene Stammschloss der Hohenzollern

Zehn über 1000 m hohe Gipfel hat die Zollernalb zu bieten, und ihr markantes Hohenzollernschloss ist fast so bekannt wie Neuschwanstein– vor allem in Asien! Die Hohenzollernstraße führt zu den wichtigsten Schlössern im Stammland des deutschen Kaisergeschlechts und durch schöne Alblandschaften.

Eine Bahnverbindung gibt es zwischen Tübingen, Hechingen, Albstadt und Sigmaringen bzw. entlang der Donau von Sigmaringen nach Beuron. Entlang der Ostroute der Hohenzollernstraße verkehrt im Sommer ein Rad-Wander-Shuttle. Radfahrer können die Region auf dem Hohenzollern-Weg, dem Schwäbische-Alb-Weg und dem Donauradweg erkunden. Herrliche Wanderungen führen durch das Donaudurchbruchstal zwischen Sigmaringen und Beuron. Auch die Balinger Berge, das Eyachtal und natürlich die Gegend rund um Schloss Hohenzollern bieten sich zum Wandern an.

> Blauer Salon in Burg Hohenzollern

› Zum Hohenzollernschloss

Nach Anfahrt über **Sulz-Glatt** am Neckar ist **Haigerloch,** die ehemalige hohenzollerische Residenzstadt im Felsental der Eybach, die erste Station. Auf einem Muschelkalksporn thront eine imposante Renaissance-Schlossanlage (heute Hotel), deren etwas abgesetzte Schlosskirche mit einem seltenen Hochaltar der Erbauungszeit und Rokoko-Deckengemälden von Meinrad von Ow ausgeschmückt ist. Im ehemaligen Felsenbierkeller unter der Schlosskirche führten 1944/45 Physiker um Werner Heisenberg kernphysikalische Versuche durch (Rekonstruktion mit Museum, Mai–Sept. 10–12, 14–17 Uhr, So 10–17 Uhr, sonst nur Sa, So). Überregional bekannt sind die von Mitte Juli bis Ende Oktober stattfindenden Schlosskonzerte.

In der ehemaligen Residenzstadt **Hechingen** begeistern die 1779 bis 1783 im Zopfstil errichtete Stiftskirche St. Jakobus, die 1589 im Renaissancestil erbaute ehemalige Franziskanerklosterkirche St. Luzen und die im Alten Schloss untergebrachte Hohenzollerische Landessammlung, die archäologische Funde sowie Kunstwerke vom Mittelalter bis zur Renaissance zeigt (Di–Sa 14–17, So 10–17 Uhr). Im Ortsteil Stein wurde eine römische »Villa Rustica« mit Tempelbezirk freigelegt und teilrekonstruiert.

Südlich von Hechingen thront auf einem Kegelberg das **Stammschloss der Hohenzollern,** das mit seinen Türmen, Zinnen und Wehranlagen schon von weitem wie eine Fata Morgana über den Wäldern auftaucht – besonders bei Tiefnebel. 1819 besich-

❯❯ Im Überblick

Kontakt: Hohenzollernstraße e.V.,
Zollernalb-Touristinfo,
Hirschbergstr. 29, 72336 Balingen,
Tel. (0 74 33) 92 11 39, Fax 92 16 10,
www.hohenzollernstrasse.de,
www.hohenzollernstrasse.info
Streckenlänge: ca. 300 km
Bundesland: Baden-Württemberg
Reiseplanung: 3–4 Tage

tigte der preußische Kronprinz Friedrich Wilhelm das verfallene Gemäuer der einstigen »Krone aller Burgen in Schwaben« und schritt zur Tat: Bis 1867 erstand Burg Hohenzollern neu, im damals schicken neogotischen Stil, mit dem das Hohenzollerngeschlecht auch machtpolitische Zeichen setzen wollte. Heute genießt man wie Willem Zwo die Aussicht von den Basteien, besichtigt Stammbaumhalle, Grafensaal und königliche Salons mit viel kaiserlichem Nippes sowie die St.-Michaels-Kapelle von 1461 mit gotischen Glasmalereien. Japaner heiraten gern im festlichen Burgsaal. Und wenn sich die tief unter der Burg lauernde tektonische Spalte nicht wieder meldet, dürfte die Pracht noch ein paar Jahrhunderte halten (Mitte März–Mitte Okt. tgl. 9–17.30, sonst bis 16.30 Uhr).

❯ Mit der Lauchert zur Donau

Über **Bisingen** und **Albstadt-Onstmettingen** geht es nach **Trochtelfingen.** In der Oberen Marktstraße reiht sich ein Fachwerkhaus an das nächste, mit reichen Zierfeldern, geschnitzten Pfosten, dekorativen Fensterrahmungen und ornamentierten Stockwerksüberständen. Am Hohen Turm aus dem 16. Jh., einem runden Geschützturm, fallen sog. Kugelbossen rund um die Schießscharten auf, an denen Geschosse abprallen sollten. Im Chor der gotischen St.-Martins-Kirche zeigen Deckenfresken aus dem Jahr 1385 den triumphierenden Christus.

Über **Neufra,** das am Eingang des unter Naturschutz stehenden unteren Fehlatals liegt, geht es nach **Gammertingen** im **Lauchertal,** eines der schönsten Täler der Schwäbischen Alb. Auf dem gewundenen Weg der Lauchert zur Donau treten immer wieder die Felsen des weichen Juragesteins am Talhang als bizarre Klippen zutage. Über **Hettingen** samt Burgruine und spätgotischer Pfarrkirche erreicht man das mittelalterliche **Veringenstadt:** Sein Heimatmuseum zeigt Steinzeitfunde aus den Höhlen der Umgebung.

❯ Am Donaudurchbruch

In **Sigmaringen** erhebt sich hoch über der noch jungen Donau auf einem langgestreckten Weißjurafelsen mit schmucken Türmchen, Zinnen und Giebeln das Schloss der Fürsten von Sigmaringen-Hohenzollern. Es wurde nach einem Brand zwischen 1895 und 1899 unter Johannes de Pay und Emanuel von Seidl im Erscheinungsbild der Zeit um 1660 wiederaufgebaut. Von der mittelalterlichen Burganlage blieb der Bergfried aus dem 12. Jh. erhalten. Besonders hervorzuheben sind die Portugiesische Galerie mit Gobe-lins aus der Zeit um 1500, die mit kostbaren Empire-Möbeln ausgestatteten Josephinengemächer, der Ahnensaal, das Königszimmer sowie die Waffenhalle mit etwa 3000 Exponaten der Fürstlichen Sammlung aus Mittelalter und Neuzeit. In einem Galeriebau sind Werke heimischer Künstler sowie eine vor- und frühgeschichtliche Sammlung untergebracht (Mai–Okt tgl. 9 bis 16.45, sonst 9.30–16.30 Uhr). Kostbare spätbarocke Rocaille-Stuckarbeiten, Ausmalungen und Altaraufbauten machen auch die Kirche St. Johannes Evangelist sehenswert.

❯❯ Allgemeine Infos

❯❯Tourist-Information, Oberstadt-str. 11, 72401 **Haigerloch,** Tel. (0 74 74) 69 70, www.haigerloch.de

❯❯Bürger- und Tourismusbüro Hechin-gen, Kirchplatz 12, 72379 **Hechingen,** Tel. (0 74 71) 94 02 11, Fax 94 02 10, www.hechingen.de

❯❯Tourist-Information, Fürst-Wilhelm-Str. 15, 72488 **Sigmaringen,** Tel. (0 75 71) 10 62 22, Fax 10 62 21, www.sigmaringen.de

❯❯ Essen und Unterkunft

❯❯Haigerloch:
Gastschloss Haigerloch, Schlossstr. 3, Tel. (0 74 74) 69 30, Fax 6 93 82, www.schloss-haigerloch.de. Modern oder klassisch eingerichtete Zimmer und Restaurant mit guter, saisonal wechselnder regionaler Küche. ◐◐

❯❯Hechingen:
Hotel-Restaurant Brielhof, Auffahrt Burg Hohenzollern/B 27, Tel. (0 74 71) 9 88 60, Fax 1 69 08, www.brielhof.de.

Unterkunft in stilvollen Zimmern einer einstigen Postkutschenstation, und es gibt schwäbischen Spezialitäten. ◐◐

❯❯Sigmaringen:
Hotel-Gasthof Traube, Fürst-Wilhelm-Str. 19, Tel. (0 75 71) 64 51, Fax 64 51 20, www.hotel-traube-sigmaringen.de. Fachwerkhaus mit gemütlichen Zimmern, gute schwäbische Küche. ◐◐

❯❯Beuron:
Hotel-Restaurant Pelikan, Abteistr. 12, Tel. (0 74 66) 4 06, Fax 2 81, www.pelikan-beuron.de. Schlichtes klostereigenes Hotel. ◐–◐◐

Gutshof Käppeler, Beuron-Thiergarten, Tel. (0 75 70) 95 19 10, Fax 6 78, www.gutshof-kaeppeler.de. Natururlaub auf einem alten Bauernhof. Das Restaurant serviert Fleisch vom Angus-Rind und hausgemosteten Apfelsaft. ◐–◐◐

❯❯Balingen:
Hotel Thum, Klausenweg 20, Tel. (0 74 33) 9 69 00, Fax 96 90 44, www.hotel-thum.de. Freundliche Zimmer und leckere Maultaschen. ◐◐

› Jugendherberge Burg Wildenstein

Über **Habsthal** und **Ostrach** macht die Hohenzollernstraße einen Ausflug nach **Pfullendorf** an der Oberschwäbischen Barockstraße (S. 219), vollführt dann über **Herdwangen** einen spitzen Schlenker zur **Burg Hohenfels,** einer von drei Teilschulen des Internats Schule Schloss Salem, und kehrt über **Wald, Messkirch** und **Leibertingen** zurück ins Donautal, über dem sich die mittelalterliche **Burg Wildenstein** erhebt.

Lohnender ist es jedoch, von Sigmaringen der Donau zu folgen: Mit dem Auto, der Bahn, dem Fahrrad (Donau-Radweg) oder per Kanu geht es durch das von mächtigen Felskränzen und bewaldeten Steilhängen gesäumte Durchbruchstal bis **Hausen im Tal.** Mit Glück erspäht man hier einen Eisvogel oder Schwarzen Milan, vielleicht sogar einen der seltenen Uhus. Westlich von Sigmaringen wandert man durch den wildromantischen fürstlichen Park von **Inzigkofen** zum Amalienfelsen, der 29 m über der Donau aufragt, und weiter zur Teufelsbrücke und zu den Känzele-Grotten. Einige Kilometer weiter westlich bietet sich eine Wanderung von **Neidingen** zur Burgruine **Falkenstein** (747 m) an.

Ab **Hausen** folgt auch die Hohenzollernstraße der Donau flussaufwärts nach **Beuron.** Die berühmte Benediktinerabtei im Herzen des Naturparks Obere Donau wurde erstmals 861 erwähnt. Ignaz Joseph Wegscheider schmückte die barocke Klosterkirche mit aufwendig-farbintensiven Deckengemälden. Ziel vieler Wallfahrer ist die im sog. Beuroner Kunststil ausgemalte Gnadenkapelle.

› Zurück auf die Zollernalb

Jetzt wendet sich die Ferienstraße wieder nach Norden, führt durch das in der Alblandschaft des Großen Heubergs gelegene **Schwenningen** und weiter nach **Albstadt.** Zum Schloss der Schenken von Stauffenberg (1848–50) im Stadtteil **Lautlingen** gehort eine Gedenkstätte für den Hitler-Attentäter von 1944. Im Stadtteil **Burgfelden** steht die Michaelskirche aus dem 11. Jh. Ihre um 1070 gemalten Wandfresken aus Reichenauer Schule an der Ostwand zeigen ein Weltengericht, das die Gruppe der Verdammten mit bis dato ungekannter Dynamik vor Augen führt. Die Nordwand zeigt die zwölf Apostel und auf einer »Mönchsbank« die zwölf Propheten mit Spruchbändern, die nächste Szene stellt das Gleichnis vom barmherzigen Samariter aus dem Lukasevangelium dar. An der Südwand erkennt man u. a. einen Kampf des Erzengels Michael mit dem Satan und das Gleichnis vom reichen Prasser und dem armen Lazarus.

Wahrzeichen von **Balingen** ist das im 15. Jh. erbaute Zollernschlössle oberhalb der Eybach. Über **Owingen** mit seiner romanischen Weilerkirche St. Georg geht es zurück zum Ausgangspunkt Haigerloch.

Route der Industriekultur

» Tour de Ruhr « zu den wichtigsten Zeugnissen der Industriekultur im Kohlenpott, wo aus Zechen Designertempel und aus Industriebrachen Spielwiesen des 21. Jahrhunderts entstehen.

› Die Zeche Zollern II/IV in Dortmund-Bövinghausen

Eine Ferienstraße von einer Industrieanlage zur nächsten? Das ist viel aufregender, als es klingt! Tagsüber locken die in Zechen, Kokereien und Stahlwerken eingerichteten interaktiven Museen. Besonders im Morgen- und Abendlicht sind die bizarr wirkenden Kathedralen der Industriekultur faszinierende Fotomotive. Und nachts verwandeln sie sich in psychedelisch illuminierte Fantasywelten.

Die 24 im Folgenden beschriebenen Hauptattraktionen entlang der touristischen Straße – Zechen, Werkhallen, Häfen – heißen offiziell Ankerpunkte. Zu ihnen gesellen sich Museen, Aussichtsplätze und von namhaften Architekten entworfene Arbeitersiedlungen. All dies vereint sich zu einem Besichtigungskonzept, dass die besten Aus- und Einblicke verspricht, den interessantesten Routen folgt – und deshalb manche der großflächigen Städte auch mehrfach berührt. Wie grün das Ruhrgebiet ist, beweisen der 230 km lange Emscher Park Radweg und der 350 km lange Rundkurs Ruhrgebiet, die durch die Kulturlandschaft zwischen Duisburg und Hamm führen. Viele Ankerpunkte liegen unmittelbar an den beiden Radwegen.

⟩ Höhenflüge industrieller Architektur

Idealer Ausgangs- und erster Höhepunkt der Tour ist die 1986 stillgelegte Zentralschachtanlage **Zeche Zollverein XII** in Essen Stoppenberg, gerne als schönste Zeche der Welt bezeichnet. Ihr markantes Doppelbockfördergerüst mit der Aufschrift »Zollverein« ist das Wahrzeichen des alten und neuen Ruhrgebietes. Zusammen mit der Kokerei Zollverein und der Gründungsschachtanlage 1/2/8 ist die Zeche heute Weltkulturerbe. Im ehemaligen Schalthaus befindet sich das Besucherzentrum der Route der Industriekultur (April–Okt. tgl. 10–19, sonst bis 17 Uhr), und auf den Erlebnisführungen taucht man in Vergangenheit und Zukunft der Zeche ein. Für letztere steht im ehemaligen Kesselhaus das red dot design museum, die weltweit größte Ausstellung zeitgenössischen Designs. Andere Räume dienen als Experimentierfeld für ungewöhnliche Installationen, und in die ehemalige Kohlenwäsche zieht gerade das künftige RuhrMuseum ein.

Zu Europas außergewöhnlichsten Festspielhäusern zählt die **Jahrhunderthalle Bochum:** Die transparente Konstruktion aus Glas und Stahl diente ab 1903 als Gebläsehalle für die Hochöfen im Bochumer Gussstahlwerk. Heute ist diese Kathedrale der Arbeit zentraler Spielort des Musik- und Theaterfestivals RuhrTriennale (neue Triennale 2008–2010).

⟩ Strom, Chemie und Schiffe

Das denkmalgeschützte **Umspannwerk Recklinghausen** von 1928 mit seinen Dampfmaschinen und Turbinen lädt zu einer spannenden Zeitreise durch die Geschichte der Elektrizität ein (Di–So 10–17 Uhr).

»Chemie erleben und verstehen« lautet die Devise des **Chemieparks**

Marl mit über 100 Firmen auf dem Gelände der früheren Chemischen Werke Hüls AG. Aus der 9. Etage des Hochhauses überblickt man die gigantischen, bizarr wirkenden Produktionsanlagen (Infozentrum Lipper Weg Di–So 10–18 Uhr, Führungen und Werksrundfahrten).

Schon von weiten sichtbar ist die Stahlfachwerkkonstruktion des alten **Schiffshebewerks Henrichenburg** in Waltrop (Di–So 10–18 Uhr), das 1899 zusammen mit dem Dortmund-Ems-Kanal eingeweiht wurde und bis 1970 in Betrieb war. Ein Museum im ehemaligen Pumpen- und Maschinenhaus veranschaulicht die Hebetechnik. Die harte Lebens- und Arbeitswelt der Schiffer lernt man im Laderaum des Motorgüterschiffes »Franz Christian« im Museumshafen kennen.

❭ Glück auf!

Mit dem traditionellen Bergmannsgruß empfängt das **Deutsche Bergbau-Museum** in Bochum seine Gäste (Di–Fr 8.30–10, Sa, So 10–17 Uhr). Es vermittelt viel Wissenswertes über Steinkohlenabbau und Erzgewinnung dank seiner einmaligen montanhistorischen Sammlung samt Originalmaschinen zum Anfassen. Danach ist man fit für die Grubenfahrt ins 2,5 km lange Schaubergwerk in 20 m Tiefe. Wieder über Tage geht es mit dem Förderkorb hinauf auf das 70 m hohe Fördergerüst der Zeche Germania, wo sich ein weiter Blick über das Ruhrgebiet bietet.

Wie »Oppa« auf Schicht malochte, das erfährt man im **Westfälischen Industriemuseum** (Di–So 10–18 Uhr) in den 1898 bis 1904 erbauten Anlagen der **Zeche Zollern II/IV** in Dortmund-Bövinghausen. Sie galt bei ihrer Einweihung 1898 als Musterzeche und besaß eine der ersten elektrischen Fördermaschinen der Welt. Schönsten Jugendstil zeigen die Marmorschalttafeln und das Portal der Maschinenhalle. Das auch für Kinder spannende Museum dokumentiert Arbeit und Alltag der Bergleute und ihrer Familien an authentischen Orten: in den Werkstätten, der Steigerstube, dem Lohnbüro und in einer Wohnung der angrenzenden Kolonie. Im »Erlebnisraum« lässt sich nachvollziehen, wie still, dunkel und nass es im Inneren eines Bergwerks ist.

❭ Tempel der Arbeit

»Mensch, Arbeit, Technik«, lautet das Motto der **Deutschen Arbeitsschutzausstellung (DASA)** in Dortmund-Dorstfeld (Di–Sa 9–17, So 10–17 Uhr). Auf über 13000 m² Ausstellungsfläche erwartet die Besucher eine interaktive Erlebniswelt. Wie anstrengend war der

❭ Im Umspannwerk Recklinghausen

Kontakt: Besucherzentrum Route Industriekultur, Zeche Zollverein XII, Gelsenkirchener Str. 181, 45309 Essen, Tel. (02 01) 24 49 89 32 und Tel. (0 18 04) 00 00 86 (20ct / pro Anruf), www.route-industriekultur.de

Streckenlänge: ca. 400 km

Bundesland: Nordrhein-Westfalen

Reiseplanung: mindestens 7 Tage

Alltag in einer Textilfabrik um 1900 »im Takt der Maschine«, wie »gesund« lebte der Kesselheizer einer Dampfmaschine? Wie werden wir morgen arbeiten? All das erfährt man hier, und alles darf man selbst ausprobieren.

Nun aber hinein in die »begehbare Großskulptur« der **Zentralkokerei Hansa** in Dortmund-Huckrade (April bis Okt. Di–So 10–18 Uhr, Nov–März Di–Fr 10–16, Sa 13.30 bis 16.30, So/Fei 10.30–16.30 Uhr). Der Erlebnispfad »Natur und Technik« leitet Besucher u. a. zur monumentalen Kompressorenhalle mit fünf dampfgetriebenen Kolbenkompressoren. Über eine gläserne Bandbrücke gelangt man auf die Kohlentürme, von denen sich ein tolles Panorama bietet. Erstaunliche Einblicke gibt es auch für Naturfreunde: auf den Industriebrachen wachsen heute seltene Pflanzen und Kräuter.

Das gilt auch für den **Maximilianpark Hamm** (April–Sept. 9–21 Uhr). 1984 verwandelte die erste Landesgartenschau Nordrhein-Westfalens das verlotterte Gelände der glücklosen Zeche Maximilian in farbenfrohe Blumenlandschaften und schattige Waldbereiche. Besonders sehenswert ist das Schmetterlingshaus. Wahrzeichen des Maximilianparks ist die in eine spektakuläre begehbare Plastik umgewandelte ehemalige Kohlenwäsche, der 35 m hohe gläserne Elefant mit Aussichtsplattform. Drei Spiellandschaften laden Kinder zum Klettern, Matschen und Musizieren ein.

› »Frischet Pilsken« gefällig?

Bier gehört zum Ruhrgebiet wie Kohle und Stahl. In Unna wird schon seit 1346 Bier gebraut. Heute ist die 1859 erbaute **Lindenbrauerei Unna,** eine der traditionsreichsten Braustätten des Reviers, ein Kulturzentrum und Szenetreff mit mehreren Gastronomiebetrieben. Das Zentrum für internationale Lichtkunst in den gewaltigen Brauereigewölben präsentiert faszinierende Installationen und bietet spezielle Kinderführungen mit Quiz.

› Wie's früher war

Einblicke in Handwerk und Technik des ausgehenden 18. und des 19. Jhs. vermittelt das **Freilichtmuseum Hagen** im Mäckingerbachtal (April–Okt. Di–So 9–18 Uhr). In etwa 70 historischen, in sauerländischen Fachwerkhäusern untergebrachten Vorführbetrieben werden auf Originalgeräten Nägel geschmiedet, Seile geflochten, Papier geschöpft, Zigarren gedreht, Bier gebraut und Brot gebacken.

Allgemeine Infos

vgl. Deutsche Fußballroute NRW, S. 203

›› **Essen Marketing GmbH Touristikzentrale,** Am Hauptbahnhof 2, 45127 **Essen,** Tel. (02 01) 8 87 20 41, Fax 8 87 20 44, www.essen.de

›› **Dortmund Tourismus,** Königswall 18a, 44137 Dortmund, Tel. (02 31) 1 89 99-222, Fax 1 89 99-333, www.dortmund-tourismus.de

›› **Stadt- und Tourist-Info Gelsenkirchen,** Bahnhofsvorplatz 1, 45879 **Gelsenkirchen,** Tel. (02 09) 95 19 70, Fax 9 51 97 10, www.gelsenkirchen.de

›› **Bochum Tourist-Info,** Huestr. 9, 44787 Bochum, Tel. (02 34) 96 30 20, Fax 9 63 02 55, www.bochum-tourismus.de

›› **Tourist Information,** Königstr. 86, 47051 **Duisburg,** Tel. (02 03) 28 54 40, Fax 2 85 44 44, www.duisburg.de

Essen und Unterkunft

›› **Essen:**

Verkehrsverein Kulturlandschaft Zollverein, Kokerei Zollverein, Arendahls Wiese, **Essen,** Tel. (0 20 54) 8 60 59 40, Fax 8 60 59 44, www.zollvereintouristik.de. Der Verein arrangiert Unterkünfte mit Frühstück bei ehemaligen Bergmannsfamilien. ○–○○

Casino Zollverein, Gelsenkirchener Str. 181, Tel. (02 01) 83 02 40, www.casino-zollverein.de. In der ehemaligen Kompressorenhalle gibts New World Cuisine, aber auch Bergmannskost. Im Sommer sitzt man im Garten mit Blick auf den illuminierten Förderturm. ○○

›› **Bochum:**

Art Hotel Tucholsky, Viktoriastr. 73, Tel. (02 34) 1 35 43, Fax 6 87 84 21, www.art-hotel-tucholsky.de. Äußerlich ein banaler Bau, doch jedes der 32 Hotelzimmer ist individuell designt. ○○

›› **Waltrop:**

Papachristos, Provinzialstr. 19, Tel. (0 23 63) 7 21 34. Sympathischer Grieche mit großem Biergarten, der gern nach Besichtigung des Schiffhebewerks Henrichenburg besucht wird. ○○

›› **Hagen:**

Haus Letmathe, im Westfälischen Freilichtmuseum, Mäckingerbach, Tel. (0 23 31) 7 01 00, www.hauslet mathe.de. Westfälische Küche, naturtrübes Pils und dunkles Weizenbier. ○○

›› **Duisburg:**

Ferrotel, Düsseldorfer Str. 122–124, Tel. (02 03) 28 70 85, Fax 28 77 54, www.sorat-hotels.com. Originelles Hotel in kühlem Industriedesign. Die Zimmer sind aber durchaus gemütlich. ○○

Hauptschalthaus, Landschaftspark Duisburg-Nord, beim Besucherzentrum, Emscherstr. 71, Tel. (02 03) 41 79 91 80, www.hauptschalthaus.de. Restaurant und Bistro mit klassischer Ruhrpott-Küche und Biergarten. ○○

Als Gesamtkunstwerk des Jugendstils wird die 1906 bis 1908 von Henry van de Velde für die Familie Osthaus erbaute **Hohenhof** in Hagen-Ernst bezeichnet. Die originalgetreu restaurierten Räume nutzt das Museum des »Hagener Impulses«, einer künstlerischen Reformbewegung vor dem Ersten Weltkrieg (Di–So 11–18 Uhr).

Mit Helm und Grubenlampe zu einem Steinkohleflöz vorstoßen: Das bietet das 130 m lange Besucherbergwerk in Witten, auf dem Gelände der im Muttental südlich der Ruhr gelegenen **Zeche Nachtigall** (Di–So 10 bis 18 Uhr). Um 1832 angelegt, war sie eine der ersten Tiefbauzechen.

Ein Symbol für die Schwerindustrie im Ruhrgebiet ist die vor 150 Jahren gegründete **Henrichshütte** in Hattingen (Di–So 10–18, Fr bis 21.30 Uhr). Heute absolvieren Besucher den »Weg des Eisens« vom Erzbunker über die Gießhalle und besteigen den 55 m hohen Hochofen. Kinder lieben das Feuerwehrmuseum.

Schnaubende Dampflokomotiven und Schnellzug-Renner aus der Zeit von 1853 bis 1964 erwarten Besucher des **Eisenbahnmuseums Bochum-Dahlhausen** (März–Nov. Di–Fr, So 10–17 Uhr). Sogar in einen Speisewagen des legendären Orient-Express darf man sich setzen. An jedem 3. Sonntag von April bis Oktober können Besucher auf dem Führerstand einer kohlegefeuerten Dampflok mitfahren.

〉 Ein Industriebaron hält Hof

Deutschlands bekannteste Unternehmerresidenz, die 269 Räume zählende **Villa Hügel** in Essen-Bredeney (Di–So 10–18 Uhr) mit prächtiger Parkanlage, ist seit jeher ein Machtsymbol der Eisen- und Stahlbarone. Von 1873 bis 1945 diente sie der Industriellenfamilie Krupp als Wohnsitz und Repräsentationsort. Im Großen Haus hat heute die Kulturstiftung Ruhr mit hochkarätigen Kunstausstellungen ihren Sitz. Die obere Halle dient zudem als Konzertsaal für das Folkwang Kammerorchester. Im Kleinen Haus informieren Ausstellungen über die Familien- und Unternehmensgeschichte. Ein Stück stadteinwärts liegt die Gartenstadt Margarethenhöhe, eine fast dörflich anmutende Arbeitersiedlung.

〉 Zu Lande und zu Wasser

Im 1892/93 von August Thyssen gebauten Styrumer Wasserturm in Mülheim an der Ruhr residiert heute das **Aquarius Wassermuseum** (Di–So 10–18 Uhr), wo 30 Stationen auf 14 Ebenen Spannendes und Wissenswertes rund ums Wasser vermitteln.

Um 1900 war der **Duisburger Innenhafen** das Zentrum des deutschen Getreidehandels. Heute sind die Getreidespeicher in die neue Kulturmeile der Stadt integriert: ein multifunktionaler Dienstleistungspark, den das Architektenteam um Sir Norman Foster geprägt hat. 2008 soll in der restaurierten Werhahn-Mühle ein Legoland Discovery Center eröffnen.

Zum größten Binnenhafen der Welt gehört seit 1998 auch das **Museum der Deutschen Binnenschifffahrt** (Di–So 10–17 Uhr) in einem restaurierten Jugendstil-Hallenbad (1910) in Duisburg-Ruhrort. In der früheren Herrenschwimmhalle steht ein Lastenseg-

> Gasometer Oberhausen im CentrO

ler von 1913 unter vollen Segeln. Das Museum zeigt auch den letzten Radschleppdampfer auf dem Rhein, die »Oscar Huber« von 1922, und den Eimerkettendampfbagger »Minden« von 1882 an der Schifferbörse.

»Dem Revier aufs Dach« steigt man im **Landschaftspark Duisburg-Nord** mit seinen fünf erloschenen Hochöfen. In einem bietet eine Aussichtsplattform einen tollen Blick auf die Industriebrache. Den Mittelpunkt des Parks bildet die 1901 von August Thyssen gebaute Meidericher Eisenhütte. In den alten Erzbunkern wurden Klettergärten angelegt, in einem gefluteten Gasometer trainieren Sport- und Extremtaucher. Die Industriehallen sind heute Bühne für Konzerte, Tanzfestivals und sogar Opernaufführungen. Nachts verwandelt die Lichtinszenierung des Londoner Künstlers Jonathan Park das Hüttenwerk in ein grün, rot und blau illuminiertes Raumschiff.

❯ Kathedralen der Industrie

Die 1855 gegründete und 1981 geschlossene Zinkfabrik Altenberg ist eine der wenigen vollständig erhaltenen Fabrikanlagen der Gründerzeit im Ruhrgebiet. In der früheren Walzhalle

präsentiert das **Rheinische Industriemuseum Oberhausen** (Di–So 10 bis 17 Uhr) die Geschichte der Eisen- und Stahlindustrie an Rhein und Ruhr. Wo sonst bekommt man Kolosse wie Kokillen, Walzen und einen 10 m hohen Dampfhammer zu sehen?

Zur Industriekathedrale avanciert ist der **Gasometer Oberhausen im CentrO** (Di–So 10–18 Uhr), den Installationsprojekte wie »The Wall« von Christo und Jeanne-Claude zu einem der bekanntesten Symbole des Ruhrgebietes machten. Seit 2006 verwandelt die Licht-Klang-Installation »Licht Himmel« von Christina Kubisch den oberen, über 100 m hohen Innenraum des Polygons (Durchmesser 67 m) in einen Sternenhimmel und testet den einzigartigen Klangraum mit sieben- bis achtfachem Echo aus. Im Erdgeschoss zeichnet eine Ausstellung die Geschichte des 1929 als Gas-Zwischenspeicher errichteten 117 m hohen Metallzylinders nach. Bis unter die Aussichtsplattform fährt ein gläserner Panoramaaufzug hinauf.

»Der Deutschland Express«, eine der weltweit größten Märklin-Modelleisenbahnen mit über 250 Zügen und 400 Waggons, erwartet Besucher des **Nordsternparks** in Gelsenkirchen-Horst. Die Bundesgartenschau 1997 verwandelte das Gelände der Zeche Nordstern in einen Landschaftspark, der alte Gebäude neu nutzt. Auch das Pumpwerk direkt hinter dem nördlichen Emscher-Deich wurde verschönert: Man verkleidete es mit blauem Glas und setzte ihm einen gläsernen Ausstellungspavillon auf. Jetzt ist der blaue Würfel ein echter Blickfang.

Die Glasstraße

› Eine herrliche Waldlandschaft aus Fichten, Föhren und Buchen begleitet die Fahrt auf der Glasstraße zu den alten Zentren der Glasherstellung in Niederbayern und der Oberpfalz.

› Der zarte »Gläserne Wald« in Weißenstein bei Regen

»Es ist ein unendlich Kreuz, Glas zu machen«, lautet ein alter Glasmacherspruch. Das bayerisch-böhmische Grenzgebirge ist ein Zentrum der mitteleuropäischen Glasherstellung, die hier bereits seit über 650 Jahren beheimatet ist. Dafür sorgte besonders die 150 km lange Quarzader des Pfahls bei Regen und Viechtach, und auch das zum Glasschmelzen benötigte Holz war überreichlich vorhanden. Frauenau, Spiegelau, Riedlhütte und Zwiesel sind mit ihrer Glasproduktion auf dem Weltmarkt nach wie vor präsent. Museen zeigen wertvolle Glaskunst, und Schönes für zu Hause kann man bei Werksverkäufen und in Galerien erstehen.

Die 1997 gegründete Glasstraße führt von Passau nach Neustadt a. d. Waldnaab und verzweigt sich dabei des öfteren. Wanderer folgen dem Glassteig, der vom oberen in den mittleren Bayerischen Wald zu den historischen Wurzeln der Glasherstellung führt. Passau, Freyung-Grafenau, Zwiesel und Neustadt sind auch per Zug zu erreichen.

❭ Gläserne Schätze in Passau

In der barocken Dreiflüssestadt an Donau, Inn und Ilz endete der Goldene Steig, und von hier wurde auch das Glas aus Böhmen und dem Bayerischen Wald in aller Herren Länder verschifft – wenn man es nicht vorher noch bemalte, denn dieses Handwerk hat in Passau Tradition. Im **Passauer Glasmuseum** (tgl. 13–17 Uhr, www.

glasmuseum.de), im historischen Gebäudekomplex Wilder Mann neben dem Rathaus, ist eine der schönsten Sammlungen erlesener Gläser aus dem 18. bis 20. Jh. zu sehen, darunter die weltweit größte und bedeutendste Kollektion böhmischen Glases. Hier gewinnt man einen Überblick über die großen Zentren und herausragenden Werkstätten der Region.

❭ Am Goldenen Steig

Im idyllisch am Berg gelegenen **Waldkirchen,** wo einst Säumer und Fuhrleute Rast machten, dokumentiert das Museum Goldener Steig (Mai–Okt. Di–So 14–16 Uhr) die Geschichte des alten Handelswegs, über den man einst das Salz nach Böhmen und das Glas aus den Bayerwaldhütten nach Passau transportierte. In **Neureichenau** siedelten sich schon im 17. Jh. Glasmacher an. In der Pfarrkirche des Ortsteils Altreichenau bewundert man einen Kreuzweg in Hinterglasbildern. Das Ausflugsgebiet **Dreisesselberg** bietet sich für Wanderungen an, z. B. auf dem Adalbert-Stifter-Kultur-Wanderweg, vom Dreisessel hinüber zum Hochstein, zum Dreiländereck, zum Steinernen Meer oder zum Plöckensteiner See drüben in Böhmen. Im Winter tummeln sich die Langläufer auf den schneesicheren Loipen. In dieser Gegend verästelt sich die Glasstraße: Eine Route führt nach **Grainet,** wo schon vor 1449 die erste Glashütte am Glasbach dokumentiert ist. Hier kann man den Themenwanderwegen »Von Quarz zum Glas« und »Von Kapelle zu Kapelle« folgen. In **Freyung** dokumentiert das Wolfsteiner Heimatmu-

❯❯ Im Überblick

Kontakt: Arbeitskreis Glasstraße,
c/o Tourismusverband Ostbayern e.V.,
Luitpoldstr. 20, 93047 Regensburg,
Tel. (09 41) 5 85 39-0 oder
Tel. (08 00) 1 21 21 11 (kostenfrei),
www.dieglasstrasse.de
Streckenlänge: ca. 250 km,
mit Alternativrouten insgesamt ca. 300 km,
durchgehend gut ausgeschildert
Bundesland: Bayern
(Niederbayern und Oberpfalz)
Reiseplanung: 3–4 Tage

seum im um 1700 erbauten Schraml-
haus mit seiner Sammlung von Ar-
menseelentaferl für den häuslichen
Herrgottswinkel die traditionelle
Volkskunst und Frömmigkeit im Wald
(Mitte Juni–Mitte Sept. Di–Fr 14–17,
Sa 10–12 Uhr, Mitte Sept.–Okt., Mitte
Dez.–Mitte Juni Di u. Do 14–17, Sa
10–12 Uhr). Im Gemeindeteil Geyers-
berg kann man in der Bergglashütte
Glasmachern bei der Arbeit zusehen.

❯ Glaskunst für Schnupfer

In **Grafenau** stellte man im 19. Jh.
hochwertige verzierte Halbmaßkrüge
und Schnupftabakgläser her. Die
schönsten Stücke zeigt das Schnupf-
tabakmuseum (Di–So 14–17 Uhr).
Vom waldlerischen »Schmaiglasl« bis
zu afrikanischen Prisenbehältern aus
Büffelhorn ist alles vertreten, auch das
weltgrößte Schnupftabakglas.

In der Kristallglasfabrik in **Spiegelau** produziert die Firma Nachtmann
elegante Kelchgläser. Noch traditionell
mundgeblasen wird in der bereits 1527

gegründeten **Riedlhütte** am Rande des
Nationalparks Bayerischer Wald. Im
jüngst umgebauten Waldkundlichen
Museum von **St. Oswald-Riedlhütte**
kann man die Technik an einer Glas-
pfeife selbst ausprobieren. Außerdem
sind vor Ort Schleiferei-Werkstätten
und Glashüttenstudios zu besichtigen.

❯ Die Glashütte Eisch in Frauenau

› Gläsernes Herz des Bayerischen Walds

Das idyllische **Frauenau** inspirierte Werner Herzog zu seinem Film »Herz aus Glas« (1976): Er erzählt von einer Glashütte im finstern Bayern des 19. Jh., deren wichtigster Arbeiter das Geheimnis der Rubinglasherstellung mit ins Grab nimmt. Bereits seit 15 Generationen stellt Deutschlands älteste Industriellenfamilie von Poschinger hier Glas her. Inzwischen ist Frauenau auch ein Zentrum junger Glasgestaltung. Auf jeden Fall besuchen sollte man das lehrreiche Glasmuseum (Mo–Fr 9–17, Sa, So 10–16 Uhr, www. glasmuseum-frauenau. de), das nicht nur alte Verfahren und modernste Techniken erläutert, sondern auch Luxusgläser aus drei Jahrtausenden zeigt.

In **Zwiesel** kündet schon die farbenprächtige Jugendstilverglasung der St.-Nikolaus-Kirche von der Glastradition der Stadt, die um 1900 zu den

Allgemeine Infos

›› Passau Tourismus, Rathausplatz 3, 94032 **Passau,** Tel. (08 51) 95 59 80, Fax 3 51 07, www.passau.de

›› Touristinformation Frauenau, Am Museumspark 1, 94258 **Frauenau,** Tel. (0 99 26) 9 41 00, Fax 94 10 28, www.frauenau.de

›› Zwiesel-Tourismus, Stadtplatz 27, 94227 **Zwiesel,** Tel. (0 99 22) 13 08, Fax 56 55, www.zwiesel-tourismus.de

Essen und Unterkunft

›› Passau:

Hotel Wilder Mann, Am Rathausplatz, Tel. (08 51) 3 50 71, Fax 3 17 12, www.wilder-mann.com. Traditionshaus, das Übernachtungen im Zimmer der Verlobung von König Ludwig II. mit Herzogin Sophie Charlotte oder im Schlafzimmer der Kaiserin Elisabeth II. (Sisi) anbietet. Zum Gebäudekomplex gehört das Glasmuseum Passau. ○○

Heilig-Geist-Stift-Schenke, Heiliggeistgasse 4, Tel. (08 51) 26 07, www. stiftskeller-passau.de. Historische Weinstube mit Spezialitäten wie Donauwaller und Wachauer Tafelspitz. ○○

›› Hohenau (bei Freyung):

Hotel und Landgasthof Bierhütte, Bierhütte 10, Tel. (0 85 58) 9 61 20, Fax 96 12 70, www.bierhuette.de. Die Waldglashütte von 1512 wurde 1545 in eine Herrschaftsbrauerei umgebaut. Zimmer im Landhausstil, schönes Gewölberestaurant, großes Massagenangebot. ○○

›› Frauenau:

Hotel St. Florian, Althüttenstr. 22, Tel. (0 99 26) 95 20, Fax 82 66, www. st-florian.de. Gepflegter Familienbetrieb mit Komfortzimmern, Hallenbad und guter Regionalküche. ○○

›› Zwiesel:

Hotel zur Waldbahn, Bahnhofsplatz 2, Tel. (0 99 22) 85 70, Fax 85 72 22, www. zurwaldbahn.de. Gemütliche Zimmer im bayrischen Stil; Gerichte wie Hirschragout oder Erdäpfelurbraten. ○–○○

›› Bodenmais

Hotel Hofbräuhaus, Marktplatz 5, Tel. (0 99 24) 77 70, Fax 77 72 00, www. hotel-hofbraeuhaus.de. Elegantes Hotel mit Wellness und Sauna. Das Restaurant bietet bayerische und internationale Küche sowie Vollwertkost. ○○

Hauptlieferanten von Butzenscheiben, Mosaik-, Antik- und Kathedralglas zählte. Heute werden hier besonders Kelchgläser hergestellt. Dazu kommen viele individuelle Werkstätten, Werkstattgalerien und Glasstudios. Auch ein Besuch der Schauglashütte Ambiente am Stadtrand lohnt, und mit den Schnäpsen der ortsansässigen Bärwurzereien lässt sich manch schönes Zwieseler Glas füllen.

› Gespiegelt und Entspiegelt

Aus dem Luftkurort **Regen** kommen vor allem Brillengläser, im dortigen Museum Burgkasten gibt es viele heimische Schnupftabakgläser zu sehen.

In **Bayerisch Eisenstein** und Markt Eisenstein (Železná Ruda) auf tschechischer Seite florierte einst die Spiegelglasherstellung, die Luxusgläser der Steigerwald'schen Regenhütte (heute Schauglashütte) im Gründerzeit- und Jugendstil waren damals in ganz Europa begehrt.

Mit einem gläsernen Skulpturenpark und dem herausragenden Bayerwald-Tierpark (tgl. 9–17 Uhr) lockt das idyllische **Lohberg. Bodenmais** am Fuße des Arbermassivs ist ein Zentrum des Glastourismus mit Verkaufsausstellungen an der Hauptstraße und zwei Glashütten. Im Joska-Crystal-Land führen Glasbläser ihre Kunst vor. Auch in **Drachselsried** und **Arnbruck** findet man interessante Glasausstellungen. Von **Arrach** aus kann man auf dem 99 km langen »Gläsernen Steig« vom Lamer Winkel über das Arbergebiet entlang des Nationalparks bis nach Grafenau zu vielen Waldglashütten wandern.

› Im Drachenreich

Furth im Wald kennt man wegen des jährlich im August aufgeführten Further Drachenstichs. Im Ersten Deutschen Drachenmuseum, das im Landestormuseum eingerichtet wurde, bestaunt man faszinierende mundgeblasene Drachendarstellungen (Palmsonntag bis Allerheiligen Di–So 10.15 bis 16.45, sonst Di, Do 14.15–17, Sa, So 11–13 Uhr). Furth ist ein Zentrum der Spiegelglasherstellung; auch zukunftsträchtige Gebäudeverglasungen und Solarkollektoren entstehen hier.

› Der Further Drachenstich

Hinter **Waldmünchen** führt die Glasstraße durch die Oberpfalz. Über **Oberviechtach,** ein Zentrum Hinterglasmalerei, und **Weiden** an der Porzellanstraße geht es nach **Neustadt an der Waldnaab,** die Stadt des Bleikristalls. Das Stadtmuseum (Di–Fr 10 bis 12, 14–16, Sa, So 14–17 Uhr) zeigt gläserne Unikate, z. B. eine ca. 1 m hohe geschliffene und gravierte Überfangvase in Goldrubin. Anschließend kann man auf einer über **Waldsassen** und **Tirschenreuth** führenden Ostschleife rund um den Oberpfälzer Wald Glasstraße und Porzellanstraße (S. 138 ff.) miteinander verbinden.

Die Porzellanstraße

Eine Entdeckungsfahrt auf den Spuren des Weißen Goldes durch die ausgedehnten Wälder Oberfrankens und der Oberpfalz.

› Liebevoll handbemalte Hummelfigur aus Rödental

Etwa 80 Prozent des deutschen Porzellans werden zwischen Tettau im Frankenwald und Vohenstrauß im Oberpfälzer Wald hergestellt. Seit Jahrhunderten haben erst königliche Manufakturen, später Porzellanfirmen wie Rosenthal, Seltmann, Villeroy & Boch, Goebel oder Hutschenreuther diesen an Kaolinerde reichen Landstrich geprägt. Manche Fabriken mussten inzwischen schließen, doch in vielen Orten kann man noch immer feinstes Porzellan in preiswerten Werkverkäufen erstehen.

Die Porzellanstraße führt durch Nordostbayern, von Bayreuth über Weiden nach Hof, Coburg und Bamberg. Steinwald, Oberpfälzer Wald, Fichtelgebirge und Frankenwald sind herrliche Wanderreviere, und die meisten Ortschaften an der Ferienstraße sind auch mit dem Zug von Bayreuth, Coburg und Bamberg aus zu erreichen.

› Wagner und Weißes Gold
Dass die Wagner-Hochburg **Bayreuth** (Burgenstraße, S. 74 f.) auch Porzellanstadt ist, dürfte manchem Wotanfreund gar nicht bewusst sein. Am Fuß des Festspielhügels, in der Porzellanfabrik Walküre (Mo–Fr 10–16 Uhr, mit Werksverkauf), wird seit 1899 edles feuerfestes Tafelgeschirr in klarem, zeitlosem Design hergestellt. Doch Bayreuths Porzellantradition ist noch wesentlich älter. Markgräfin Wilhelmine, der Bayreuth eines der schönsten Barocktheater Europas verdankt,

förderte auch die Fürstliche Fayencemanufaktur St. Georgen, die von 1719 bis 1836 bestand. Die Fayencen – rotbraune Tonwaren, die mit einer deckenden weißen oder farbigen Zinnglasur überzogen sind – zeigt die Sammlung Rummel im ab 1753 errichteten Neuen Schloss (April–Sept. tgl. 9–18, sonst Di–So 10–16 Uhr). Noch größer ist die Sammlung Burkhard im Historischen Museum: Hier fallen die braunen und gelben Fayencen mit feiner Gold- und Silberbemalung auf. Das Archäologische Museum präsentiert Töpferfunde aus prähistorischer Zeit (beide Di–So 10–17, Juli/Aug. tgl. 10–17 Uhr). Vor der Weiterfahrt besucht man noch die barocke Eremitage mit Altem Schloss, Wasserspielen und zauberhafter Orangerie.

Speichersdorf, Zentrallager des Rosenthal-Konzerns (Werksverkauf), beeindruckt mit der 220 m langen avantgardistischen Wand des Werks TaK, die Designer Morandini 1985 schuf. Das oberpfälzische **Erbendorf** im Fichtelnaabtal am Südrand des Naturparks Steinwald lockt mit einer Führung durch das Porzellanwerk von Seltmann/Weiden. **Windischeschenbach** ist das Tor zum Waldnaabtal. Ein anderes Tor schloss sich 2005 für immer: das von Eschenbach-Porzellan. Dafür schaut das **Kontinentale Tiefbohrprogramm** über 9000 m tief in die Erde hinein, und das Oberpfälzer Zoiglbier schmeckt nach wie vor.

› Im Oberpfälzer Wald
In **Neustadt an der Waldnaab** kreuzt die Porzellanstraße die Glasstraße (S. 137), denn hier wird vor allem

Bleikristall- und Kristallglas gefertigt. Auch das nahe **Weiden,** die bedeutendste Porzellanstadt in der Oberpfalz, liegt an beiden Ferienstraßen. Hier besichtigt man das **Internationale Keramik-Museum** im Waldsassener Kasten, ein Zweigmuseum der Neuen Sammlung (Di–So 10–12.30, 14 bis 16.30 Uhr, www.die-neue-sammlung. de). Die Bandbreite reicht von Altägypten über Mesopotamien bis hin zu Rokoko und Jugendstil.

In **Vohenstrauß** sind das Renaissance-Rathaus und das Schloss Friedrichsburg sehenswert. Die Porzellanfabrik Johann Seltmann (1901–1996),

› Schöner Marktplatz in Weiden

berühmt für China- und Japan-Dekor, besteht allerdings nicht mehr.

Tirschenreuth im »Land der tausend Teiche« war lange ein Standort von Hutschenreuther. Heute fertigt Azzuro hier Porzellan, außerdem produziert die Manufaktur Zehendner Keramik mit modernster Technik Kacheln und Kachelöfen. Die Porzellanmanufaktur Ernst Leitner in **Wiesau** setzt nach wie vor auf alte böhmische Muster. In **Mitterteich** hat dagegen die letzte Porzellanfabrik 2005 ihre Pforten geschlossen. Aus den ehemaligen Kaolingruben ist ein Naturparadies mit Badesee geworden. In **Waldershof** produzierte Johann Haviland Anfang des 20. Jhs. vielgerühmte weiße Scherben, und auch in **Marktredwitz** wird seit vielen Generationen Porzellan hergestellt. Heute spezialisiert man sich auf Bio- und Medizinkeramik.

› An der böhmischen Grenze

Wunsiedel ist Standort von Retsch Porzellan, aber besonders wegen der Felsenlandschaft **Luisenburg** sehenswert: Sie wird heute als Naturbühne der Luisenburg Festspiele genutzt (August). Nächster Halt ist die Porzellanstadt **Thiersheim.** Hier bildet die romanische Kirche St. Ägidien zusammen mit dem Wehrturm und der gotischen Taufkapelle das beeindruckende Ensemble einer Kirchenburg.

Arzberg hat sich mit durchbrochenen Porzellanobjekten einen Namen gemacht. Die berühmte Klosterstadt **Waldsassen** ist einer der ältesten Porzellanstandorte in Bayern: Im Stiftlandmuseum sind schöne Exemplare Waldsassener Porzellans zu bewun-

Im Überblick
Kontakt: Porzellanstraße e.V.,
c/o Porzellanikon in Selb,
Werner-Schürer-Platz 1, 95100 Selb,
Tel. (0 92 87) 9 18 00 34, Fax 9 18 00 35,
www.porzellanstrasse.de
Streckenlänge: ca. 550 km
Bundesland: Bayern (Franken und Oberpfalz)
Reiseplanung: 4–6 Tage

dern (Di–So 10–12, 13–16 Uhr). Als größte Attraktion glänzt die 1682 bis 1704 erbaute Stiftsbasilika, eine der großartigsten Barockkirchen Bayerns mit prächtiger Klosterbibliothek.

Ein malerisches Fotomotiv ist die barocke kleeblattförmige **Dreifaltigkeitskirche Kappel** mit ihren Zwiebeltürmen auf dem Glasberg bei Münchenreuth. Über **Schirnding** an der tschechischen Grenze geht es nach **Hohenberg an der Eger.** Hier gründete Carlus Magnus Hutschenreuther 1814 die erste Porzellanmanufaktur Nordbayerns. Bekannt war das Unternehmen für Dekore mit Goldätzkante und die leuchtende Farbe der Kobaltglasur. Das hiesige Deutsche Porzellanmuseum bildet eine Einheit mit dem Museumskomplex der Porzellanwelt Selb. Dieser umfasst das Europäischen Industriemuseum für Porzellan, das Rosenthal Museum und das Europäische Museum für Technische Keramik (alle Di–So 10–17 Uhr). In **Selb** erinnern dann zwei Porzellanbrunnen, das Por-

zellanglockenspiel am Rathaus, die größte Porzellan-Kaffeekanne der Welt und der Porzellanrundweg an die lange Tradition. In der Weihnachtszeit steht hier Europas größter mit Porzellan geschmückter Weihnachtsbaum.

› In Bayern ganz oben

Über **Marktleuthen** im romantischen Egertal, **Kirchenlamitz, Schwarzenbach an der Saale** und **Rehau,** alles Orte mit langer Porzellantradition, führt die Ferienstraße nach **Hof** mit seiner attraktiven Altstadt. Der Bürgerpark Theresienstein wurde 2003 zum schönsten deutschen Park gekürt.

Nun windet sich die Straße durch eine Reihe von Porzellanorten im Frankenwald wie **Naila, Ludwigstadt** und **Tettau,** wo 1794 die Königlich privilegierte Porzellan Manufaktur Tettau gegründet wurde, nach **Kronach,** das zugleich an Burgen- (S. 73) und Spielzeugstraße (S. 179 ff.) liegt. In **Küps** produzieren u. a. die für ihr Tüllporzellan bekannte Manufaktur

Karl-Heinz Klette und die auf schwierige Formen spezialisierte Firma Lindner Porzellan. **Rödental** ist die Heimat der berühmten Hummelfiguren, die in der Goebel Porzellanmanufaktur noch in Handarbeit nach Zeichenvorlagen der Ordensschwester Maria Innocentia Hummel hergestellt werden.

Über **Coburg** (Burgen- und Spielzeugstraße) geht es in die Korbstadt **Lichtenfels**, die für ihr Schneyer Porzellan bekannt war. Im Museum der altfränkischen Stadt **Bad Staffelstein** ist die Porzellankunst von Joseph Felix Silbermann aus Kulmbach zu sehen (April–Okt. Di–Fr 10–12, 14–17, Sa, So 14–17, sonst nur Di u. Sa 14–16 Uhr). In **Bamberg** (Burgenstraße, S. 72 f.) endet die Tour: mit erlesenen Porzellan- und Fayencensammlungen in der Neuen Residenz, im Alten Rathaus (Sammlung Ludwig) und im Historischen Museum der Alten Hofhaltung (Mai–Okt. Di–So 9–17 Uhr).

⟫ Allgemeine Infos

(siehe auch Burgenstraße, S. 66 f., und Deutsche Spielzeugstraße, S. 182)

⟫ **Kongress- und Tourismuszentrale Bayreuth,** Luitpoldplatz 9, 95444 **Bayreuth,** Tel. (09 21) 88 58, Fax 8 85 55, www.bayreuth.de

⟫ **Touristinformation Stadt Selb,** Ludwigstr. 6, 95100 **Selb,** Tel. (0 92 87) 88 31 78, Fax 88 31 30, www.selb.de

⟫ **Touristinformation Bad Staffelstein,** Bahnhofstr. 1, 96231 **Bad Staffelstein,** Tel. (0 95 73) 3 31 20, Fax 33 12 33, www.badstaffelstein.de

⟫ Essen und Unterkunft

⟫ **Bayreuth:**

Hotel Eremitage, Eremitage 6, Tel. (09 21) 79 99 70, Fax 7 99 97 30, www.eremitage-bayreuth.de. Charmantes Familienhotel in der markgräflichen Parkanlage. In der Schlossgaststätte mit Biergarten speist man vorzüglich, für einen netten Nachmittag sorgt das Cafe Orangerie. ○○–○

⟫ **Weiden:**

Hölltaler Hof, Oberhöll 2, Tel. (09 61) 4 70 39 40, Fax 4 53 39, www.hoelltaler-hof.de. Im Hölltal am Waldrand gelegenes Hotel mit Wanderwegen, Langlauf-Loipe und Skilift vor dem Haus. Das Restaurant serviert Wildgerichte und Forellen aus eigener Zucht. ○–○○

⟫ **Selb:**

Rosenthal Casino, Casinostr. 3, Tel. (0 96 32) 80 50, Fax 8 05 48, www.rosenthal-casino.de. Elegantes Designerhotel, dessen Zimmer von Künstlern gestaltet wurden, die einst für Rosenthal tätig waren. Das Restaurant serviert feine internationale Küche und kredenzt Frankenwein. ○○–○

⟫ **Hof:**

Hotel Strauss, Bismarckstr. 31, Tel. (0 92 81) 20 66, Fax 8 44 74, www.hotel-strauss-hof.de. Während der Hofer Filmtage übernachtet hier manch berühmter Regisseur. Im Restaurant genießt man die gute Küche Oberfrankens. ○○

⟫ **Bad Staffelstein:**

Hotel Augustin, Schwabthal, Tel. (0 95 73) 9 69 70, Fax 96 97 39, www.hotel-augustin.de. Landgasthof in einem schönen Fachwerkhaus mit komfortablen Zimmern. ○○

Niedersächsische Mühlenstraße

Alte Wassermühlen und fotogene Windmühlen säumen die Niedersächsische Mühlenstraße, die durch das nördliche Niedersachsen zwischen Elbe, Unterweser und Lüneburger Heide verläuft.

> Die Holland-Windmühle Aurora in Jork-Borstel

Wasser und Wind: Beides gab es in den küstennahen Regionen Niedersachsens schon immer reichlich. Die Niedersächsische Mühlenstraße erfasst bereits über 200 Mühlen: Wassermühlen, Windmühlen, Motormühlen, Wasserkraftwerke und Museumsdörfer. Manche können von innen besichtigt werden, andere sind immerhin schöne Fotomotive. Idealerweise legt man eine Tour auf den Pfingstmontag: Am Deutschen Mühlentag sind viele sonst unzugängliche Mühlen geöffnet.

Die Strecke in einem Rutsch zu fahren ist aufgrund der vielen Abzweigungen und der als Rundfahrten durch 13 Landkreise konzipierten Straßenführung kaum zu empfehlen. Sinnvoller ist es, sich einige besonders interessante Bauwerke herauszupicken und diese auf Tagesausflügen von Lüneburg, Celle oder Stade aus zu besuchen.

❭ Zwischen Heide und Elbe

Mit ihren sich drehenden Flügeln und den wuchtigen Türmen des Bardowicker Domes im Hintergrund ist die 1813 errichtete, wieder funktionstüchtige **Holländerwindmühle von Bardowick** im Landkreis Lüneburg eines der schönsten Fotomotive der Mühlenstraße. Weitere malerische und funktionsfähige Galerieholländer stehen in **Artlenburg** und **Lauenburg** am Elbufer. Besonders alt und ebenfalls sehr fotogen ist die **Lüner Mühle**, eine seit dem 14. Jh. bezeugte Wassermühle, die ursprünglich zum Kloster Lüne

gehörte. Das 1597 errichtete Mühlengebäude nutzt heute ein Restaurant. Interessant ist die Mühlentechnik des alten Krans am östlichen Hafenrand: seine Tretmühle mit zwei hölzernen Treträdern war bis 1860 in Betrieb.

Gern geknipst wird die landesherrliche Lüneburger **Ratsmühle** aus dem 16. Jh. Ebenso geschichtsträchtig ist auch die seit 1511 bezeugte **Oldendorfer Mühle** im Luhetal.

Im Kreis Harburg ist der 1897 auf der Hohen Geest bei **Eyendorf** errichtete Erdholländer eine voll funktionsfähige Museumsmühle. In **Garlstorf** steht ein achteckiger Galerieholländer. Hübsch ist auch die **Ovelgönner Wassermühle** (1674) an der Landkreisgrenze zwischen Harburg und Stade.

Auf dem Westrand des Langendorfer Geestrückens im Landkreis Lüchow-Dannenberg steht weithin sichtbar eine der wenigen noch erhaltenen Paltrockmühlen, die **Quickborner Mühle.** Ihre Form ähnelt einer Bockwindmühle, doch ist die Außenbekleidung bis zum Boden herabgezogen. An der Unterkante hat die Bekleidung an jeder Ecke ein kleines Rad, das über eine Rundschiene läuft. Der Mühlenkörper steht auf diesem Drehkranz und wird mittels des Windrades in den Wind gedreht. Die übrigen Mühlen des Kreises sind Wassermühlen.

Gleich an zwei rauschenden Bächen liegt der **Holxer Mühlenhof,** eine von vielen Wassermühlen im Landkreis Uelzen. Ein obligatorischer Halt ist das **Suhlendorfer Handwerksmuseum.** Seine Bockwindmühle »Auguste« soll wieder mahlfähig gemacht werden. Bei diesem Typ ruht der Mühlenkörper

Im Überblick

Kontakt: Arbeitsgruppe Mühlenstraße der Mühlenvereinigung Niedersachsen-Bremen e.V., Rathmann-Cohrs-Str. 3, 21357 Bardowick, www.niedersaechsische-muehlenstrasse.de und www.deutsche-muehlen.de/mnb

Streckenlänge: ca. 1300 km

Bundesländer: Niedersachsen, Bremen

Reiseplanung: Mindestens 7 Tage für die gesamte Strecke; Tagesrundfahrten durch die mittlerweile 13 verschiedene Landkreise.

auf einem eichenen Gestell, dem Bock, und wird als Ganzes in den Wind gedreht. Die komplett aus Holz gebauten Bockwindmühlen wurden etwa um 1750 vielfach durch unterschiedliche Typen von Holländermühlen ersetzt, bei denen nur der Kopf mit dem Flügelkreuz gedreht werden musste.

Im **Museumsdorf Hösseringen** erfährt man u. a., wie ein Göpel funktionierte: Pferde und Ochsen, später auch Maschinen, setzten über ein Winkelgetriebe Dreschmaschinen, Schrotmühlen oder Häckselmaschinen in Gang.

Zum prachtvollen gotischen Kloster **Wienhausen** im Landkreis Celle gehörte auch eine Mühle, deren Gebäude, ein fotogener eingeschossiger Fachwerkbau, am rechten Ufer des Mühlenkanals 1591 errichtet wurde.

❭ Zwischen Hamburg und Bremen

Im Landkreis Stade stehen schöne Galerieholländer. Die **Borsteler Mühle Aurora** an der Elbe wurde, einschließlich der Galerie, zu einem Restaurant umgebaut. Als ältester Galerieholländer des Alten Landes gilt die **Venti Amica** (1848) in Hollern-Twielenfleth.

Eine Kombination aus Erd- und Galerieholländer mit Windrose ist die **Bedekesaer Mühle** im Landkreis Cuxhaven, heute Museumsmühle. Vom Balkon an der Mühlenhaube bietet sich ein schöner Ausblick auf das Elbe-Weser-Dreieck. In der **Windmühle Schiffdorf** kann man sogar heiraten. Die einzige noch existente Bockwindmühle des Kreises ist die **Windmühle Speckenbüttel:** Sie wurde jedoch erst 1984–1986 nach dem Vorbild der Wehdener Mühle (18. Jh.) errichtet.

Ein beliebtes Ziel im Kreis Rotenburg/Wümme ist der Galerieholländer in **Bremervörde.** Der Innenbereich blieb bis heute nahezu identisch erhalten, ebenso wie die fast voll funktionsfähige Mühlentechnik. In der alten Wassermühle von **Sittensen** wurden ein Handwerkermuseum sowie ein Standesamt eingerichtet.

> Die Mühle in Worpswede

Auch rund um Bremen stehen einige schmucke Galeriehölländer, ebenso im Landkreis Diepholz. Hier gibt es auch Wassermühlen mit klösterlicher Vergangenheit. Im Landkreis Verden ist die Windmühle von **Achim** wegen ihrer reizvollen Lage und des Blicks über die Wesermarsch ein beliebtes Fotomotiv. Ebenfalls mit schöner Lage in der Hoyer Wesermarsch glänzt die **Windmühle Hoyerhagen** im Landkreis Nienburg. Hier gibt es auch eine der raren Paltrockmühlen, die **Mühle Rodewald.** Die bekannteste Mühle steht aber im Landkreis Osterholz: Der Wallholländer von **Worpswede** galt schon den Malern der berühmten Künstlergemeinde als beliebtes Motiv.

Allgemeine Infos

›› Lüneburg Heide Tourismus, Barckhausenstr. 35, 21335 **Lüneburg,** Tel. (0 41 31) 7 37 30, Fax 4 26 06, www.lueneburger-heide.de

›› Tourismus Region Celle, Markt 14, 29221 **Celle,** Tel. (0 51 41) 12 12, Fax 1 24 59, www.celle.de

›› Touristen-Information Rotenburg/Wümme, Rathaus, Große Straße 1, 27356 **Rotenburg (Wümme),** Tel. (0 42 61) 7 11 00, Fax 7 11 47, www.rotenburg-wuemme.de

Essen und Unterkunft

›› Lüneburg:

Hotel Bergström, Bei der Lüner Mühle, Tel. (0 41 31) 308-0, Fax 308–499, www.bergstroem.de. Restauriertes Mühlenensemble im Wasserviertel mit eleganten Zimmern und mediterraner Küche. ○○–○○○

›› Celle:

Historischer Ratskeller, Markt 14, Tel. (0 51 41) 2 90 99, www.ratskeller-celle.de. Heidschnuckengerichte und Forellen unter gotischem Gewölbe. ○○

›› Sittensen:

Hotel zur Kloster-Mühle, Kuhmühlerweg 7, Gross Meckelsen/Kuhmühlen (bei Sittensen), Tel. (0 42 82) 59 41 90, Fax 94 19 19, www.hotel-kloster-muehle.de. Hotel und Restaurant in romantischer Natur empfangen mit Blick auf den Mühlenteich und das historische Mühlengebäude. Komfortable Zimmer und vorzügliche Küche. ○○○

›› Verden (Aller):

Pades Restaurant, Grüne Straße 15, Tel. (0 42 31) 66 60, www.pades.de. Das Restaurant in einer Patriziervilla aus dem 15. Jh. serviert südlich-mediterrane Küche mit regionalen Akzenten plus österreichische Nachspeisen. ○○

Sächsische Silberstraße

» Zu den Schauplätzen des großen »Bergkgeschreys« im Erzgebirge führt das silberne Band dieser Ferienstraße durch alte Bergwerkstädte, die in der Adventszeit im festlichen Lichterglanz erstrahlen.

› Stimmungsvoller Weihnachtsmarkt in Annaberg

»Glück auf«! An Sachsens erster Ferienstraße zeugen prächtige Kirchen, in denen oft eine wunderbare Silbermann-Orgel erklingt, selbst in kleinen Städten vom einstigen Wohlstand, der hart in den Silberbergwerken erarbeitet wurde, wie eine Reihe von Schaubergwerken und Erzhämmern demonstriert. Wo das Erz versiegte, mussten sich viele Bergleute mit Holzschnitzereien und Handklöppelei über Wasser halten: heute begehrtes Kunsthandwerk. Zu feierlichen Anlässen ziehen die Mitglieder der Knappschaften in historischen Gewändern durch die alten Bergbaustädte. In der Vorweihnachtszeit sorgen Lichterbögen und Weihnachtspyramiden für eine einzigartige Feststimmung.

Die Silberstraße führt von Zwickau über Schneeberg, Annaberg-Buchholz und Freiberg nach Dresden. Zahlreiche Wanderwege laden rund um die Orte an der Ferienstraße zur Erkundung der Erzgebirgslandschaft ein. Im Winter werden romantische Schlitten- und Kutschfahrten angeboten.

Horch! Ein Trabi!

Westlicher Ausgangspunkt der Silberstraße ist die Autostadt **Zwickau,** die durch Silber und Tuchweberei reich wurde. Ihr mittelalterlicher Stadtkern ist schön saniert. Besonders sehenswert sind das **Gewandhaus** (1522 bis 1525), das als Theater genutzte Zunft- und Handelshaus der Tuchmacher-

innung mit originell verziertem fünfgeschossigen Staffelgiebel sowie das 1956 originalgetreu wieder aufgebaute **Geburtshaus Robert Schumanns** aus dem 16. Jh. (Museum, Di–Fr 10–17, Sa/So 13–17 Uhr). Im Kammermusiksaal erklingen Schumann-Konzerte. Mächtig präsentiert sich das dreigeschossige **Rathaus** mit neogotischer Fassade. Am Hauptmarkt zeugen die **Kräutergewölbe** (seit 1561 Löwenapotheke) und das **Dünnebierhaus** (1480) mit Staffelgiebel von spätmittelalterlichem Glanz. Der spätgotische **Dom St. Marien** besitzt eine reich verzierte Fassade und einen geschnitzten Marienaltar von 1479. Gegenüber stehen die **Priesterhäuser,** die ältesten Wohnhäuser Ostdeutschlands.

Etwas außerhalb des Zentrums besucht man die **Städtischen Kunstsammlungen** mit Kunstobjekten vom 14. Jh. bis heute, darunter viele Werke des aus Zwickau stammenden Brücke-Malers Max Pechstein (Di–So 13 bis 18 Uhr). Nicht nur Autofans begeistert das **August-Horch-Museum** mit blitzenden Karossen aus 100 Jahren Zwikkauer Automobilbau, u. a. der Horch Phaeton von 1911 und der DKW F1 mit dem ersten serienmäßigen Frontantrieb. Auch Audi- und Wanderer-Wagen sowie die DDR-Rennpappe Trabant sind ausgestellt (Di–Do 9–17, Fr–So 10–17 Uhr).

Im Weihnachtsland

In **Schneeberg,** das nach einem Großbrand 1719 im Barockstil wiederaufgebaut wurde, pflegt man Liedgut und Brauchtum: Die farbenprächtige Parade am Bergstreittag (22. Juli) ist ein Er-

> Schneeberg im Erzgebirge

lebnis. Um die Adventszeit (Lichtelfest am 2. Adventswochenende) glitzert es in allen Straßen, auf dem Marktplatz wird eine 11 m hohe Weihnachtspyramide aufgebaut. Eine Sammlung von Pyramiden und dazu schöne Schnitzereien, Klöppelarbeiten und bewegliche Bergwerksmodelle besitzt das sehenswerte **Museum für bergmännische Volkskunst** im barocken Borthenreutherhaus (Di–Do, Sa/So 9.30–17, Fr 13–17 Uhr). Die 1516 bis 1540 errichtete **St. Wolfgangkirche,** eine der größten Hallenkirchen Sachsens, musste nach 1945 wiederaufgebaut werden. Sie birgt einen wertvollen Flügelaltar mit Bildern von Lucas Cranach d. Ä. Silbererz wurde in Schneeberg von 1470 bis 1540 gefördert, dann stieg man auf Wismut und Kobalt um, aus dem man die blaue Farbe für das Meißener Porzellan gewann. Wie das funktionierte, erfährt man im Stadtteil Neustädtel auf dem Bergbaulehrpfad und im 1753 eröffneten Siebenschlehener Pochwerk.

Die Silberstraße führt nun durch das für seine radonhaltigen Quellen bekannte **Schlema** in die Wismut- und Fußballhochburg **Aue,** nach **Schwarzenberg** (Fürstenloge Augusts des Starken in der barocken Georgenkirche) und nach **Schlettau,** dessen zauberhaftes Schloss oft umgebaut wurde.

› Geschnitzt und geklöppelt

Die Silberfunde am Schreckenberg (1491/92) führten zu einer – allerdings nur 60 Jahre währenden – Blütezeit der 1943 vereinten Doppelstadt **Annaberg-Buchholz.** Sachsens größte spätgotische Hallenkirche, die prächtig ausgeschmückte **St. Annenkirche,** beherrscht das Stadtbild. Unter dem mächtigen Schlingrippen-Gewölbe veranschaulichen die Bildtafeln des Bergknappschaftsaltars von Hans Hesse die Silbererzgewinnung im 15./16. Jh., und 100 reliefierte Bildtafeln der Emporenbrüstung schildern biblische Szenen. Über die Wirtschaft des Osterzgebirges und die Arbeitswelt der Bergleute informiert das **Erzgebirgsmuseum** mit Besucherbergwerk Gößnerzeche im Museumshof. Beachtung verdienen hier auch die reich verzierten Bortenwirkerei-Arbeiten sowie die Spitzenklöppeleien und Schnitzwerke (tgl. 10–17 Uhr). Das **Adam-Ries-Museum** ist in dem Haus in der Johannisgasse untergebracht, in dem der große Rechenkünstler (1492–1559) 36 Jahre lang wohnte (Di–So 10–16 Uhr).

Im Dorf **Frohnau** vor den Toren der Stadt ist der mittelalterliche **Frohnauer Hammer,** eine originale Mühle von 1436 mit drei wasserkraftbetriebenen Schwanzhämmern zu besichtigen (tgl. 9–12, 13–16.30 Uhr; Schauschmieden). Von hier kann man Wandertouren zum **Pöhlberg** (832 m) und zu den bei Kletterern beliebten **Greifensteinen** unternehmen. Sie liegen nahe dem Wintersportort **Ehrenfriedersdorf.**

Der von Renaissancefassaden gesäumte Marktplatz von **Marienberg** ist größer als ein Fußballfeld. Die Stadt wurde nach einem Brand 1610 mit symmetrischen Straßenzügen neu aufgebaut. Nur das Zschopauer Tor (1545) und der Rote Turm stammen aus früherer Zeit. Die spätgotische Stadtkirche **St. Marien** (um 1560) erhielt nach 1610 Renaissanceportale an den Chorwänden, ein Kreuzgewölbe und eine reich verzierte Sandsteinkan-

zel. Ein kurzer Abstecher führt nach **Schloss Wolkenstein:** Sein Museum informiert über Zünfte, Gewerbe und Traditionen (Di–So 10–17 Uhr).

❯ Freiberg – Wo alles begann

Über **Olbernhau**, die einstige Bergbau- und zweite traditionelle Spielzeugmacherstadt des Osterzgebirges an der Grenze zu Tschechien (mit

---

❯❯ Allgemeine Infos

❯❯**Tourist-Information Zwickau,** Hauptstr. 6, 08056 **Zwickau**, Tel. (03 75) 1 94 33, Fax 29 37 15, www.kultourz.de
❯❯**Tourist-Information Annaberg-Buchholz,** Markt 1, 09441 **Annaberg-Buchholz**, Tel. (0 37 33) 1 94 33, Fax 42 51 85, www.annaberg-buchholz.de
❯❯**Tourist-Information Freiberg,** Burgstr. 1, 09599 **Freiberg,** Tel. (0 37 31) 1 94 33, Fax 27 32 60, www.freiberg.de
❯❯**Dresden-Werbung und Tourismus GmbH,** Ostra-Allee 11, 01069 **Dresden,** Tel. (03 51) 49 19 21 30, Fax 49 19 21 16, www.dresden-tourist.de

❯❯ Essen und Unterkunft

❯❯**Zwickau:**
Holiday Inn, Kornmarkt 9, Tel. (03 75) 2 79 20, Fax 2 79 26 66, www.ichotels group.com. Businesshotel im Zentrum der Altstadt. Das Hotelrestaurant **Pavillon** serviert mediterran und asiatisch inspirierte Küche. ◯◯◯
Drei Schwäne, Tonstr. 1, Zwickau-Schedewitz, Tel. (03 75) 2 04 76 50, www.drei-schwaene.de. Provenzalisches Dekor und die beste mediterrane Küche Zwickaus, serviert von einem jungen elsässischen Koch. ◯◯–◯◯◯

❯❯**Schneeberg:**
Berghotel Steiger, Am Mühlberg 2a, Tel. (0 37 72) 3 94 90, Fax 39 49 69, www.berghotel-steiger.de. Die ehemalige sog. Russenkaserne ist heute ein komfortables Wellness-Hotel mit Aussicht auf Schneeberg. Das Restaurant serviert erzgebirgische Spezialitäten wie Ardäpplklitscher, Buttermilchgetzen und Schwammepfann. ◯◯◯
❯❯**Annaberg-Buchholz:**
Goldene Sonne, Adam-Ries-Str. 11, Tel. (0 37 33) 2 21 83, Fax 2 49 87, www. goldene-sonne.de. Modernisierter Altbau im Herzen der Stadt. Das Restaurant bietet Erzgebirgsküche, im Sommer auch auf der schönen Terrasse. ◯◯
❯❯**Freiberg:**
Silberhof, Silberhofstr. 1, Tel. (0 37 31) 2 68 80, Fax 26 88 78, www.silberhof.de. Romantisches Jugendstilhotel mit eleganten Zimmern und Restaurant. ◯◯
❯❯**Dresden:**
Bülow Residenz, Rähnitzgasse 19, Tel. (03 51) 8 00 30, Fax 8 00 31 00, www.buelow-residenz.de. In einem der schönsten barocken Herrenhäuser Sachsens besticht das Hotel durch Zimmer mit elegantem Kirschbaummobiliar und ein Gourmetrestaurant. ◯◯◯

» Im Überblick

Kontakt: Ferienstraße Silberstraße e. V.,
Bergstr. 22, 08301 Bad Schlema,
Tel. (0 37 71) 5 58 00, Fax 55 80 25,
www.silberstrasse.de

Streckenlänge: ca. 230 km

Bundesland: Sachsen

Reiseplanung: mindestens 3 Tage,
für den Besuch Dresdens am besten zusätzlich
1 bis 2 Tage

Denkmalskomplex Saigerhütte) erreicht man **Freiberg,** Sachsens älteste und bedeutendste Bergstadt. Hier wurde 1168 das erste Silber gefunden. Markgraf Otto von Meißen erklärte den Fundort zum »freien Berg« und löste damit einen Silberrausch aus. Bis ins späte 15. Jh. hinein war Freiberg Sachsens reichste Stadt. Zeuge dieser Glanzzeit ist der spätgotische **Dom St. Marien** am Untermarkt. Besonders bewundert werden die Goldene Pforte aus Sandstein (um 1230), Deutschlands ältestes Figurenportal, und die filigrane Tulpenkanzel aus Tuffstein (1510). Mit etwas Glück erlebt man ein Konzert auf einer der größten und frühesten Silbermann-Orgeln (1711 bis 1714).Weitere Silbermann-Orgeln erklingen in der **Petrikirche** (15. Jh.), deren Turm man besteigen kann, und in der **Jacobikirche.** Im Domherrenstift besichtigt man das **Stadt- und Bergbaumuseum** mit Sakralkunstwerken und Goldschmiedearbeiten (Di–So 10–17 Uhr). Auch die **Minera-**logische Sammlung der 1765 als älteste montanwissenschaftliche Hochschule der Welt gegründeten Bergakademie lohnt einen Besuch (Mi–Fr 9–12, 13–16, Sa 9 bis 16 Uhr). Sehenswürdigkeiten am Obermarkt sind das **Rathaus** (ab 1410, zuletzt 1920 umgebaut), dessen Porzellanglockenspiel um täglich 11.15 und 16.15 Uhr das Steigerlied der Bergleute intoniert, sowie die einstige Ratsherrentrinkstube mit prunkvollem Frührenaissanceportal. Für Spannung sorgen Besichtigungen des **Silberbergwerks Reiche Zeche** (Untertagefahrt und -lehrpfad) und des **Schachts Alte Elisabeth.**

Prachtvoller Abschluss der Reise ist **Dresden.** Wer eine Eintrittskarte für das 2006 im Erdgeschoss des Schlosses wiedereröffnete **Historische Grüne Gewölbe** von 1723 ergattert, bestaunt ein barockes Gesamtkunstwerk mit einer der kostbarsten Schatzkammern Europas, die auch demonstriert, zu welchen Kostbarkeiten man das Silber des Erzgebirges einst verarbeitete.

Deutsche Edelsteinstraße

» Auf dieser Fahrt durch eine der schönsten Mittelgebirgslandschaften Deutschlands rund um die Edelsteinhochburg Idar-Oberstein lernt man Deutschlands Schatztruhe kennen.

› Wahrzeichen Idar-Obersteins ist die Felsenkriche

» **Nirgendwo auf der Welt erfährt man auf so engem Raum so viel über Pretiosen. Im Raum Hunsrück-Nahe führt die 1974 gegründete Deutsche Edelsteinstraße abseits von Lärm und Hektik zu vielen Orten, die von der Edelsteinverarbeitung geprägt wurden. In Schmuckbetrieben kann man Schleifern und Graveuren bei der Arbeit zusehen. Außerdem veranschaulichen zwei Besucherbergwerke, der Edelsteingarten in Kempfeld, zahlreiche von Wasserrädern oder durch Elektrizität angetriebene Achatschleifereien sowie mehrere Museen die facettenreiche Welt der Edelsteine.**

Zwei miteinander verbundene Rundstrecken führen im Umkreis der Edelstein- und Schmuckmetropole Idar-Oberstein zu den 20 Ortschaften und vielen Sehenswürdigkeiten der Deutschen Edelsteinstraße. Radfahrer können die Landschaft auf dem Nahe-Radweg und auf der Radroute Nahe-Hunsrück-Mosel erkunden. Auf dem 22 km langen »Schleiferweg« lässt sich eine noch weitgehend intakte Mittelgebirgslandschaft mit viel Wald um Idar-Oberstein erwandern. Und: Die nächste Bushaltestelle ist nie weit.

› In der Schmuckhauptstadt Deutschlands

Gleich zwei Museen widmen sich der preziösen Vergangenheit von **Idar-Obarstein.** In einer denkmalgeschützten Gründerzeitvilla mit sehenswer-

tem Treppenhaus und mächtiger Schieferhaube ist das **Deutsche Edelsteinmuseum** untergebracht (Hauptstr. 118, Mai bis Okt. 9.30–17.30, sonst 10–17 Uhr, Nov.–Jan. Mo geschl.; www.edelsteinmuseum.de). Es zeigt eine weltweit einmalige Sammlung wertvoller Mineralien aus allen fünf Erdteilen: Diamanten, Rubine, Saphire, Smaragde, Aquamarine, Granate und vielfarbige Turmaline. Neben rohen und geschliffenen Steinen präsentiert das Museum auch kunstvolle Skulpturen und Gravuren. Außerdem demonstriert es die Einsatzmöglichkeiten der Edel- und Halbedelsteine in Technik und Industrie.

Auch das am Fuß der beiden markanten Kirch- und Burgfelsen gelegene **Museum Idar-Oberstein** (Hauptstr. 436, März–Okt. tgl. 9–17.30, sonst 11–16.30 Uhr) widmet sich dem, was Idar-Oberstein in den letzten 500 Jahren bekannt und berühmt gemacht hat. Zu seinen Schätzen gehören Schmuckstücke von einheimischen Graveuren, Gold- und Silberschmieden aus zwei Jahrhunderten. Philtelisten staunen über die einmalige Motivsammlung von Mineralien und Edelsteinen auf Briefmarken. Man findet neben einer Mineralienkollektion auch Nachbildungen historischer Diamanten und – in einem der schönsten Kristallsäle Deutschlands – die größten je importierten Überseemineralien. Im faszinierenden Fluoreszenzkabinett lässt ultraviolettes Licht fluoreszierende Mineralien ganz anders leuchten als das Tageslicht.

Vom Obersteiner Marktplatz steigt man durch einen romantischen Buchenwald über etwa 230 Treppenstufen hinauf zur **Felsenkirche,** dem Wahrzeichen der Stadt. Noch heute kann man den im Kircheninneren aus der Felswand rieselnder Quell sehen, der vermutlich bereits der vorkeltischen Urbevölkerung heilig war. Der Sage nach wurde die kleine Kirche aus den Jahren 1482–1484 als Sühne für einen Brudermord des Ritters vom Oberen Stein erbaut. Schönstes Kunstwerk ist der um 1410 gemalte gotische Flügelaltar eines unbekannten Meisters der Mainzer Schule mit vier Passionsmotiven und der Kreuzigung Christi als Hauptbild. Dazu kommen wertvolle Tafelmalereien, kunstvolle Ornamentschnitzereien und eine original Stumm-Orgel aus dem Jahr 1756. An die einst reichen Achatvorkommen der örtlichen Minen erinnert das naturgewachsene Achatkreuz.

An der Felsenkirche vorbei steigt man weiter auf zu den Ruinen der beiden mittelalterlichen Wehranlagen **Burg Bosselstein** und **Schloss Oberstein.** Von hier schweift der Blick über die Stadt, in das Nahetal und hinein ins Hunsrück. Wieder unten im Stadtzentrum spaziert man durch die reizvolle Fußgängerzone im Stadtteil Idar. Hier zieht ein mit Edelsteinen besetzter Bachlauf seine Bahn, und sogar eine **Edelsteinweltkarte** und eine **Edelsteinweltkugel** sind zu bestaunen.

Nachdenklich stimmt die inmitten herrlicher Landschaft gelegene historische wassergetriebene **Weiherschleife** tief drunten am Idarbach. Bei Vorführungen werden Edelsteine bäuchlings auf dem traditionellen Kippstuhl liegend bearbeitet, der es dem Schleifer ermöglichte, den Stein bei Bedarf fest an den rotierenden Schleifstein zu pressen. Das Sprühnebelgemisch aus Abriebpartikeln und kaltem Wasser, das während des Schleifvorganges permanent über den Schleifstein geleitet wurde, führte zu Staublungen und Gelenkentzündungen. Neu ist eine Multimedia-Show unter dem Motto »Das Geheimnis der Edelsteine«; außerdem wurde ein Mineralienraum eingerichtet, der besonders Esoteriker fasziniert.

Ein geologischer Lehrpfad bringt Hobby-Mineralogen im Stadtteil Algenrodt vom Parkplatz zum **Steinkaulenberg** am südwestlichen Kamm des Galgenbergs. Die wohl größte Achatmine Europas wurde nach aufwendigen Freilegungs- und Sicherungsarbeiten als Schaubergwerk eröffnet. Auf die Besucher wartet eine märchenhafte Untertage-Szenerie aus Felssäulen, Grotten, Moosen und Farnen. Überall funkeln Steinmandeln und halbrunde Drusen mit Achaten und makrokristallinen Quarzen. Dabei ist all dies nur der klägliche Rest eines längst ausgebeuteten Vorkommens. In einem speziellen Schürfstollen können Schatz-

> Schöne Achatdruse

Im Überblick

Kontakt: Deutsche Edelsteinstraße, Brühlstr. 16, 55756 Herrstein, Tel. (0 67 85) 7 91 03, Fax 7 91 20, www.edelsteinstrasse.de
Streckenlänge: 23 km (innere Route) bzw. 48 km (äußere Route). Kombination beider Rundstrecken möglich.
Bundesland: Rheinland-Pfalz
Reiseplanung: 2–3 Tage

sucher und Sammler nach Herzenslust Achate, Amethyste, Jaspis und andere Quarze schürfen – unter bergmännischer Aufsicht (nach Voranmeldung). Die Stollen und Weitungen liegen inmitten eines Naturschutzgebiets.

❯ Edle Steine und gute Tropfen

Danach empfiehlt sich ein Abstecher in die benachbarten Schleiferdörfer **Hettenrodt** und **Kirschweiler** an der Ferienstraße. Hier demonstrieren mehrere Edelsteinschleifereien, wie man Rohsteine zu Schmuckobjekten verarbeitet. An Wegböschungen, Verwitterungshängen und Feldrainen findet man Schlifferdreck – nicht mehr schleifbare Edelsteinbruchstücke.

Im Edelsteingarten von **Kempfeld** können Sie mehr als 100 Rohsteine, auf Pfosten präsentiert, bestaunen und anfassen. Kleine Tafeln informieren über die heilende Wirkung bestimmter Steine. In einer Edelstein-Hobby-Schleiferei darf man sich unter fach-

männischer Anleitung am Schleifen selbstgefundener Steine versuchen. In der Umgebung warten Wälder mit unberührter Natur und sauberer Luft auf Wanderer. Besonders beliebt ist die **Wildenburg** bei Kempfeld mit Wildfreigehege, durch das Rothirsche, schwarze und weiße Damhirsche, Kamerunschafe und Luchse streifen. Der schönste Blick weit über die Hochebenen des Hunsrücks und die Höhenzüge des Idarwaldkopfes bietet sich vom Aussichtsturm der Felskuppe, auf der einst der Bergfried der mittelalterlichen Wildenburg stand.

In der historischen Alten Wasserschleiferei Biehl in **Asbacher Hütte,** zwischen Herrstein und Kempfeld, kann man Ernst Biehl jun. beim Schleifen von Achaten nach althergebrachten Techniken erleben. Beleuchtet wird die Szenerie von einer originalen Kohlefadenlampe von Edison aus dem Jahre 1910.

Ein Schatzkästchen anderer Art ist das malerische Städtchen **Herrstein,** das zu Verkostungen guter Naheweine einlädt. Das mittelalterliche Ensemble aus über 50 Häusern in Schiefer und Fachwerk mit engen Gassen, stillen Winkeln und Uhrturm aus dem 13. Jh. ist für das Hunsrück einzigartig. Im Schinderhannes-Turm am historischen Marktplatz war der legendäre Räuber 1798 eine Nacht lang eingekerkert. Vom ehemaligen Bergfried eröffnet sich eine traumhafte Aussicht über die Schieferdächer der Altstadt.

Noch ein Erlebnis unter Tage bietet das 1461 erstmals erwähnte historische **Kupferbergwerk Fischbach** (tgl. 10–17 Uhr), das bis zu seiner Stillegung Ende des 18. Jhs. eines der bedeutendsten in Deutschland war. Scheinwerfer sorgen für ein grandioses Farbspiel in allen Naturtönen an den Wänden. Überall wachsen kleine Kristalle und Tropfsteine. Bis zur Einstellung der Förderung wurden 400 000 Tonnen verhüttfähiges Kupfererz aus dem Berg geholt. Mit Schlägel, Eisen und Keilhaue quälten sich die Arbeiter damals kniend und gebückt in den Berg. Als Licht diente eine funzelige Öllampe. Nein, nicht alles funkelte an der Deutschen Edelsteinstraße.

›› Allgemeine Infos

›› **Tourist Information,** Georg-Maus-Str. 1, 55743 **Idar-Oberstein,** Tel. (0 67 81) 6 44 21, Fax 6 44 44, www.idar-oberstein.de
›› **Ortsgemeinde Herrstein,** Brühlstr. 10, 55756 **Herrstein,** Tel./Fax (0 67 85) 77 68, www.herrstein.de

›› Essen und Unterkunft

›› **Idar-Oberstein:**
Parkhotel Idar-Oberstein, Hauptstr. 185, Tel. (0 67 81) 5 09 00, Fax 5 09 05 00, www.parkhotel-idaroberstein.de. Teils stilvolle, sehr schöne Zimmer. Das Restaurant serviert klassische und regionale Küche, der Weinkeller führt viele Gewächse von der Nahe. ○○–○○○
Hotel-Restaurant Schlossschenke, Hauptstr. 442, Tel. (0 67 81) 2 28 53, Fax 12 33, www.schlossschenke-oberstein.de. Fachwerkhaus mit komfortablen Zimmern und guter Küche in rustikalem Ambiente, direkt gegenüber dem Museum Idar-Oberstein. ○○

Edelsteinhotel, Hauptstr. 302, Tel. (0 67 81) 5 02 50, Fax 50 25 50, www.edelstein-hotel.de. Angenehmes Haus mitten im Zentrum der Stadt, mit Sauna und Hallenbad. ○–○○
Waldschenke Wäschertskaulen, Auf Wäschertskaulen, Tel. (0 67 81) 4 51 00. »Spießig« wird hier der original Idar-Obersteiner Schwenkbraten serviert: marinierte und »geschwenkte« (gegrillte) Nackenkoteletts. ○○
›› **Kempfeld:**
Wildenburger Hof, Wildenburger Str. 17, Tel. (0 67 86) 70 33, Fax 71 31, www.wildenburger-hof.de. Moderne Zimmer mit toller Hunsrück-Aussicht. Das Restaurant tischt Wildgerichte aus heimischen Wäldern auf, am Wochenende gibts hausgemachten Kuchen. ○
›› **Herrstein:**
Café Zehntscheune, Schlossweg 73, Tel. (0 67 85) 16 58, www.zehntscheune.de. In dem alten Fachwerkhaus munden Gerichte wie Hunsrücker Saumagen sowie Obstaufläufe und Kuchen. ○–○○

Märkische Eiszeitstraße

Zwischen Havel und Oder durchzieht die
Märkische Eiszeitstraße seengebiete, Wälder und
Flussauen von Uckermark und Schorfheide
in Brandenburg.

> Seengebiete der Uckermark: Refugium vieler Tiere

Auf der Märkischen Eiszeitstraße lernt man die poetisch herben, durch die letzte Eiszeit geprägten Landschaften im Nordosten Brandenburgs kennen. Neben Grund- und Endmoränen, Sandern und Urstromtälern findet man geologische Sonderformen und Geotope, aber auch Binnendünen, Trockentäler und Findlinge. In den Landkreisen Barnim und Uckermark hat man 786 Seen von über 1 ha Fläche gezählt, auch Schilfflächen, Sümpfe und Moore sind hier zahlreich: Lebensraum für seltene Orchideen und Tiere wie Seeadler, Uhu und Fischotter. Dazu kommen schöne Beispiele norddeutscher Backsteingotik wie die Ruine des Klosters Chorin oder das von mittelalterlichen Mauern umgebene Templin. Ein eindrucksvolles Denkmal der Technik ist das Schiffshebewerk in Niederfinow.

Die Strecke verbindet zwölf Startpunkte für kürzere Regionalrouten, darunter Bernau, Templin, Prenzlau, Schwedt, Angermünde und Eberswalde. Sie sind alle mit öffentlichen Verkehrsmitteln ab Berlin erreichbar. Orientierungstafeln erklären geologische Besonderheiten, und die Seenlandschaften verlocken zu erholsamen Rad- und Kanutouren.

〉 Im Barnimer Land

Bernau bei Berlin ist die erste Station auf der Märkischen Eiszeitstraße. Die 700 Jahre alte Stadt erlebte ihr größtes architektonisches Desaster, als die DDR-Regierung viele Fachwerkhäuser in der Innenstadt durch Plattenbauten ersetzen ließ. Unangetastet blieben das imposante Steintor, heute Heimatmuseum, sowie die spätgotische St. Marienkirche, in der ein Flügelaltar aus der Schule von Lucas Cranach d. Ä. (um 1520) und ein Triumphkreuz zu sehen sind. Im alten Henkerhaus zeigt man Folterinstrumente. Auch das älteste Haus der Stadt, das Kantorhaus in der Tuchmacherstraße, blieb vom sozialistischen Abriss verschont.

Wie der Wohngeschmack der SED-Oberen aussah, kann man in **Wandlitz** sehen: bieder, spießig und banal. Von hier führt die Ferienstraße nach **Groß Schönebeck,** einem guten Ausgangspunkt für Ausflüge in den **Wildpark Schorfheide**, ein besonders geschütztes Areal im **Biosphärenreservat Schorfheide-Chorin.** Die Schorfheide, entstanden während der Weichseleiszeit vor etwa 12 000 Jahren, ist eine wunderbar stille Landschaft mit Mooren, Wiesen und Äckern. Ihre Wälder waren bevorzugtes Jagdrevier von Kurfürsten, Königen, Kaisern, Nazigrößen und SED-Prominenz, daher gab es früher viel zu viel Rot-, Dam- und Schwarzwild. Heute können See-, Fisch- und Schreiadler wieder ungestört brüten, in den Feuchtgebieten fühlen sich Kraniche, Schwarzstörche, Fischotter und Sumpfschildkröten wohl. In der Landwirtschaft arbeiten zunehmend Ökobetriebe.

Jetzt zieht sich die Ferienstraße am Westufer des **Werbellinsees** entlang, das alte Eichen säumen. Vom Balkon des pseudobayrischen **Jagdschlosses**

Im Überblick

Kontakt: Gesellschaft zur Erforschung und Förderung der Märkischen Eiszeitstraße e.V., Dr.-Zinn-Weg 18, 16225 Eberswalde, Tel. (0 33 34) 6 42 46, Fax 33 31 36, www.eiszeitstrasse.de

Streckenlänge: ca. 340 km

Bundesland: Brandenburg

Reiseplanung: 3–4 Tage

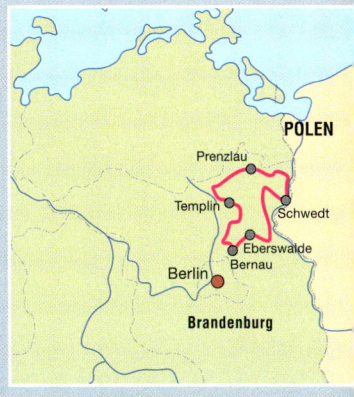

Hubertusstock (heute Tagungshotel) bewarfen Helmut Schmidt und Erich Honecker im Dezember 1981 handverlesenes DDR-Volk mit Schnee, und weiter nördlich, in **Joachimsthal** am Grimnitzsee, spazierte der Bundeskanzler über einen von der Stasi fürsorglichst überwachten Weihnachtsmarkt. Heute sorgen Künstler und Designer hier für Kulturprojekte, und in der Grimnitzer Glasstube wird alte Handwerkskunst gepflegt.

In der Uckermark

In der uckermärkischen Stadt **Templin** mit vielen Fachwerkhäusern hat Bundeskanzlerin Angela Merkel ihre Jugend verbracht. Die Stadtmauer aus dem 13. und 14. Jh. ist mit all ihren Türmen und Wiekhäusern erhalten geblieben. Die gotische St. Georgenkapelle neben dem Berliner Tor besitzt ein Kreuzrippengewölbe und einen spätgotischen Schnitzaltar. Am quadratischen Marktplatz erhebt sich das barocke Rathaus aus dem 18. Jh.

Gleich fünf Seen laden in der Umgebung zum Baden und Boot fahren ein.

Originell lässt sich die Weiterfahrt gestalten: mit einer Raddraisinenfahrt von Templin nach **Lychen.** Hier ist man mittendrin im reizvollen **Naturpark Uckermärkische Seen.** Per Boot oder Kanu kann man tagelang die Gegend erkunden, bewacht von über den Seen kreisenden Adlern.

Während die Draisine weiter nach Fürstenberg an der Havel rattert, geht es auf der Eiszeitstraße ostwärts durch die **Brüsenwalder Heide** zum **Großen Küstrinsee,** zum **Haussee** und nach **Boitzenburg,** wo ein im Stil der Neorenaissance überformtes verspieltes Schloss zum Hotel mit Ponyhof wurde.

Nächste Station ist **Prenzlau** am Unteruckersee. Teile der Stadtmauer mit Wiekhäusern blieben erhalten. Die um 1250 als erste gotische Hallenkirche Norddeutschlands errichtete Marienkirche wurde nach dem Zweiten Weltkrieg wiederaufgebaut. Das frühgotische Dominikanerkloster hat die

Zeiten besser überstanden: Heute erlebt man in der restaurierten Anlage mit erhalten gebliebener dreischiffiger Hallenkirche, Kreuzgang, Refektorium mit Wandmalereien, Frauenkapelle und Sakristei mit ihren filigranen Säulen ein buntes Kulturprogramm. Das kulturhistorische Museum (Di bis So 10–17 Uhr) präsentiert u. a. eine Sammlung mittelalterlicher Plastiken.

❯ Im unteren Odertal

Über Schmölln und Penkun am **Randowbruch,** einem Gletscher- und Urstromtal, führt die Eiszeitstraße in den **Nationalpark Unteres Odertal** (Nationalparkhaus im Criewen, s. rechts). Die größte noch intakte mitteleuropäische Flussaue erkundet man am besten auf Radwanderwegen. Hier brüten seltene Vogelarten – im Frühjahr

❯❯ Allgemeine Infos

❯❯ Tourismus-Service Templin e.V., Obere Mühlenstr. 11, 17268 **Templin,** Tel. (0 39 87) 26 31, Fax 5 38 33, www.tourismus-service-templin.de

❯❯ Uckermärkischer Verkehrsverein Prenzlau e.V., Friedrichstr. 2, 17291 **Prenzlau,** Tel. (0 39 84) 83 39 52, Fax 83 39 54, www.prenzlau.de

❯❯ Tourismusverein Am Unteren Odertal e.V., Vierradener Str. 36, 16303 **Schwedt/Oder,** Tel. (0 33 32) 2 55 90, Fax 25 59 59, www.unteres-odertal.de

❯❯ Tourismuszentrum Eberswalde, Am Alten Walzwerk 1, 16227 **Eberswalde,** Tel. (0 33 34) 38 49 10, Fax 38 49 20, www.eberswalde.de

❯❯ Essen und Unterkunft

❯❯ Templin:
Hotelpension Mühlenseeperle, Am Mühlentor 2, Tel. (0 39 87) 5 09 50, Fax 5 09 60, www.muehlenseeperle.de. Komfortable Zimmer mit Seeblick. Das rustikale Restaurant serviert Fisch und Wild aus der Umgebung und organisiert mittelalterliche Tafelrunden. ○○

❯❯ Boitzenburg:
Landhaus Buchenhain, Buchenhain 32, Tel. (03 98 89) 50 96 48, Fax 50 94 83, www.landhausbuchenhain.de. Wellness-Refugium in kleinem Landhotel mit stilvollen oder rustikalen Zimmern. Gesunde uckermärkische Küche mit großem Angebot für Vegetarier. ○–○○

❯❯ Prenzlau:
Hotel Wendenkönig, Neubrandenburger Str. 66, Tel. (0 39 84) 86 00, Fax 86 01 51, www.hotel-wenden koenig.de. Ruhige gemütliche Zimmer und uckermärkische Küche wie Wutschnudeln (Stampfkartoffeln) oder Wrukenproppers Leibgericht (Kohlrübenmus mit Kassler). ○–○○

❯❯ Schwedt-Criewen:
Pension Storchennest, Elke Bartsch, Bernd-von-Arnim-Str. 15, Tel./Fax (0 33 32) 51 63 67, www.pension-storchennest-criewen.de. Nette Unterkunft am Nationalpark mit komfortablen, preiswerten Zimmern und tatsächlich Störchen auf dem Dach. ○

❯❯ Sandkrug:
Seehotel Mühlenhaus, Ragoeser Mühle 1, Tel. (03 33 66) 5 23 60, Fax 5 23 69, www.hotel-muehlenhaus.de. Schöne Hotelanlage am Großen Heiligen See im Biosphärenreservat Schorfheide mit komfortablen Zimmern und Ayurveda-Angebot. ○–○○

Bekassine und Kampfläufer, im Sommer Wachtelkönig und Seggenrohrsänger –, während im Herbst riesige Schwärme von durchziehenden Wasservögeln eine Rast einlegen. Der schönste Blick auf die unberührte und oft überflutete Flusslandschaft bietet sich vom Stettiner Berg in **Mescherin:** Gedankenverloren folgt der Blick dem Flug eines Reihers oder einem langsam dahinziehenden Oderdampfer.

Das im Naturschutzgebiet Gartzer Schrey gelegene **Gartz** besitzt eine teilweise restaurierte spätgotische Hallenkirche. Weiter südlich liegt **Friedrichsthal,** ein historisches Reihendorf. Dann ist **Schwedt** an der Oder erreicht. Seine hübsche, barocke Französische Kirche wird heute als Konzertsaal Berlischky-Pavillon genutzt. In der Louis-Harlan-Straße blieben eine Mikwe (jüdisches Ritualbad) und der jüdische Friedhof erhalten. Sehenswert ist auch das in einer einstigen Tabaktrockenscheune eingerichtete Tabakmuseum Vierraden (April–Sept. Di–Do 10–16, Sa, So 10–17 Uhr). Im Ortsteil **Criewen** wachen alte Eichen und Sumpfzypressen über ein Schloss mit seinem 1820 von Lenné gestalteten Schlosspark.

Durch das Welsebruch führt die Eiszeitstraße wieder in die Uckermark nach **Gramzow** (Eisenbahnmuseum), knickt nach Süden ab und erreicht das von Fachwerkhäusern geprägte Städtchen **Angermünde,** einst Mitglied der Hanse. Von dieser Zeit zeugen der Pulverturm, zwei Kirchen (St. Marien mit Barockorgel) und Reste der Stadtmauer. Die Umgebung durchziehen wunderschöne Kastanienalleen.

› Zurück in die Schorfheide

Über **Bad Freienwalde** im Niederoderbruch, das Kuranlagen aus dem 19. Jh. besitzt, geht es nach **Eberswalde** am Finowkanal. Der **Forstbotanische Garten** zählt zu den ältesten Europas. In der Nähe liegt das 1934 eingeweihte Schiffshebewerk **Niederfinow:** Hier fahren Schiffe Fahrstuhl!

Vor der Rückfahrt nach Bernau und Berlin geht es noch kurz nach Norden: Die filigrane Westfassade des Zisterzienserklosters **Chorin** (13. Jh.) ist ein Juwel norddeutscher Backsteingotik. Begehrt sind Karten für den Choriner Musiksommer (Juni bis Aug., www.choriner-musiksommer.de): idealer Ausklang für die Reise durch ein Stück schönes stilles Deutschland.

› Das Schiffshebewerk Niederfinow

Idyllische Straße

> Auf einer Rundfahrt durch den Naturpark Schwäbisch-Fränkischer Wald lernt man eine der schönsten Wanderlandschaften Süddeutschlands kennen.

› Riesige Felsformationen kennzeichnen den Naturpark

Gemütliche Städtchen und Dörfer, Burgen und Schlösser, von Schluchten durchzogene Wälder, liebliche Täler, orchideenreiche Feuchtwiesen, kleine Bäche, klappernde Mühlen, Badeseen und Streuobstwiesen kennzeichnen den Naturpark, den die schnurgerade Trassierung des römischen Limes durchschneidet. Vor allem die Stuttgarter fahren gern in das Bergland nordöstlich der Landeshauptstadt.

Nur 40 km nordöstlich von Stuttgart verläuft die schon vor 40 Jahren gegründete Idyllische Straße auf verkehrsarmen Strecken – ideal für Radfahrer. Ein Regionalexpress mit Fahrradabteil fährt von Stuttgart nach Sulzbach an der Murr, Murrhardt und Gaildorf. Wanderer können von Stuttgart auch die S-Bahn bis Backnang nehmen und von dort Busse in verschiedene Orte der Ferienstraße.

Am Limes

Im Fachwerkstädtchen **Murrhardt,** (vgl. Deutschen Limesstraße, S. 209) birgt die gotische St. Walterichskirche einen holzgeschnitzten Passionsaltar (1525). Romanische Ornamentik zeigt die an die zweitürmige Stadtkirche angebaute Walterichkapelle. Am Marktplatz ist das Naturparkzentrum (Mi geschl.) ist mit seiner multimedialen Erlebnisschau und einer als Relief gestalteten Modelllandschaft erste Anlaufadresse für Wanderer und hält sogar ein kostenloses GPS-gestütztes System, den Wander-Walter, bereit.

Ein Highlight ist der 15 km lange **Limes-Wanderweg** von Murrhardt nach Mainhardt. Auf dem **Heidenbuckel** (536 m) hat man ein Stück Limes rekonstruiert: mit Waldschneise, Holzpalisade, Erdwall, Graben und 10 m hohem begehbarem Steinturm. Eine weitere Wanderung führt von Murrhardt zu den **Hörschbach-Wasserfällen** und dann auf einem Waldlehrpfad zum **Murrhardter Felsenmeer:** gigantische Felsblöcke mitten im Wald an der Flanke des Riesberges.

In **Welzheim** am Limes besucht man den Archäologischen Park im Ostkastell und den Stadtpark mit uralten Mammutbäumen. Wanderungen zu kleinen Seen und ins Naturschutzgebiet Strümpfelbachtal mit seinen Felsgruppen bieten sich an. Auch zu den Felsformationen von Brunnen- und Hägelesklinge führt ein Weg.

An Kocher, Rot und Murr

Auf dem Weg nach **Gschwend** liegt der **Schwabenpark Gmeinweiler,** ein Erlebnispark mit Wildwasserbahn und Freefall-Tower. Über **Eschach** geht es nach **Untergröningen** am Kocher. Lange Zeit war dessen Schlosskirche Ziel von Marienwallfahrten. Radfahrer nehmen nun den idyllischen Jagst-Kocher-Radweg nach **Sulzbach-Laufen** unterhalb der Burgruine Kransburg und nach **Gaildorf:** Sein Altes Schloss ist ein großartiger Fachwerkbau.

Die Idyllische Straße folgt jetzt dem Lauf der Rot, von **Fichtenberg** über **Oberrot** (mit Wasserrad und Hammerschmiede) nach **Mainhardt** (römischer Wachturm und Turmuhrenmuseum), das wieder am Limes liegt.

Im Überblick

Kontakt: Hohenlohe + Schwäbisch Hall
Tourismus e.V., Münzstraße 1,
74523 Schwäbisch-Hall,
Tel. (07 91) 7 55 74 44, Fax 7 55 74 47,
www.hs-tourismus.de
Streckenlänge: ca. 130 km
Bundesland: Baden-Württemberg
Reiseplanung: 1 Tag für die Rundfahrt mit
dem Auto, 3 Tage für eine Radrundfahrt,
plus Zeit für Wanderungen

In **Wüstenrot** lohnen Burg Maienfels, ein Silberstollen und das Bausparmuseum einen Halt. Beliebtes Ausflugsziel ist der **Hohenstein,** eine natürliche Brücke über eine kleine Schlucht. Vom 22 m hohen Turm auf dem **Juxkopf** (533 m) bei **Spiegelberg** bietet sich ein Ausblick auf die Löwensteiner Berge, die Wälder von Mainhardt und Murrhard sowie die Schwäbische Alb.

Durch das wildromantische Lautertal geht es weiter nach **Sulzbach/Murr.** Hier gibt Schloss Lautereck, ein Wasserschloss aus dem 16. Jh., ein schönes Fotomotiv ab. Dann spaziert man durch das Arboretum mit 20 Baumarten aus Asien und Nordamerika, bevor man entlang der Murr nach 7 km schließlich wieder den Ausgangspunkt Murrhardt erreicht.

Allgemeine Infos

›› **Touristik-Info im Naturparkzentrum,** Marktplatz 8, **Murrhardt,** Tel. (0 71 92) 21 37 77, www.naturpark-sfw.de

Essen und Unterkunft

75 Gastronomien in den Naturparkgemeinden bieten den Naturparkteller an: ein regionales Gericht, dazu ein Viertele heimischen Weins (Adressen unter www.naturpark-sfw.de).
›› **Gschwend:**
Herrengass, Welzheimer Str. 11, Tel. (0 79 72) 4 50, www.herrengass.de.

Das Restaurant serviert mediterran inspirierte feine Küche. Im Bistro Schublad kommen schwäbische Gerichte auf den Tisch. ○○
›› **Welzheim:**
Hotel Waldhorn, Rudersberger Str. 4, Tel. (0 71 82) 88 68, Fax 44 13. Fachwerkhaus mit modernen, aber gemütlichen Zimmern. ○—○○
›› **Wüstenrot:**
Hotel Raitelberg, Schönblickstr. 39, Tel. (0 79 45) 93 00, Fax 93 01 00. www.raitelberg.de. Modernes Wellness-Hotel im Grünen. ○○

Himmelswege

Der spektakuläre Fund einer 3600 Jahre alten Bronzescheibe mit Himmelsdarstellungen zog die Gründung
einer Ferienstraße nach sich, die in die astronomische
Vorgeschichte von Sachsen-Anhalt entführt

› Die Himmelscheibe misst im Durchmesser 32 cm

» **Sachsen-Anhalts »archäo-astronomische Kulturroute« verbindet seit 2005 vier Orte mit großer archäologischer Bedeutung. Die berühmte Himmelsscheibe von Nebra fand 2008 dauerhaft ihren Platz im Landesmuseum für Vorgeschichte in Halle. Bereits 2007 eröffnete das spektakuläre multimediale Besucherzentrum Arche Nebra am Mittelberg. Weitere Stationen sind das 2005 rekonstruierte älteste Sonnenobservatorium Europas in der Gemeinde Goseck sowie Langeneichstädt zwischen Nebra und Halle, wo ein altes Steinkammergrab und die Replik einer Dolmengöttin zu sehen sind.**

Bester Ausgangspunkt für einen Besuch der vier Standorte ist Naumburg an der Straße der Romanik (S. 92). Auf einer »Sternentour« kann man zunächst das 11 km nordöstlich von Naumburg gelegene Sonnenobservatorium Goseck besuchen. Dann fährt man von Naumburg auf der Straße der Romanik die Unstrut entlang in die Sektstadt Freyburg und weiter über Laucha zur Arche Nebra. In unmittelbarer Umgebung locken Ausflüge in den Naturpark Saale-Unstrut-Triasland. Anschließend geht es von Nebra via Steigra nach Langeneichstädt. Über Bad Lauchstädt (Gartenträume, S. 178) und Merseburg gelangt man nach Halle. Radfahrer können von Halle auf dem Saale-Radweg nach Goseck und Naumburg strampeln. Von hier erreicht man Nebra auf dem

Unstrut-Radwanderweg. Mit Weintouren entlang der Unstrut lässt sich die Reise ergänzen und verlängern.

› Himmelsscheibe in Halle

In einer Dauerausstellung zur Jungstein- und Bronzezeit in Mitteldeutschland ist seit Mai 2008 die auf dem Mittelberg bei Nebra gefundene Himmelsscheibe im Landesmuseum für Vorgeschichte (www.archlsa.de) von Halle zu sehen, zusammen mit zwei Schwertern, zwei Beilen, zwei Armspiralen und einem Meißel. Das Bildprogramm der rund 3600 Jahre alten goldblechverzierten Bronzescheibe zeigt den Vollmond bzw. die Sonne, den Sichelmond und die Plejaden vor einer symbolischen Darstellung des Nachthimmels. Später wurden zwei Horizontbögen, die den Jahresverlauf der Sonne widerspiegeln, sowie eine Sonnenbarke hinzugefügt.

› Die goldene Arche von Nebra

Im Juni 2007 wurde das hochmoderne **Besucherzentrum Arche Nebra** (April–Okt. tgl. 10–18, sonst Mo–Fr 10–16, Sa, So bis 17 Uhr) eröffnet, das sich ganz der Himmelsscheibe widmet. Ausstellungsgebäude und Aussichtsturm sind das Werk der Schweizer Holzer Kobler Architekturen.

Eine scheinbar schwebende goldene Barke empfängt Besucher auf einem Hügel über dem Unstruttal zwischen Nebra und Wangen. Aufwendige Inszenierungen mit 22-minütiger digitaler Planetariumshow unter der Sieben-Meter-Kuppel, dreidimensionalen Repliken von Sonne, Mond und

Im Überblick

Kontakt: Saale-Unstrut-Tourismus e.V., Lindenring 34, 06618 Naumburg, Tel. (0 34 45) 23 37 90, Fax 28 31 05, www.himmelswege.de

Streckenlänge: ca. 130 km.

Bundesland: Sachsen Anhalt

Reiseplanung: 2 Tage für die vier Stationen der Himmelswege, bei zusätzlichem Besuch von Naumburg, Merseburg und Querfurt 4 Tage

dem Sternbild der Plejaden, Schrifttafeln und Comics illustrieren das Universum der Bronzezeit. Ein Kasperltheater erzählt humorvoll den Entdeckungskrimi: Die Scheibe wurde 1999 von Raubgräbern aufgespürt und verkauft. 2002 konnte man sie schließlich sicherstellen. Die unehrlichen Finder bekamen Bewährungsstrafen wegen Hehlerei. Aufwendige Untersuchungen haben den Vorwurf, der Fund sei eine Fälschung, entkräftet: Auf der Himmelsscheibe von Nebra ist tatsächlich die bislang älteste konkrete Himmelsdarstellung der Menschheitsgeschichte abzulesen, doch ihre erstaunlich komplexe Symbolik gibt Forschern noch Rätsel auf.

Durch ein riesiges Fenster blicken Besucher der Arche wie von einer Kanzel hinüber zum 3,5 km entfernten Aussichtsturm auf dem schon in der Jungsteinzeit besiedelten Mittelberg. Wo die Gräber 1999 auf die um 1600 v. Chr. vergrabene Himmelsscheibe stießen, ragt nun der an eine Skulptur erinnernde, 30 m hohe, um 10° geneigte Turm als Zeiger einer überdimensionalen Sonnenuhr auf. Ein senkrechter Schlitz teilt den Turm entlang des leuchtend gelben Treppenaufstiegs in zwei Hälften und markiert die Sichtachse zum Brocken im Harz. Den exakten Fundort zeigt ein »Himmelsauge«: eine leicht gekrümmte Scheibe aus poliertem Edelstahl.

› Pfahlhenge und Dolmengöttin

Nördlich von Naumburg wurde das rund 7000 Jahre alte steinzeitliche **Sonnenobservatorium von Goseck** rekonstruiert. Die gewaltige, 1991 von Luftbildarchäologen entdeckte Kreisgrabenanlage mit 75 m Durchmesser ist 3000 Jahre älter ist als Stonehenge, bestand aber aus längst verrotteten Holzpalisaden. Um Besuchern einen Eindruck zu vermitteln, wie dieser hölzerne »Sonnenkalender« zur Bestimmung der Saat- und Erntezeiten ausgesehen haben könnte, rammte man 1675 je 2,60 m lange Eichenstämme in einem Doppelkreis in den Boden und umgab den Kreis mit einem Graben. Wie hoch die Holzpalisaden in der Steinzeit tatsächlich waren, ist allerdings ungewiss. Sei's drum: Esoteriker haben diese Kultstätte für sich entdeckt, und zur Winter- und Sommersonnenwende wird hier gefeiert, heute allerdings ohne rituelle Menschenopfer! Im nahe gelegenen schönen Schloss wurde ein Infopoint eingerichtet. (Führungen durch das Gelände Sa, So 14.30 und 15.15 Uhr.)

In **Langeneichstädt** wurde 1987 ein jungsteinzeitliches Steinkammergrab (3600 bis 2700 v. Chr.) entdeckt, das neben Schmuckstücken aus Tierzähnen, Kupfer, Knochen und Bernstein auch eine 1,76 m hohe Menhirstatue mit eingeritzten Darstellungen einer Dolmengöttin und einer Axt als männliches Symbol enthielt. Das Original wurde ins Landesmuseum für Vorgeschichte in Halle verbracht, vor Ort ist eine Replik zu sehen (frei zugänglich). Am Pfingstsonntag lädt der Warteverein Langeneichstädt zu einem Fest auf dem Freigelände ein. Dann kann man die weithin sichtbare Eichstädter Warte, einen mittelalterlichen Wachturm, besteigen.

Allgemeine Infos

>> **Arche Nebra – Die Himmelsscheibe erleben,** An der Steinklöbe 16, 06642 **Wangen,** Tel. (03 44 61) 2 55 20, www.himmelsscheibe-erleben.de

>> **Informationszentrum Sonnenobservatorium,** Gosecker Sonnenobservatorium e.V., Burgstr. 53/Schloss, 06667 **Goseck,** Tel. (0 34 43) 28 44 89, www.gosecker-sonnenobservatorium.de.

>> **Warteverein e.V. Langeneichstädt,** Bernhard Kaminsky, Ortsteil Langeneichstädt, Pfarrgasse 2, 06268 **Mücheln/ Geiseltal,** Tel. (03 46 36) 6 16 27.

Essen und Unterkunft

(siehe auch Straße der Romanik, S. 91, und Gartenträume, S. 178)

>> **Nebra:**
Akzent Schlosshotel Unstrut Residenz, Schlosshof 4, Tel. (03 44 61) 2 62 80, Fax 2 62 83 40, www.akzent.de. Neorenaissancegebäude neben der Burgruine mit geschmackvollen Zimmern. ○○

Jugendherberge Zur Himmelsscheibe von Nebra, Altenburgstr. 29, Tel. (03 44 61) 2 54 54, Fax 2 54 56, www.jugendherberge.de/jh/nebra. Am Stadtrand hoch über dem Unstruttal, in der Nähe eines Freibads. 140 Betten. ○○

>> **Freyburg:**
Berghotel zum Edelacker, Schloss 25, Tel. (03 44 64) 3 50, Fax 3 53 33, www.edelacker.de. Komforthotel in der Stadt des Rotkäppchensekts (8 km nördl. von Naumburg) mit großzügigen Zimmern und herrlicher Aussicht. Drei Restaurants, Sauna und Dampfbad. Wein- und Sektverkostungen. ○○

Küchenmeisterey Schloss Neuenburg, Schloss 1, Tel. (03 44 64) 6 62 00, www.heureka-gastro.de. Historische Gerichte nach altüberlieferten Rezepten und »mehrgängige Tafeleyen«. ○○

>> **Goseck:**
Schloss Goseck, Tel. (0 34 43) 28 44 88, Fax 28 44 83, www.schlossgoseck.de. Einfache Zimmer, Schlossschenke. ○○

Gartenrouten zwischen den Meeren

Sechs Touren zu den vielen versteckten grünen Kleinoden Schleswig-Holsteins: barocke Anlagen, romantische Bauerngärten, großzügige Landschaftsparks und avantgardistische Künstlergärten.

> Blick auf Plön in der Holsteinischen Schweiz

» **Die Gartenrouten zwischen den Meeren** erschließen einige der schönsten grünen Oasen des nördlichsten deutschen Bundeslandes. Manche sind berühmt wie der Barockgarten von Schloss Gottorf und der von der Aufklärung geprägte Schlossgarten von Eutin. Einige Bauerngärten Angelns kennt man aus dem Fernsehen, andere sind noch Geheimtipps. Alte Lindenalleen, seltene Rosenzüchtungen und idyllische Wege, auf denen sich Ausblicke über das weite Land mit seinen heckengesäumten Wiesen und Feldern bieten, machen den Reiz der noch weitgehend unbekannten Ferienrouten aus.

Auf bislang sechs Routen kann man immer wieder das Auto stehen lassen und sich aufs Fahrrad schwingen. Besonders das Land an der Schlei und die Holsteiner Schweiz lohnen einen längeren Aufenthalt, und fast immer liegt auch die Ostsee ganz in der Nähe.

❯ Märchenhafte Schleigärten

Die wohl schönste der sechs Routen führt durch die Landschaft der Schlei nordöstlich von Schleswig. Hier entstand ab 1637 mit dem **Neuwerkgarten von Schloss Gottorf** der erste Barockgarten Mitteleuropas (April–Okt. tgl. 10–18 Uhr). Seine italienisch inspirierten Terrassen, geometrisch geschnittenen Pflanzen und verspielten Wasserkünste wurden seinerzeit sehr bewundert. Wie viel man hier von der grünen Kunst verstand, beweist der

um 1660 entstandene »Gottorfer Codex« (heute im Statens Museum for Kunst, Kopenhagen). Er erfasst 1180 exotische Schmuckpflanzen, u. a. die »Hundertjährige Aloe«, die in einem beheizbaren Gewächshaus überwinterte. Im Globusgarten, in dem wieder Pflanzen des Codex gedeihen, birgt das Globushaus einen Nachbau des begehbaren Riesenglobus von 1664 (Original in St. Petersburg). Seine Außenhaut bildet die Erdoberfläche ab, die Innenhülle die Sternbilder des Nachthimmels. Von der Dachterrasse des Globushauses genießt man einen grandiosen Blick über die Terrassengärten, Parterres und Broderien sowie auf den Herkulesteich mit neu erstandenen Teilen der Wasserkunst.

Viele weitere schöne Gärten liegen am Weg der Route. Im skulpturengeschmückten **Bibelgarten** des 800 Jahre alten St. Johannisklosters in Schleswig wachsen 36 der etwa 130 in der Heiligen Schrift erwähnten Pflanzenarten: Wein, Wermut, Judasbaum, Jakobsleiter, Weizen, Alraune, Granatapfel, Madonnenlilie, Feigen- und Ölbaum.

In den **Bauerngärten** auf der Halbinsel **Angeln** blühen ab etwa Mitte Juni bis in den Juli hinein Schneeweißchen (*Rosa alba Maxima*) und Rosenrot (*Rosa centifolia Major*) – besonders schön auf dem alten **Holländerhof Bartel** in Wagersrott mit über 100 historischen Rosensorten. Wer die TV-Serie »Der Landarzt« guckt, wird auf dem Holländerhof sofort »Hinnerksens Kräutergarten« wiedererkennen. Die charmante Führung von Gretchen Bartel sollte man sich nicht entgehen lassen, am besten »op plattdüütsch«.

> **Im Überblick**

Kontakt: Gartenrouten zwischen den Meeren,
Landwirtschaftskammer Schleswig-Holstein,
Gartenbauzentrum, Thiensen 16,
25373 Ellerhoop, Tel. (0 41 20) 7 06 81 32,
www.gartenrouten-sh.de
Streckenlänge: ca. 600 km für alle bisherigen
6 Routen (2008 soll die neue Route Stormarn
hinzukommen)
Bundesland: Schleswig-Holstein
Reiseplanung: 1–2 Tage pro Route

Romantisch ist der gastfreundliche **Bauerngarten Chalupka** in Hestoft mit der herrlich duftenden historischen Rose »Schöne aus Angeln«. Obstraritäten wie Angler Rübeapfel, Beretzkys Birnenquitte und Altländer Pfannkuchenapfel gedeihen prächtig, und auf dem Bienenhaus wachsen Hauswurz, Steinwurz und Donnerwurz: alte Heil- und Zauberpflanzen, um die sich so manche Hexen- und Koboldsgeschichte rankt.

Auf **Gut Krieseby** erfreuen herrliche Lindenalleen, Blutbuchen, Esskastanien, Magnolien, Rhododendren und Azaleen, ja sogar eine 800 Jahre alte Eiche das Auge. Interessant ist auch ein Besuch von Gut **Louisenlund** (heute Internat) mit Landschaftsgarten im englischen Stil und Anspielungen auf freimaurerische Mythologie und aufklärerisches Gedankengut. So bildet eine Sonnenuhr auf ausgeklügelte Weise den Kosmos ab, und der See des Parks spiegelt als »magisches Auge« den Himmel.

> **In der Holsteinischen Schweiz**

Eine nicht minder empfehlenswerte Route führt durch die liebliche, schöne Seenlandschaft Ostholsteins. Hier besucht man zuerst den **Schlossgarten von Eutin,** oft Weimar des Nordens genannt, weil hier um 1800 Berühmtheiten wie Herder, Klopstock und der aus Eutin stammende Komponist Carl Maria von Weber wirkten. Webers Opern »Freischütz« und »Oberon« kommen bei den Eutiner Festspielen auf der Freilichtbühne im Schlossgarten zur Aufführung.

In der großen Zeit Eutins wurde der Schlossgarten von einem strengen barocken Lustgarten in einen romantischen englischen Landschaftsgarten umgestaltet, in dem sich Gedanken der Aufklärung und revolutionäre Ideen widerspiegeln. Auf dem »philosophischen Gang«, der malerisch den Uferschwüngen des Eutiner Sees folgt, lässt es sich mit schönen Ausblicken auf die Fasaneninsel im See, auf Tempelchen,

Teiche, markante Baumgruppen, Wasserfälle und romantische Brücken lustwandeln. Paradiesisch erscheint der Tempelgarten, eine Komposition aus unterschiedlichen altehrwürdigen Laubbäumen, dazu blühen Flieder, Schneeball, Färberginster, Rotdorn,

Hibiskus und viele Rosen. Zu jeder Jahreszeit ein Genuss ist die über 335 m lange, 200-jährige Lindenallee.

Nicht minder idyllisch ist das **Lustholz** des Jagdschlösschens am Ukleisee in malerischer Landschaft. Von Aussichtspunkten schweift der Blick über

Allgemeine Infos

›› **Touristeninformation,** Pliessenstr. 7, 24837 **Schleswig,** Tel. (0 46 21) 98 16 17, Fax 98 16 19, www.schleswig.de
›› **Lübeck und Travemünde Tourist-Service,** Holstentorplatz 1, 23552 **Lübeck,** Tel. (0 18 05) 88 22 33, Fax (04 51) 4 09 19 92, www.luebeck-tourismus.de
›› **Neumünster Tourist-Information,** Großflecken 34 a (Glaspavillon), 24534 **Neumünster,** Tel. (0 43 21) 4 32 80, Fax 4 32 91, www.neumuenster.de

Essen und Unterkunft

›› **Schleswig:**
Bed and Breakfast am Dom, Ursula Sinram, Töpferstr. 9, Tel. (0 46 21) 48 59 91, Fax 48 59 93, www.bb-schleswig.de. Charmante Unterkunft in einem liebevoll renovierten Altstadthaus mit romantischem Garten. ◯◯
Schlie-Krog, Dorfstraße 19, Sieseby (zwischen Schleswig und Kappeln), Tel. (0 43 52) 25 31, www.schliekrog.de. In einem reetgedeckten alten Gasthof am Südufer der Schlei werden raffiniert zubereitete regionale Gourmetgerichte wie Siesebyer Fischsuppe, Schleiaal und Grünholzer Fasanenbrust serviert. ◯◯
›› **Plön:**
Hotel-Restaurant Stolz, Markt 24, Tel. (0 45 22) 5 03 20, Fax 50 32 10,

www.hotel-restaurant-stolz.de. Fünf romantische Zimmer In den Räumen des alten Plöner Pastorats. Das Restaurant serviert feine holsteinische Küche wie warme Terrine vom Plöner Hecht oder Entenbrust vom Gut Friedrichshof. Anspruchsvolle Weinkarte. ◯◯–◯◯◯
›› **Eutin:**
Forsthaus am Ukleisee, Zum Ukleisee 23, Tel. (0 45 21) 97 05, www.forsthaus-am-ukleisee.de. In romantischer Lage verwöhnen Waldrestaurant und Café mit Holsteiner Spezialitäten sowie mit Kaffee und Kuchen. In ihrem Haus in Malente-Krummsee bieten die Inhaber zwei Ferienwohnungen an. ◯◯
›› **Lübeck:**
Klassik Altstadt Hotel, Fischergrube 52, Tel. (04 51) 70 29 80, Fax 7 37 78, www.klassik-altstadt-hotel.de. Im alten Lübischen Stil wieder aufgebautes Haus, dessen Gästezimmer mit dunklen Hölzern und hellen Farben klassisch-romantisch wirken. Im Restaurant gibt es Holsteiner Küche wie Scholle, Steinbuttfilet und Rote Grütze. ◯◯
›› **Neumünster:**
Hotelchen am Teich, Am Teich 5–6, Tel. (0 43 21) 4 90 40, Fax 49 04 44, www.hotelchenamteich.de. Ökoverträglich gebautes, feines Hotel in der Innenstadt mit 16 komfortablen Zimmern im hellen Landhausstil. ◯◯

die Hangterrassen auf den dunklen See. Auch im Winter ist der Spaziergang um den Ukleisee ein Erlebnis.

Danach radelt man durch hügelige Landschaft an die Hohwachter Bucht zum **Gut Weißenhaus,** eine um 1740 entstandene spätbarocke Gartenanlage, die ab 1818 in einen Landschaftspark umgestaltet wurde. Auf seinen Wegen eröffnen sich Ausblicke über von Baum- und Strauchgruppen gerahmte Wiesen bis zur Lübecker Bucht. Sehenswert sind auch der **Kurpark von Malente,** der **Lindenhof** am Hemmelsdorfer See und der **Kurpark von Timmendorfer Strand** mit seinen geometrischen Formen.

› Gartenparadiese für Radler

Auch die übrigen vier Routen sind größtenteils perfekt für Radler geeignet; gelegentlich nimmt man das Rad auch mit auf ein Schiff, so auf der Route rund um die Kieler Förde. Hier sind das **Düsternbrooker Gehölz,** die **Künstlergärten** von Hans Kock und Heinrich Blunck sowie das **Freilichtmuseum Molfsee** beliebte Ziele.

In und um **Lübeck** finden sich ebenfalls romantische Oasen. In den Gärten der ehemaligen Sommerhäuser reicher Kaufmannsfamilien blüht es üppig, und auch geschichtsträchtige Friedhöfe sind lauschige Plätze.

Um **Pinneberg** sind die traditionsreichen Baumschulen der Rosen-, Stauden- und Rhododendronzüchter äußerst sehenswert. Dazu kommen herrliche Alleen in weiter Landschaft.

Rund um **Neumünster** ließen sich um 1900 viele Unternehmer private Villengärten anlegen. Öffentlich zu-

› Schloss Eutin sah berühmte Gäste

gänglich sind **Villa und Garten** des Zeitungsverlegers Karl Wachholtz, zusammen mit dem **Gerisch-Skulpturenpark.** Hier hat Harry Maasz, ein bekannter Vertreter der Gartenkunstreform des frühen 20. Jhs., 1925 einen stimmungsvollen, durch Mauern und Hecken klar gegliederten und mit expressiv anmutenden Beeten verzierten Garten geschaffen, der sich in die Auenlandschaft der Schwale einfügt.

Große Botaniker früherer Tage sind aus der Gelehrtenschule des säkularisierten gotischen Klosters **Bordesholm** hervorgegangen, so auch Johann Daniel Major (1634–1693), der in Kiel den ersten Botanischen Garten anlegen ließ. Ein Ausflug führt durch die Landschaft des Einfelder Sees bis zur Klosterinsel, deren Linde ebenso alt ist wie die gotische Backsteinkirche.

Gartenträume

> Die Streifzüge durch die Barockgärten und Landschaftsparks Sachsen-Anhalts führen auch in das Gartenreich Dessau-Wörlitz, das die UNESCO zum Weltkulturerbe erhoben hat.

› Der Schlosspark Oranienbaum beweist Stilvielfalt

» **Vierzig der schönsten und bedeutendsten Gartenanlagen des Bundeslandes haben sich zum Netzwerk »Gartenträume – Historische Parks in Sachsen-Anhalt« zusammengeschlossen und präsentieren die vielseitige Gartenkunst Mitteldeutschlands: von den Gärten eines mittelalterlichen Klosters über Barock- und Landschaftsparks bis hin zu zeitgenössischen Parkanlagen.**

Eine ausgewiesene Route gibt es bisher nicht, doch liegen viele Stationen an der Straße der Romanik (S. 85 ff.) und im Süden auch an der Weinstraße Saale-Unstrut. Traumhafte Radtouren bieten sich rund um das Gartenreich Dessau-Wörlitz und entlang der Radwege an Unstrut, Saale und Elbe an.

❯ Magdeburger Gartenträume

Idealer Ausgangspunkt für Entdeckungsfahrten zu den Gartenträumen Sachsen-Anhalts ist die Landeshauptstadt Magdeburg (Straße der Romanik, S. 86 f.). Vom **Stadtpark Rotehorn** auf der Elbinsel bietet sich ein großartiger Blick über den Fluss auf den Dom St. Mauritius. Auf der Insel leben seltene Tiere und Pflanzen, u. a. der Elbe-Biber. Viel besucht wird der ab 1825 nach Plänen von Peter Joseph Lenné entstandene **Klosterbergegarten,** der erste Volksgarten im deutschsprachigen Raum. Auch im **Herrenkrugpark** an der Elbe hat Lenné seine Handschrift hinterlassen: In diesem Landschaftspark gibt es einen dendrologischen (gehölzkundlichen) Lehrpfad, der auf Übersichtstafeln 90 Bäume im Park präsentiert. Gleich nebenan lockt der zur Bundesgartenschau 1999 entstandene farbenfrohe **Elbauenpark** mit dem avantgardistischen Jahrtausendturm: mit 60 m der höchste Holzturm Deutschlands.

❯ Börde und Altmark

Verwunschene Schlossgärten und barocke Gartenkunstwerke erwarten die Besucher zwischen Salzwedel, Stendal und Magdeburg. Vorzüglich restauriert wurde der barocke Terassengarten von **Schloss Hundisburg** mit 1810 angefügtem Landschaftspark **Althaldensleben** nordwestlich von Magdeburg. Dagegen harrt der Landschaftspark der **Schlossruine Harbke** im ehemaligen Grenzgebiet noch der Renovierung. Nahe der Kirche steht der wohl älteste Ginkgo Deutschlands, der 1759 hier gepflanzt wurde.

Zu den Gartenträumen in der Altmark gehören die begrünten mittelalterlichen Wallanlagen in **Gardelegen** sowie der **Stadtpark Tangerhütte,** dessen Kunstgusspavillon am Schwanenteich 1888 für die Pariser Weltausstellung gefertigt wurde. 2003 diente der Schlosspark des früheren Ritterguts **Krumke** bei **Osterburg** mit 400 Jahre alter Buchsbaumhecke als Set für den TV-Spielfilm »Das Bernsteinamulett«.

❯ Gartenträume im Harz

Viele Ziele rund um den Harz liegen auch an der Straße der Romanik (S. 90), darunter der **Schlosspark von Ballenstedt,** der **Brühlpark in Quedlinburg** und die **Roseburg** in **Rieder.** In der Domstadt **Halberstadt** besucht

Im Überblick

Kontakt: Gartenträume – Historische Parks in Sachsen-Anhalt e.V.,
Tessenowstr. 5a, 39114 Magdeburg,
Tel. (03 91) 5 95 72 52, Fax 5 95 73 17,
www.gartentraeume-sachsen-anhalt.de
Streckenlänge: nicht festgelegt;
40 Stationen im gesamten Bundesland
Bundesland: Sachsen-Anhalt
Reiseplanung: mindestens 5 Tage

man den 1771 angelegten Landschaftspark des **Jagdschlosses Spiegelsberge.** Sehr sehenswert sind **Kloster Drübeck** mit Klostergarten, Klosterhof und fünf von je einer Mauer umschlossenen Gärten der Stiftsdamen sowie die barocken **Schlossgärten von Blankenburg** mit zauberhaftem Terrassengarten, Orangerieplatz und Teehaus. Ein Abstecher führt in den **Schlosspark Langenstein** zwischen Halberstadt und Blankenburg. Er gehört zum Landsitz der Frau von Branconi, bei

der Goethe öfter zu Gast war. Auch **Wernigerode** (Deutsche Fachwerkstraße, S. 89) ist wegen seiner Terrassengärten am Schloss, dem Lustgarten und dem Tiergarten ein lohnendes Ziel. Zum Schluss noch ein Highlight: Das zwischen Harz und Kyffhäuser gelegene **Europa-Rosarium von Sangerhausen** besitzt die größte Rosensammlung der Welt – über 7500 Sorten, das sind rund 70 000 Pflanzen!

❯ Gartenreich Dessau-Wörlitz

»Unendlich schön« fand Goethe das **Dessau-Wörlitzer Gartenreich** zwischen Elbe und Mulde, das er oft besuchte. Über einen Zeitraum von 50 Jahren hinweg wuchs es unter Fürst Leopold III. Friedrich Franz von Anhalt-Dessau (1740–1817); seit 2000 gehört es zum UNESCO-Welterbe. Noch heute fasziniert die harmonische, ganz dem Geist der Aufklärung verpflichtete Verbindung aus Gartengestaltung, Architektur und freier Landschaft in den Elbauen. Wohl-

❯ Schloss Wörlitz (1769–1773)

durchdacht war das System der Sichtbeziehungen, der Fähren und der 57 Brücken, das die fünf Gartenbereiche miteinander verbindet. Seen, Kanäle, klassizistische und neugotische Bauwerke verlocken zu Spaziergängen auf statuengeschmückten Wegen.

Schloss Wörlitz lieferte das Vorbild für den deutschen Klassizismus und die Inneneinrichtung mit kostbaren Sammlungen antiker Plastiken, Gemälden und Wedgwoodporzellan blieb überwiegend erhalten. Beherrschendes Element im Gartenteil von Hofgärtner Schoch ist das **Gotische Haus** (1773–1813), Refugium und Liebesnest des Fürsten. Zauberhafte klassizistische Akzente setzen Nymphäum, Venus- und Floratempel. Vor Neumarks Garten träumt die Rousseau-Insel vor sich hin.

Weiter südlich zählt **Oranienbaum** (Oranierroute, S. 231 f.) zu den seltenen niederländisch geprägten Barockanlagen in Deutschland. Fürstin Luise zog sich gern in ihr klassizistisches Landhaus **Luisium** (1774–1778) mit stimmungsvoller Gartenanlage zurück. Als Antwort auf Wörlitz legte Prinz Johann Georg, ein Bruder des Fürsten, 1780 das **Georgium** an: mit Landhaus, Rotunde und skulpturengeschmücktem Landschaftspark bis an die Elbe. Schloss- und Gartenanlage **Mosigkau** sind ein in Mitteldeutschland rares Juwel des Rokoko. Erhalten blieb der Lustgarten mit alten Heckenreihen, einem Irrgarten und einem Teehaus in chinesischem Stil. Zum Abschluss überblickt man vom **Sieglitzer Berg** bei Vockerode an der Elbe noch einmal das 112 ha große Gartenreich.

❭ In die Dübener Heide

In **Pretzsch** an der Elbe ist ein 1571 erbautes kastellförmiges Renaissanceschloss (heute Kinderheim) mit umgestaltetem Barockgarten sehenswert. Mitten in der Dübener Heide, bei Bad Schmiedeberg, bettet zauberhafter Altbaumbestand das barocke **Schloss Reinharz** ein. Lange war der Industriestandort **Bitterfeld** ein Synonym für chemische Industrie und Umweltverschmutzung. Heute ist der ehemalige Tagebau **Goitzsche** ein riesiger See: Das Bitterfelder Meer, ein Naherholungs- und Naturschutzgebiet, gehört zum größten Landschaftskunstprojekt der Welt. Fast in Blickweite des modernsten deutschen Chemieparks in Bitterfeld liegt Deutschlands ältester barocker Irrgarten in **Altjessnitz.**

❭ Romantisches in Halle

In Halle (Saale) bietet der **Amtsgarten** am Saaleufer unterhalb der stolzen **Burg Giebichenstein** (Straße der Romanik, S. 92) einen malerischen Anblick: Ab 1773 entstand aus einem überschwemmten Barockgarten dieser Landschaftsgarten mit Teichen, Grotten und Freundschaftsurnen. Vorbilder lieferten die Wörlitzer Anlagen und Goethes Garten in Weimar. In den Themengärten am terrassierten Südhang des Römerbergs findet man noch seltene Gehölze wie Ginkgo, Lederhülsenbaum und Schnurbaum. In der Nähe liegt **Reichardts Garten,** das »Giebichensteiner Dichterparadies«, in dem Goethe, Brentano, Tieck und Novalis flanierten. Zum Altbaumbestand zählen Französischer Ahorn, Trompetenbaum und Urwelt-Mammutbaum. Sehenswert ist auch der vor 300 Jahren entstandene erste **Botanische Garten** Preußens, mit historischen Schauhäusern und Sternwarte.

› An Saale, Elster und Unstrut

Im Süden Sachsen–Anhalts folgt man am besten der Straße der Romanik und der Weinstraße Saale-Unstrut zu den Gartenträumen in romantischen Tälern oder an fruchtbaren Weinhängen. Stationen sind die barocke Parkanlage von **Schloss Burgscheidungen**, **Villa und Garten Schultze-Naumburg** in Bad Kösen und der **Schlossberg Zeitz** mit frühbarockem Schloss, Torhaus und Dom. Der ab 1665 für Herzog Moritz Wilhelm und seine Gattin Maria Amalia entstandene barocke Lustgarten wurde später zu einem Landschaftspark umgestaltet.

Oberhalb der Saale bietet der **Schlossgarten von Merseburg** herrliche Ausblicke auf Schloss, Dom und Ständehaus. Sehr reizvoll sind auch die spätbarocken Kuranlagen und das Goethe-Theater in **Bad Lauchstädt.** Als Finale der Tour wartet noch ein besonderes Kleinod: 1778–1784 entstand der **Schlosspark Dieskau** nach Wörlitzer Vorbild, mit chinesischem Wasserhaus und einem Badehaus à la Tahiti – über 200 Jahre alte Südseeträume in Sachsen-Anhalt!

›› Allgemeine Infos

(siehe auch Straße der Romanik, S. 91)
›› Kulturstiftung Dessau Wörlitz, Schloss Großkühnau, 06846 **Dessau,** Tel. (03 40) 6 46 15-0, Fax 6 46 15-10, www.gartenreich.com

›› Essen und Unterkunft

›› Magdeburg:
Parkhotel Herrenkrug, Herrenkrug 3, Tel. (03 91) 8 50 80, www.herrenkrug. de. Große, individuell gestaltete Zimmer, toller Wellnessbereich. Das Gourmetrestaurant **Die Saison** serviert vorzügliche mediterrane Küche. ○○○
›› Wörlitz:
Ringhotel Zum Stein, Erdmannsdorffstr. 228, Tel. (03 49 05) 5 00, Fax 5 01 99, www.hotel-zum-stein.de. Komfortable Zimmer mit Wellnessprogramm nahe der Insel Stein und Ferienwohnungen im klassizistischen Roten Wachhaus von 1772. Im Restaurant genießt man im Frühjahr Spargel aus dem Zerbster Umland, im Herbst Wild aus den nahen Wäldern, dazu Saale-Unstrut-Weine. ○○–○○○
›› Dessau:
Pension An den 7 Säulen, Ebertallee 66, Tel. (03 40) 6 40 09 00, Fax 61 96 22, www.pension7saeulen.de. Nette Unterkunft in einem grünen Stadtteil mit Ayurveda-Wellness-Zentrum. ○○
›› Halle (Saale):
San Luca, Universitätsring 8, Tel. (03 45) 2 00 35 87. Versteckte Schlemmeradresse im Hinterhof mit feinen italienischen Pasta-, Fisch- und Fleischgerichten. ○○
›› Bad Lauchstädt:
Kurpark-Hotel, Parkstr. 15, Tel. (03 46 35) 2 03 53, Fax 9 00 22, www.lauchstedter-gaststuben.de. Mit italienischen Möbeln und Dekostoffen im spätbarocken Stil gestaltete Zimmer. Die **Lauchstedter Gaststuben** widmen sich der österreichischen Küche. ○○

Deutsche Spielzeugstraße

>> Eine Reise durch Kindheitsträume: durch die Spielzeugstädte von Franken und Thüringen, zu Puppenstuben, Bärendoktoren und Modelleisenbahnen.

> Spielzeug aus Nürnberg wird hoch geschätzt

Vom mittelfränkischen Schwabach bis Waltershausen am Nordrand des Thüringer Waldes führt diese Erlebnisroute zu zahlreichen Produktionsstätten, Schauräumen, Museen und Erlebnisparks rund um das Spielzeug, für das die Region seit Jahrhunderten in aller Welt bekannt ist.

Viele Orte an oder in näherer Umgebung der Ferienstraße lohnen nicht nur des Spielzeugs wegen einen Besuch. In Franken verdienen Nürnberg, Fürth, Bamberg und Coburg einen längeren Aufenthalt, außerdem ist die Fränkische Schweiz nicht weit. In Thüringen bieten sich Abstecher auf der Deutschen Klassikerstraße nach Eisenach, Weimar und Erfurt an. Im Thüringer Wald zieht es Wanderer nicht nur auf den berühmten Rennsteig.

› »Nürnberger Tand geht durch alle Land«

Südlicher Ausgangspunkt der Deutschen Spielzeugstraße ist die alte Markgrafenstadt **Schwabach** bei

› Sonneberger Spielzeugmuseum

Nürnberg, in der seit Jahrhunderten das Hämmern der Goldschläger den Rhythmus bestimmen. Das hier verarbeitete Blattgold schwimmt sogar im Schwabacher Goldwasser, einem Gewürzlikör. Im Stadtmuseum ist eine komplette Goldschlägerwerkstatt eingerichtet, und die große Modelleisenbahnaustellung der Firma Fleischmann zieht große und kleine Fans an (Mi–Sa 14–18, So 11–18 Uhr).

Schon die hier stattfindende internationale Spielwarenmesse und der Christkindlesmarkt erheben **Nürnberg** (vgl. Burgenstraße S. 69 f.) zum obligatorischen Etappenziel. Ganzjährige Attraktionen sind die Spielzeugsammlung des Germanischen Nationalmuseums (Di, Do–So 11–18, Mi 11 bis 21 Uhr) mit den vier großen Nürnberger Puppenhäusern aus dem 17. Jh. sowie in der Altstadt das Spielzeugmuseum Nürnberg (Di–Fr 10–17, Sa, So 10–18 Uhr) mit einer einmaligen Kollektion von der Antike bis zur Gegenwart: Holzspielzeug, Puppenstuben, optische Spielereien und die weltweit bedeutendste Sammlung von Lehmann-Blechspielzeug, dazu Fahrzeuge, Eisenbahnen und Dampfmaschinen. Auch mit seinen vielen Puppen- und Teddybärenbörsen, Modellbahn-Märkten und einem Internationalem Figurentheater-Festival macht Nürnberg seinem Ruf als Spielzeughauptstadt Deutschland alle Ehre.

In der Fachwerkstadt **Zirndorf,** 10 km westlich von Nürnberg, stellte man früher einfaches Blechspielzeug her, das im Städtischen Museum präsentiert wird. Hauptattraktion ist heute aber der 70000 m² große Play-

Im Überblick

Kontakt: Deutsche Spielzeugstraße e.V.,
Rathaus, Bahnhofsplatz 1,
96515 Sonneberg,
Tel. (0 36 75) 88 02 65, Fax 88 03 18,
www.spielzeugstrasse.de
Streckenlänge: ca. 300 km
Bundesländer: Bayern, Thüringen
Reiseplanung: etwa 4 Tage

mobil-Fun-Park. Auch in **Fürth,** lange eine Hochburg jüdischen Lebens, arbeitet eine Reihe von Spielzeugproduzenten. Bewegend ist ein Besuch des Jüdischen Museums Franken (Di bis So), in dem sich ein Raum dem Leben und Spielen jüdischer Kinder widmet.

› Im Coburger Spielzeugland

Über Erlangen führt die Spielzeugstraße weiter nach **Forchheim.** Hier bietet sich ein Abstecher auf der Burgenstraße nach **Gößweinstein** (S. 71) in der Fränkischen Schweiz an, um das Fränkische Spielzeugmuseum (Mai–Okt. Mi, Sa, So 11–17 Uhr) zu besuchen.

Die Spielzeugstraße zieht sich entlang der Regnitz nach **Bamberg** und ins **Coburger Land,** das seinen Ruf als Puppen- und Spielzeugland pflegt. In **Coburg** kreuzt die Spielzeugstraße ein letztes Mal die Burgenstraße. Hier besucht man das Puppenmuseum (April bis Okt. tgl. 10–16 Uhr, sonst Di–So 11–16 Uhr), in dessen Gebäude aus dem 15. Jh. der Dichter und Orientalist

Friedrich Rückert nach 1820 lebte. In 33 Räumen auf drei Etagen zeigt das Museum 900 Puppen, dazu Puppenstuben, -häuser, -kleider und Miniaturporzellana aus der Zeit zwischen 1800 und 1955 – eine Porzellanstadt ist Coburg nämlich auch (vgl. Bayerische Porzellanstraße S. 142).

In der bayerischen Puppenstadt **Neustadt** fanden viele ehemalige Sonneberger Spielwarenhersteller nach der DDR-Grenzziehung eine neue Heimat. In der Himmelfahrtswoche lockt das Internationale Puppenfestival Puppenkünstler und Sammler in die Stadt. Das Museum der Deutschen Spielzeugindustrie (tgl. 10–17 Uhr) zeichnet die Geschichte der Spielwarenherstellung über zwei Jahrhunderte nach. Einzigartig ist die Trachtenpuppensammlung mit 800 Puppen aus 100 Ländern. Anschließend blickt man im Historischen Weihnachtsmuseum in die Werkstatt des Weihnachtsmanns (Mo–Fr 9.30–18, Sa 9.30–16, Nov., Dez. Mo–Fr 9.30–19, Sa 9.30–17 Uhr).

› Welthauptstadt des Spielzeugs

In den 1920er-Jahren galt **Sonneberg** in Thüringen als Weltspielzeugstadt. Damals kam etwa ein Fünftel der globalen Produktion aus dem Sonneberger Raum. Wie geschickt sich die Bevölkerung mit »Drücken, Formen, Bossieren und Tressieren« ihren Lebensunterhalt verdiente, zeigt die Schaugruppe »Gullivers Erwachen in Liliputanien«, die auf der Londoner Weltausstellung 1851 bewundert wurde. Sie ist heute, mit unzähligen Puppen, Teddys und anderen Spielsachen, im Deutschen Spielzeugmuseum (Di bis So 9–17 Uhr) zu sehen. Vom einstigen Wohlstand der Sonneberger Spielzeugfabrikanten zeugen zahlreiche Villen, und auch heute noch werden hier Plüschtiere und Modelleisenbahnen fabriziert. Auf dem Raceway Sonneberg testet man Modellautos. Voll wird es in der Stadt zwischen Himmel-

Allgemeine Infos

›› **Tourist-Information Fürth,** Bahnhofplatz 2, 90762 **Fürth,** Tel. (09 11) 7 40 66 15, Fax 7 40 66 17, www.fuerth.de

›› **Tourismus & Congress Service Coburg,** Herrngasse 4, 96450 **Coburg,** Tel. (0 95 61) 7 41 80, Fax 74 18 29, www.coburg-tourist.de

›› **Touristinformation Sonneberg,** Bahnhofsplatz 3, 96515 **Sonneberg,** Tel. (0 36 75) 70 27 11, Fax 74 20 02, www.sonneberg.de

›› **Tourismus-Information Arnstadt,** Markt 3, 99310 **Arnstadt,** Tel. (0 36 28) 60 20 49, www.arnstadt.de

Essen und Unterkunft

(siehe auch Burgenstraße, S. 70)

›› **Schwabach:**
Gasthof Goldener Stern, Königsplatz 12, Tel. (0 91 22) 23 35, Fax 51 16, www. trutschel-goldstern.de. Gute fränkische Küche und ein »Goldmenü« mit original Schwabacher Blattgold. ○–○○

›› **Coburg:**
Romantik Hotel Goldene Traube, Am Viktoriabrunnen 2, Tel. (0 95 61) 87 60, Fax 87 62 22, www.goldenetraube.com. Individuell eingerichtete bequeme Zimmer, Gourmetrestaurant **Meer & mehr** (exzellente Fischgerichte) und gemütliches **Weinstübla** mit fränkischer Kost und Fondues. ○○–○○○

›› **Sonneberg:**
Hotel Schlossberg, Schlossberg 1, Tel. (0 36 75) 7 33 00, Fax 73 30 12, www.hotel-schlossberg.de. Komfortable Zimmer und eine Turmsuite über drei Etagen mit tollem Blick auf Sonneberg. Restaurant mit bodenständiger Küche und Biergarten. ○○

›› **Arnstadt:**
Hotelpark Stadtbrauerei, Brauhausstr. 1–3, Tel. (0 36 28) 74 00, Fax 60 74 44, www.arnstadt-stadtbrauerei. de. In das historische Gebäudeensemble der alten Felsenkellerei integriertes Hotel mit geschmackvollen Zimmern, Schwimmbad und Sauna. ○○

›› **Waltershausen:**
Schlosscafé Tenneberg, Tenneberg 1, Tel. (0 36 22) 40 16 16, www. schlosscafe-tenneberg.de. Leckerer Kuchen, lauschiger Innenhof und großartiger Blick auf die Stadt. ○

fahrt und dem darauffolgenden Sonntag beim Internationalen Puppenfestival mit Spielzeugbörse.

Ein Abstecher führt ins **Schaumberger Land** am Südhang des Thüringer Waldes. Hier wurde seit 1835 Spielzeug gefertigt, wie man im Heimatmuseum von **Schalkau** und im Schildkröt-Puppenmuseum von **Rauenstein** erfährt. Bis heute enstehen Künstlerpuppen und Bären in der Region.

Steinachs Spezialität ist Holzspielzeug, davon erzählt das kleine Museum Steinacher Spielzeugschachtel (Di–Sa 13–17, So 14–17 Uhr). Die Tradition des Schieferbergbaus präsentiert das Deutsche Schiefermuseum: In Steinach, das auch Startpunkt der Thüringisch-Fränkischen Schieferstraße ist, wurden die Schiefergriffel hergestellt, mit denen Kinder bis in die 1950er-Jahre schreiben lernten.

› Weihnachtsschmuck und Wachsfigürchen

Einige Kilometer nördlich liegt **Lauscha,** Heimat des gläsernen Christbaumschmucks und Zentrum des Südthüringer Glasbläserhandwerks. Einen Überblick bietet das Museum für Glaskunst (Di–So 10–17 Uhr). Auf dem vorweihnachtlichen Kugelmarkt fällt die Auswahl besonders groß aus.

Aus dem Luftkurort **Oberweißbach** stammen die pädagogischen »Spielgaben« – Kugel, Walze und Würfel –, mit denen Friedrich Fröbel Anfang des 19. Jhs. neue Wege in der Pädagogik beschritt. **Gehren** ist für nostalgische Teddys bekannt und lockt mit der Plüschparadies-Werksausstellung voller großer und kleiner Kuscheltiere.

In **Arnstadt,** einer mittelalterlich geprägten Residenzstadt mit romanisch-gotischer Liebfrauenkirche, fasziniert die im Arnstädter Schlossmuseum präsentierte Sammlung »Mon plaisir« der Fürstin Auguste Dorothea von Schwarzburg-Arnstadt. Sie zeigt 82 Puppenstuben und 391 aus Wachs modellierte Figuren in der Machart süddeutscher Krippenfiguren, die als Miniaturen ein lebendiges Bild einer kleinen, absolutistisch regierten Residenzstadt vor 300 Jahren zeichnen (Di–So 9.30–16.30 Uhr). Der junge Johann Sebastian Bach bekleidete 1703 bis 1707 in der Neuen Kirche am Markt seine erste Organistenstelle.

› Hoppe Hoppe Reiter

Ohrdruf stieg ab 1834 zu einem Zentrum der Thüringer Spielzeugindustrie auf und gilt als Wiege der Schaukelpferde. Ab 1911 wurden in der Kleinstadt die ersten Puppen mit Schlafaugen produziert, ein Jahr später lernten sie sogar sprechen. Bekannt sind auch die Masken und »Schwellköppe« aus Pappmaché.

In unmittelbarer Nähe des tosenden Wasserfalls in **Trusetal** hat sich der Zwergen-Park Trusetal angesiedelt. Der Kneipp-Kurort **Tabarz** ist Heimat des »Struwwelpeters«, dem seit 1995 eine Märchenwiese mit Holzfiguren gewidmet ist. Die Spielzeugstraße endet in **Waltershausen,** dessen Kugelgelenk- und Charakterpuppen vor hundert Jahren in aller Welt begehrt waren. Eine schöne Sammlung Waltershäuser Puppen zeigt das Museum Schloss Tenneberg (Mai–Okt. Di–So 9–16, Nov.–April Mi–So 9–16 Uhr).

Deutsche Märchenstraße

> Auf den Spuren von Dornröschen und Frau Holle
> führt diese Ferienstraße durch die verträumten Wald-
> und Flusslandschaften an Fulda, Werra und Weser.

› Der Rattenfänger wirbt für das Museum Hameln

》》 **Im historischen Rathaussaal der Stadt Steinau an der Straße wurde 1975 die Deutsche Märchenstraße ins Leben gerufen, die inzwischen mehr als 60 Fachwerkstädte, Schlösser und Burgen miteinander verbindet. Auf der äußerst beliebten Ferienroute lernt man Deutschlands romantische Mittelgebirgslandschaften kennen und erlebt auf Rad- und Wanderwegen, wie es »hinter den sieben Bergen« so aussieht. Freilichtspiele, Puppentheater und Märchenlesungen erinnern an Rattenfänger, Schneewittchen oder Aschenputtel, und vielerorts wird märchenhaft getafelt – wie anno dazumal.**

Die Deutsche Märchenstraße nimmt oft kleine Landstraßen zu Fachwerkstädtchen und zauberhaften Dörfer. Am besten wählt man Kassel als Ausgangspunkt für eine Rundfahrt durch das Land der Brüder Grimm. Auf der Nordroute fährt man von Kassel über Hameln nach Bremen, auf der Südroute über Marburg nach Hanau.

》Märchenhaftes in Kassel

»Die Kasseler Jahre waren die glücklichsten meines Lebens«, bekannte Jacob Grimm im Jahr 1830. Zu Recht ist die nordhessische Metropole, klassizistische Residenzstadt von Landgrafen und Kurfürsten, der Mittelpunkt der Deutschen Märchenstraße. Hier besuchten die Brüder Grimm ab 1798 das Lyceum Fridericianum und arbeiteten nach ihrem Studium in Marburg

an der Kurfürstlichen Bibliothek, dem heutigen Fridericianum, das alle fünf Jahre Zentrum der documenta-Ausstellungen ist. Am besten besucht man zuerst das **Brüder-Grimm-Museum** im Palais Bellevue (tgl. 10–17 Uhr). Ernsthafte Märchenstudien betreiben kann man in der **Murhardschen Bibliothek,** dem Sitz des Brüder-Grimm-Archivs und der Brüder-Grimm-Gesellschaft Kassel.

Von Kassel aus gibt es originelle Märchenführungen: So geht es auf der Frau-Holle-Tour durch das Werratal, auf der Rotkäppchen-Tour durch das Schwälmer Land und auf der Dornröschen-Tour in den Reinhardswald. Vorher besucht man die Sprechstunde von »Doktor Eisenbart«, der in **Hannoversch Münden** (Straße der Weserrenaissance, S. 94) praktizierte und auf dem Figurenumlauf des Glockenspiels im Rathausgiebel erscheint. Einige Kilometer westlich führt der Türmer von **Immenhausen** durch die attraktive Stadt des Grimmschen Märchens »Hans im Glück«.

》Zu Gast bei Dornröschen

Im Dornröschenschloss **Sababurg,** das so malerisch mitten im Reinhardswald auf einem lange erloschenen Vulkan thront, ist nicht nur das Turmzimmer zu besichtigen, in dem sich die schöne Prinzessin an der Spindel der bösen Fee stach, sondern auch der mittelalterliche Burggarten mit liebevoll gepflegter Rosenhecke. Wer sie überwindet, kann auf dem Schloss gleich heiraten. Für die Flitterwochen empfiehlt sich das romantische Turmgemach mit Himmelbett.

Im Überblick

Kontakt: Deutsche Märchenstraße e. V., Kurfürstenstr. 9, 34117 Kassel, Tel. (05 61) 92 04 79 10, Fax 92 04 79 30, www.deutsche-maerchenstrasse.de
Streckenlänge: ca. 600 km
Bundesländer: Niedersachsen, Hessen
Reiseplanung: mindestens 4, besser 6 Tage, für einen Besuch Bremens 1 Tag zusätzlich

Besonders Besucher mit Kindern sollten den bereits 1571 gegründeten Tierpark Sababurg besuchen, durch den Wisente, Tarpane, Wölfe und Luchse streifen. Ebenfalls zu empfehlen: die Führungen mit Ritter Dietrich durch den geheimnisvollen Reinhardswald mit seinen bis zu 1000 Jahre alten Eichen und meterhohen Farnen. Dabei lernt man auch die **Trendelburg** aus dem 15. Jh. kennen, die über dem gleichnamigen hübschen Fachwerkstädtchen thront. 38 m ragt der Burgfried in die Höhe, von dem vielleicht Rapunzel ihr Haar herunterließ.

Nicht weit von hier wurde der Sage nach Trendula, die böse Tochter des Riesen Kruko, in den **Nassen Wolkenbruch** gesogen. Dieses nur 150 m breite, aber 60 m tiefe grüne Wasserloch ist ein faszinierendes Naturdenkmal und eine Oase der Ruhe. Der Riese Kruko hauste wiederum auf der romantischen Ruine der **Kirchenburg** aus dem 13. Jh. oberhalb von **Bad Karlshafen.** In dieser barocken Stadt siedelten sich einst Hugenottenfamilien an – so manches bekannte deutsche Märchen stammt eigentlich aus Frankreich!

› Von Lügenbaronen und Rattenfängern

In **Höxter** (Straße der Weserrenaissance, S. 95) zweigt die nördliche Route der Deutschen Märchenstraße ab, die an der Weser entlang nach Bremen führt. Das Fachwerkstädtchen **Polle** gilt mit der Burgruine der Grafen von Everstein aus dem 12. Jh. (herrlicher Rundblick auf Wesertal, Vogler, Solling und Lipperland) als Heimat von Aschenputtel. Von Mai bis September wird das Märchen an jedem dritten Sonntag im Monat auf der Burg in Szene gesetzt. Für das leibliche Wohl sorgt – auch zu anderen Zeiten – eine opulente »Poller Rittertafel«.

Gelogen, dass sich die Balken biegen, wird in **Bodenwerder,** der Stadt des Lügenbarons Münchhausen (1720 bis 1797). Auf seinem ehemaligen Gutshof ist ein Münchhausen-Museum eingerichtet, und das auf der Freilichtbühne inszenierte Münchhausen-Musical erzählt manch tolles Erlebnis des erfinderischen Adeligen. Außerdem findet von Mai bis Oktober an jedem ersten Sonntag im Monat vor dem Geburtshaus des Lügenbarons ein Münchhausen-Spiel statt. Inzwischen ist allerdings bekannt, dass der weitgereiste Freiher von Münchhausen all die absurden Anekdoten nie zum Besten gegeben hat.

Etwas weiter weserabwärts, in **Hameln,** hat sich eine ganze Stadt der Rattenfängersage verschrieben. Von Mai bis September liefert das Musical »Rats« eine moderne Interpretation der Sage vom Flötenspieler, der erst die Ratten und dann die Kinder aus der Stadt führte. Wer's traditioneller mag, schaut sich das sonntägliche Rattenfänger-Freilichtspiel an oder lässt sich von einem traditionell gewandten Rattenfänger die Hochburg der Weserrenaissance (vgl. S. 97) zeigen.

In die Heimat der Bremer Stadtmusikanten

Bei **Hessisch Oldendorf** erhebt sich der sagenumwobene Hohenstein, ein Hochplateau mit steil abfallenden Klippen. Im Freilufttheater des Orts inszeniert man die Saga vom Ratskellerwirt und Stadtpfeifer Baxmann, der mit dem Bösen im Bund war und trotz mehrfacher Beerdigung immer wieder in die Stadt zurückkehrte.

Jugendstil- und Barockgebäude prägen **Bad Oeynhausen,** wo das Deutsche Märchen- und Wesersagenmuseum einen Besuch lohnt (Mi–So 10–12, 14–17 Uhr). In **Nienburg** hat man der »kleinen Nienburgerin« aus dem Volkslied eine Bronzefigur am Posthof spendiert, mit »klein Hütchen auf, mit so viel Blümchen drauf«.

Natürlich wurde den Bremer Stadtmusikanten in der Weserrenaissancestasd **Bremen** (S. 98 f) ein Denkmal gesetzt: eine Bronzeplastik der Figuren an der Westseite des Rathauses. Angeblich geht ein Wunsch in Erfüllung, wenn man die Vorderbeine des Esels umfasst. Auf dem Domhof erzählen Hahn, Katze, Hund und Esel von Mai bis Oktober sonntagmittags, wie sie auf ihrer abenteuerlichen Reise nach Bremen mit ihrem »Gesang« sogar Räuber vertrieben.

Hinter den sieben Bergen

Wer nicht der nördlichen Route folgen möchte, fährt von **Höxter** aus über die Porzellanstadt **Fürstenberg** und **Uslar** nach **Wahlsburg,** das in einem malerischen Talkessel liegt, umgeben von den großen Waldgebieten des Reinhardwalds, des Bramwalds und des Naturparks Solling-Vogler. Die Klosterkirche im Ortsteil **Lippoldsberg** zählt zu den bedeutendsten romanischen Basiliken Deutschlands, die Pfarrkirche von **Vernawahlshausen** besitzt romanische und gotische Fresken. Aber mit Kunst wird man nicht Mitglied der Märchenstraße, und so hat sich Wahlsburg das tapfere Schneiderlein als »Maskottchen« erwählt. Wer von Lippoldsberg mit einer Märchenfähre die Weser überquert, kann auf Rad- und Wanderwegen die schöne Landschaft des Weserberglands erkunden.

Etwas weiter weseraufwärts wohnen Schneewittchen und die sieben Zwerge. Jedenfalls sind das junge Mädchen und seine kleinen Freunde öfter im Freilichtmuseum Mühlenplatz in **Gieselwerder** anzutreffen, wo sie auch so manches Weserschiff begrüßen. Den hübschen Ort **Oedelsheim** präsentiert der »Gestiefelte Kater«.

Am Marktbrunnen von **Göttingen** steht das Gänseliesel, das »meistgeküsste Mädchen der Welt« – schon mancher Student ist bei dem obligatorischen Ritual ins kalte Wasser gerutscht. Die Altstadt mit mittelalterlichem Rathaus und reich verzierten Fachwerkhäusern besitzt viel Flair, an der Universität lehrten von 1829 bis 1837 Jacob und Wilhelm Grimm.

Über **Bovenden,** dessen Burgruine Plessenberg ein tolles Panorama bietet, erreicht man **Ebergötzen.** Hier schrotete die Wilhelm-Busch-Mühle die bösen Buben aus der Bilderbuchgeschichte »Max und Moritz«. In der Region rund um das **Heilbad Heiligenstadt** spielen die Märchen »Schneeweißchen, Rosenrot und der Bär«, »Tischlein Deck Dich« und »Rumpelstilzchen«.

Die trutzige **Burg Hanstein** im Eichsfeld oberhalb der Werra gilt auch ohne eigenes Märchen als eine der schönsten Burgruinen Deutschlands. 2008 wird sie 700 Jahre alt: Entsprechend farbenfroh dürfte dann ihr traditionelles Mittelalterfest am ersten Augustwochenende ausfallen.

❭ Im Land von Frau Holle

Landschaftlich sehr reizvoll ist die Fahrt durchs Werratal vom nahen **Witzenhausen** nach **Bad Sooden-Allendorf.** Hier herrscht Fachwerk-romantik, und am alten Zimmersbrunnen vor den Toren der Allendorfer Altstadt steht genau jener Lindenbaum, der im Volkslied »Am Brunnen vor dem Tore« besungen wird.

Die Märchenstraße führt natürlich über den **Hohen Meißner,** denn von diesem Berg aus schüttelte Frau Holle die Betten auf, damit es auf der Erde schneie. Der »Frau-Holle-Teich« ist ein besonders lauschiger Ort.

Als Tor zum Frau-Holle-Land bezeichnet sich **Hessisch Lichtenau,** wieder ein hübsches Fachwerkstädtchen mit alter Stadtmauer. Über **Großalmerode,** das wegen seiner Glasherstellung bekannt ist, und das idyllische Fachwerkdörfchen **Helsa** kehrt man zurück nach Kassel.

❭ Auf Schatzsuche

Auch die Südroute der Deutschen Märchenstraße zwischen Kassel und Hanau bietet zahlreiche »Grimmsche« Etappenziele. **Baunatal** ist stolz auf seine Erzählerin Dorothea Viehmann (1755–1815), die den Brüdern Grimm Vorlagen zu zahlreichen Märchen und Märchenvarianten lieferte. Ihr Geburtshaus, das heutige Brauhaus Knallhütte, hat auch ein Märchenmenü im Angebot. Natur in Verbindung mit Kultur erwartet Wanderer auf dem über 350 km langen Märchenlandweg. Beliebt ist eine Wanderung entlang des Märchenpfads von **Schauenburg** mit Besuch der Märchenwache im Ortsteil Breitenbach, die an zwei örtliche Märchenerzähler erinnert.

Weiter südlich, im 381 m hohen Odenberg beim Fachwerkstädtchen **Gudensberg,** soll Kaiser Karl der

Große mit seinem Heer eingeschlossen sein und nur alle Jubeljahre einmal herauskommen. Zudem liegen im Berg Kostbarkeiten versteckt, die man mitnehmen darf, wenn man die blaue Wunderblume findet. Eine weitere Chance, die Reisekasse aufzubessern, ergibt sich auf dem nahen **Scharfenstein.** Eine schöne Jungfrau bewacht hier einen Schatz, doch sie lässt sich nur alle sieben Jahre blicken, um ihr güldenes Haar zu kämmen und dabei

Allgemeine Infos

>> **Kassel-Tourist,** Obere Königsstr. 8, 34117 **Kassel,** Tel. (05 61) 70 77-07, Fax 70 77-200, www.kassel-tourist.de

>> **Märchenland Reinhardswald, Tourist-Info,** Markt 5, 34369 **Hofgeismar,** Tel. (0 56 71) 5 07 04 00, Fax 50 08 39, www.reinhardswald.de

>> **Tourist-Information Göttingen,** Altes Rathaus, Markt 9, 37073 **Göttingen,** Tel. (05 51) 4 99 80-0, Fax 4 99 80-10, www.goettingen-tourismus.de

>> **Marburg Tourismus,** Pilgrimstein 26, 35037 **Marburg,** Tel. (0 64 21) 99 12-0, Fax 99 12-12, www.marburg.de

Essen und Unterkunft

>> **Kassel:**
Zum Steinernen Schweinchen, Konrad-Adenauer-Str. 117, Tel. (05 61) 9 40 48-0, Fax 9 40 48-555, www.steinernes-schweinchen.de. Die Zimmer sind eher unspektakulär, dafür ist die Küche umso besser: Abends tischt Jürgen Richter im Gourmetrestaurant auf, mittags verführt das **Santé** mit mediterranen Köstlichkeiten. Terrasse mit schönem Bergblick. ○○–○○○

>> **Hofgeismar (Sababurg):**
Dornröschenschloss Sababurg, Im Reinhardswald, Tel. (0 56 71) 80 80, Fax 80 82 00, www.sababurg.de. Romantische Zimmer und ein umfangreiches Märchenprogramm. Das Restau-

rant serviert Wildbret und Forellen aus dem Reinhardswald. ○○○

>> **Trendelburg:**
Hotel Burg Trendelburg, Steinweg 1, Tel. (0 56 75) 90 90, Fax (0 56 75) 93 62, www.burg-hotel-trendelburg.com. Im Burgfried schläft man in eleganthistorischem Ambiente und genießt »mittelalterliche Tafeleyen«. ○○○

>> **Göttingen:**
Romantik Hotel Gebhards, Goetheallee 22–23, Tel. (05 51) 4 96 80, Fax 4 96 81 10, www.hotelgebhards.de. Freundliches Traditionshotel mit stilvollen, sehr komfortablen Zimmern. ○○○

>> **Bornhagen / Eichsfeld:**
Altes Wirtshaus »Klausenhof« mit historischer Herberge, unterhalb Burg Hanstein, Tel. (03 60 81) 6 14 22, Fax 6 77 21, www.klausenhof.de. Herzhaftes wie Hansteiner Kräuterbraten oder Eichsfelder Würste. Übernachten kann man in der Scheune auf Strohschütten, bequemer in den Kemenaten über dem Rittersaal. ○–○○○

>> **Baunatal:**
Knallhütte, Tel. (05 61) 49 20 76, www.knallhuette.de, s. S. 188. ○

>> **Marburg;**
Das kleine Restaurant, Barfüßertor 25, Tel. (06 41) 2 22 92, www.das-kleine-restaurant.de. Sympathische Altstadtadresse mit feiner Küche und erstaunlich guter Weinkarte. ○○

> Die Brüder Grimm in Hanau

siebenmal zu niesen. Dann muss man ihr »Helfgott« wünschen, und schon bekommt man die verborgenen Schätze und die Jungfrau noch dazu.

Über die Domstadt **Fritzlar** geht es nach **Homberg (Efze)**, in dessen gotischer Marienkirche die Reformation in Hessen begann. Am Marktplatz hat man dem Märchen »Brüderchen und Schwesterchen« ein Denkmal gesetzt. Schöne Wanderwege führen durch den Mischwald des **Wildparks Knüll** auf den 413 m hohen Streutlingskopf.

› Wo die Grimms studierten

Über die Orte **Oberaula, Neukirchen, Schwalmstadt** und **Neustadt (Hessen)**, dessen Junker-Hansen-Turm ein beliebtes Fotomotiv ist, geht es nach Stadtallendorf und weiter nach **Marburg**. Seine bezaubernde Oberstadt ist von engen Gassen und historischen Bauten geprägt. Die 1235 bis 1283 erbaute Elisabethkirche ist die früheste reingotische Kirche Deutschlands. An der 1527 gegründeten ersten protestantischen Universität der Welt studierten die Brüder Grimm Jura, schrieben aber schon bald mündlich überlieferte Märchen auf. Otto Ubbelohde aus Marburg, der viele Märchen illustrierte, nahm sich Motive aus dem Marburger Land zum Vorbild.

› Von Puppen und Räubern

In **Alsfeld** wirkt schon das weltbekannte Fachwerkrathaus der Stadt märchenhaft. Der Schwälmer Brunnen zeigt die Gänseliesel, am idyllischen Grabbrunnen soll der Storch der Sage nach die Babys abholen, und im Märchenhaus (1628) gibt eine Märchenerzählerin die Geschichte von Rotkäppchen zum Besten. Puppenstuben und -küchen aus zwei Jahrhunderten, die meisten aus dem Erzgebirge, sind im 2. Stock ausgestellt. Wie es bei den alten Rittern zuging, erfährt man auf der kinderfreundlichen Festungsanlage Burg Herzberg.

Über **Lauterbach** und **Herbstein,** das wieder mit einer Puppenstubensammlung aufwartet, geht es weiter nach **Grebenhain, Freiensteinau** und **Schlüchtern,** dessen Benediktinerkloster mit frühkarolingischer Krypta zu Deutschlands ältesten Baudenkmälern gehört. Dann erreicht man **Steinau an der Straße,** wo die Brüder Grimm ihre Kindheit verbrachten. Das Museum in ihrem Haus widmet sich dem Leben und Wirken der »Märchenbrüder«. Von Steinau aus werden »Räubertouren« in den Spessart arrangiert.

Südlicher Ausgangspunkt der Deutschen Märchenstraße und Geburtsstadt der Brüder ist **Hanau**. Von Mai bis August finden hier die Brüder-Grimm-Märchenfestspiele statt: wunderbare Einstimmung oder perfekter Ausklang der märchenhaften Reise.

Tipp: Wer Gefallen an dem Thema gefunden hat, kann sich entlang des Rheinischen Sagenwegs auf eine ähnlich reizvolle Erkundungsreise begeben (www.rheinischersagenweg.de).

Niedersächsische Milchstraße

Das Logo der verschmitzten Kuh und viel frische Nordseeluft begleiten Radler durch eine malerische Moor- und Wiesenlandschaft zu Kälbern, die in Iglus wohnen.

> Die vierbeinigen Stars an der Milchstraße

Nicht per Anhalter durch die Galaxis, sondern als Radler auf der Milchstraße reist man in eine ebenso idyllische wie unterhaltsame Ferienwelt. 13 Landbauern im Landkreis Stade an Unterelbe und Oste demonstrieren, wie die Milch schwarzbunter Kühe in den Tetrapak kommt. Außerdem locken Milchtankstellen, Quarkbrötchen und sogar ein »Milch-Magister« für Melkkünstler.

Die Rundkurse der im Jahr 2000 begründeten Niedersächsischen Milchstraße erschließen das Land bei Stade um Oldendorf und Himmelpforten sowie Drochtersen. Fahrräder können ausgeliehen werden. Alle angeschlossenen Hofbetriebe laden zur Rast an ihrer Milchtankstelle, zu Käse- und Joghurtproben, oft auch zu selbstgebackenem Kuchen ein. Die Initiative ist so erfolgreich, dass sie auf die Nachbarkreise Cuxhaven und Rotenburg ausgeweitet werden soll.

❯ Vom Boxenlaufstall zur Milchtankstelle ...

... so heißt die erste Route, die durch Geest, Marsch und Moor führt. Bei Hof Hude lässt man das Auto stehen, schippert mit der Prahmfähre »MS Mocambo« über die Oste und radelt am Ostedeich entlang zum »Fährkrug«. Hier setzt man mit dem Prahm nach Brobergen über und radelt nun diesseits der Oste bis Kranenburg. Viel zu lernen gibt es dort auf dem Hof von Henning Jarck: Hier werden Kälbchen in halboffenen sog. Iglus großgezogen.

❯❯ Allgemeine Infos

❯❯ **Verein für Kultur- und Naturtouristik Himmelpforten-Oldendorf,** Günter Reck, Bahnhofstr. 56, 21714 **Hammah,** Tel. (0 41 44) 41 47, Fax 23 46 24, www.mehr-als-ein-dorf.de

❯❯ **Tourist-Info Kehdingen,** Stader Str. 139, 21737 Wischhafen, Tel. (0 47 70) 83 11 29, Fax 83 13, www.tourismus-kehdingen.de

❯❯ Essen und Unterkunft

❯❯ **Gräpel:**
Gaststätte Hotel Zum Osteblick, Familie Plate, Zum Hafen 21, Tel. (041 40) 87 74-0, Fax 87 74–19, www.zumosteblick.de. Komfortable Zimmer direkt an der Oste und der deutschen Fährstraße. Restaurant und Sommergarten. Organisiert Boßelausflüge (friesisches Straßenkegeln). ○

❯❯ **Himmelpforten:**
Gasthaus Jarck, Breitenwisch 3, Tel. (0 41 44) 54 21, Fax 36 50, www.gasthaus-jarck.de. Gasthaus mit drei sehr schönen modernen Ferienhäusern. Das Restaurant serviert z. B. Grünkohl mit Kohlwurst und Speck. ○–○○

❯❯ **Heinbockel-Hagenah:**
Gasthof Hellwege, Alte Dorfstr. 25, Tel. (0 41 49) 4 05, Fax 5 11, www.gasthofhellwege.de. Schöner Gasthof auf der Stader Geest mit eleganten Zimmern, Ferienwohnungen und Biergarten. Im Winter Grünkohlessen, im März schmeckt der Stintfisch, im April der erste Spargel, im Juni der erste Matjes. Ganzjährig Boßeltouren. ○○

Im Überblick

Kontakt: Tourismusverband Landkreis Stade/Elbe e.V., Kirchenstieg 30, 21720 Grünendeich, Tel. (0 41 42) 81 38 38, www.tourismusverband-stade.de, www.niedersaechsische-milchstrasse.de

Streckenlänge: ca. 100 km auf vier ausgeschilderten Rundkursen von 20 bis 30 km Länge

Bundesland: Niedersachsen

Reiseplanung: 2–3 Tage für alle vier Routen

Außerdem erfährt man, dass für eine Kuh des 21. Jhs. zwischen 8500 und 12.000 € zu investieren sind: für Tier, Futter, Kuhplatz und Milchquote.

Edelstahl – Euter – Zentrifuge

Unter diesem Titel führt Route 2 durch die Stader Geest, auf einem Naturlehrpfad und vorbei an vier Teichen von Oldendorf nach Sunde und zur »Bauernscheune« Tiedemann. Hier kann man sich stärken und zu einer Kutsch- oder Planwagenfahrt durchs Moor starten. Wer das Melken am Gummieuter erlernt, erhält das Milchdiplom »De lütte Melkbuer«. Bei Düdenbüttel ist ein hochmoderner Milchbetrieb zu besichtigen, der Hygiene wegen nur mit (gestellter) Schutzkleidung.

Moorwirtschaft und Hightech-Kuh

Rund um das Kehdinger Moor geht es auf der dritten Route. Am besten startet man am Hof Bockhorst nördlich von Stade. Auf dem Weg durch die Moorlandschaft besichtigt man mehrere Milchviehbetriebe und lernt, dass jede Kuh erfasst ist und ihre Daten auf einem Chip um den Hals trägt. Am Bildschirm des Computers kann der Landwirt jederzeit ablesen, wie viel jede Kuh gerade gefressen hat.

Buttern wie bei Uropa

Gebuttert wird auf der letzten, besonders kinderfreundlichen Route. Vom Ausgangspunkt Buschhörne radelt man wieder durch Moorlandschaft, über Drochtersen nach Dornbusch, Niederhüll und entlang einer Birkenallee zum Heimathof Hüll von 1850 mit zwei Fachwerkbauten. Hier kann man manchmal beim Messerschleifen zusehen. Weiter gehts entlang der Birkenallee, vorbei an alten Moorkaten und wieder zurück nach Buschhörne. Die Hofbetriebe führen vor, wie man anno dazumal Butter, Quark und Käse herstellte und servieren viele Milchleckereien.

Deutsche Krimistraße

Zwischen Moor und Meer, durch nebelumwaberte Sumpfgebiete, verläuft die Deutsche Krimistraße auf dem Rönndeich. Nirgends sonst spielen auf so engem Raum so viele Krimis wie hier in »Erlkönigs Land«.

› Schaurige Moorlandschaft beflügelt die Fantasie

Die Gegend rund um das Kehdinger Moor im niedersächsischen Drochtersen-Hüll ist durchaus idyllisch. Aber die am Rönndeich heimischen Krimiautoren lassen sich eher von den düsteren Seiten dieser Landschaft an der Großen Rönne zwischen Elbe und Weser inspirieren, dieser »tropfnassen Welt aus Nebelbänken und moorigem Bruchwald« (Emanuel Eckart). Das »Krimiland Kehdingen-Oste« war auch Schauplatz vieler Episoden von TV-Kultserien wie »Der Alte« oder »Tatort«.

Der Rönndeich ist die einzige Ferienstraße Deutschlands, die man bequem auf einen Spaziergang absolvieren kann: Birken und ein lehmiges Fleet auf der einen, Fachwerkhäuser, in denen Krimiautoren wohnen, auf der anderen Seite. Die oft nur leicht verfremdeten Schauplätze vieler Krimis liegen etwas weiter verstreut. Am besten schwingt man sich aufs Fahrrad, aber auch Ausritte werden angeboten.

❯ Wo »Massenmörder« wohnen

Auf dem Rönndeich wohnen bzw. wohnten fast in Rufweite namhafte Schriftsteller, die hunderte höchst unnatürliche Todesfälle schilderten. Spitzenreiter ist der 2005 verstorbene Drehbuchautor **Volker Vogeler,** der hier an der Rönne u. a. 170 der ersten 300 Folgen von »Der Alte« schrieb.

Nur wenige Meter weiter lebt **Jürgen Petschull:** Er verfrachtete in seinem Wende-Thriller »Der Herbst der Amateure« (antiquarisch z. B. über Amazon) einen US-Rüstungsforscher und einen russischen KGB-Offizier zum Showdown in die herbe Landschaft an Oste und Rönne.

Wieder nur wenig weiter spezialisiert sich **Elke Loewe** unter dem Dach einer ländlichen Apfelmosterei auf raffinierte Giftmorde. Hier hat sie auch den bisher einzigen plattdeutschen »Tatort« verfasst: »Wat Recht is, mutt Recht bliewen« spielt in den nahen Dörfern Osten und Hüll.

Am Moor nahe der Quelle der Rönne schreibt Rechtsanwalt **Wilfried Eggers** Kriminalromane wie »Ziegelbrand« (grafit Verlag): die Abrechnung von Insassen eines Altersheims mit einem lokalen NS-Verbrecher. Bei Eggers spielen ein Gefangenenlager bei Selsingen am Oberlauf der Oste ebenso eine Rolle wie ein Judenfriedhof im Waldgebiet Wingst bei Geversdorf.

In dieser Gegend der Niedersächsische Milchstraße (S. 191 ff.) verwundert es nicht, dass auch in Kuhställen gemordet wird. Ein Krimischreiber, **Thomas Morgenstern,** ist sogar selbst Biobauer in der Hofgemeinschaft Aschhorn und verknüpft Milchwirtschaft mit Meuchltat (»Der Milchkontrolleur«, Medien Contor Elbe). In Neulandermoor wohnt »der Mann, der Barschels Leiche fand«: Hier schreibt SPIEGEL-Redakteur **Sebastian Knauer** seine Thriller (»Die Recherche«, Ullstein Verlag).

❯ Zu den Tatorten

Vom Rönndeich aus sind viele in den Büchern geschilderten Tatorte gut zu

Im Überblick

Kontakt: Tourist-Info Kehdingen,
Stader St. 139, **Wischhafen,**
Tel. (0 47 70) 83 11 29, Fax 83 13 28,
www.deutsche-krimistrasse.de
Streckenlänge: 2,3 km
Bundesland: Niedersachsen
Reiseplanung: 1 Tag für die eigentliche
»Straße« am Rönndeich,
mehrere Tage für Streifzüge zu den
Schauplätzen der diversen Krimis.

erreichen: Stade, Cuxhaven, Drochtersen, Osten, Krautsand, Wingst und Selsingen. Vielleicht findet man sogar die Kate der Moorhexe Agathe Kalde ... Etliche Museen und Dokumentationsstätten liefern Informationen zum Hintergrund der jeweiligen Handlung, darunter das Moorbauernmuseum Heimathof Hüll, die Ziegelei Rüsch in Asselersand, das Ziegeleimuseum in Bevern, die Dokumentationsstelle Sandbostel, das Moormuseum bei Gnarrenburg, die Moorbahn »Moorkieker« und das Küstenschifffahrtsmuseum Wischhafen.

Wer die Krimis noch nicht kennt, mietet sich im Ferienhaus-Oste am Rönndeich 28 ein: Dort kann man sie ausleihen. Wie schreibt Elke Loewe: »Ich entlasse Sie nun aus meinem Bericht, hoffend, Sie werden sich nicht davon abhalten lassen, in Erlkönigs Land zu reisen, wo die Bäume vor dem ewigen Nordwestwind buckeln und der Fluss alle sechs Stunden zurück zur Quelle fließt.« Frohes Gruseln!

Allgemeine Infos

vgl. Nieders. Milchstraße, S. 192

Essen und Unterkunft

Osten:

Hotel Fährkrug, Deichstr. 1,
Tel. (0 47 71) 23 38, www.faehrkrug.de.
Sympathische Unterkunft bei der historischen Schwebefähre. Das Restaurant serviert Fischspezialitäten von Aal bis Zander. ○○

Freiburg/Elbe:

Hotel Kehdinger Hof, Hauptstr. 59,
Tel. (0 47 79) 3 16, Fax 86 85, www.
hotel-kehdinger-hof.city-map.de.
Zimmer und Ferienwohnungen,
Restaurant mit regionaler Küche. ○

Drochtersen-Hüll:

Ferienhaus-Oste, Rönndeich 28, Tel.
(0 47 71) 88 72 25. Großzügiges Atelier
unterm Reetdach mit wunderbarem
Ausblick und kostenloser Sauna. ○○

Deutsche Fußball Route NRW

> Unter dem Motto »Folg' den Spuren Deiner Idole«
> führt die zur Weltmeisterschaft 2006 begründete
> Deutsche Fußball Route NRW auf jeweils 11 Stationen
> durch 15 Fußballstädte Nordrhein-Westfalens.

› Die topmoderne Gelsenkirchener VELTINS-Arena

» **Mythos Fußball: Nirgendwo in Deutschland gibt es so viele Fußballvereine wie in Nordrhein-Westfalen. Rechtzeitig zur WM 2006 wurde die Deutsche Fußball Route NRW eröffnet: Auf 550 km verbindet sie 15 Städte in Nordrhein-Westfalen, deren Traditionsvereine nationale und internationale Bekanntheit genießen. Dabei verknüpft die Route Elemente der Erlebniswelt Fußball mit touristisch attraktiven Reisezielen und kulturellen Highlights, animiert Fußballfans also auch zum Besuch der Dome von Köln und Aachen oder des historischen Rathauses von Münster. Zudem warten u. a. Dortmund oder Duisburg auch mit Highlights der Route der Industriekultur (S. 126 ff.) auf.**

In alphabetischer Reihenfolge erfasst das Projekt des Westdeutschen Fußball- und Leichtathletikverbandes in Kooperation mit dem Land und dem Nordrhein-Westfalen Tourismus e. V. folgende Städte: Aachen (Alemannia), Bielefeld (Arminia), Bochum (VfL und Wattenscheid 09), Dortmund (BVB), Düsseldorf (Fortuna), Duisburg (MSV), Essen (Rot-Weiss und Schwarz-Weiß), Gelsenkirchen (Schalke), Köln (1. FC), Krefeld (KFC Uerdingen 05), Leverkusen (Bayer 04), Mönchengladbach (Borussia), Münster (Preußen), Oberhausen (Rot-Weiß) und Wuppertal (SV Borussia). Innerhalb dieser 15 Städte informieren jeweils 11 Hinweisschilder mit Kurzinfos und Fotos über

die Fußball-Kultorte der Stadt – Stadien, aber auch Hotels, Restaurants, Rathäuser oder Friedhöfe. Manche Stationen sind nur für eingefleischte Fans von Bedeutung, andere reine Zugeständnisse an die Sponsoren. Als Anreiz, die Route komplett zu absolvieren, geben die jeweiligen Tourismusbüros einen Pilgerpass aus, der an jeder Station abgestempelt wird.

❯ »Wichtig is' auf'm Platz«

Natürlich sind die Arenen, in denen das Runde ins Eckige muss, fester Bestandteil der Stadtrouten.

Das Kölner **RheinEnergieStadion** kennt man noch als Müngersdorfer-Stadion. Nach dem Spiel ist bekanntlich vor dem Spiel: Die Wartezeit lässt sich mit einem Besuch des **1. FC Köln Museums** verkürzen, das u. a. Toni Polster und Wolfgang Weber würdigt.

Für Leverkusen-Fans ist ein Besuch der komfortablen **BayArena** obligatorisch, die gerne Schmuckkästchen der Bundesliga genannt wird. Die Geschäftsstelle ist gleich vor Ort, und besonders nette Fans bringen Reiner Calmund was Gutes zu essen mit. Hier wurde zum ersten Mal ein Fußballverein in eine GmbH umgewandelt.

Auf dem alten **Bökelberg** trugen die »Fohlen« von Borussia Mönchengladbach in den glorreichen 1970er-Jahren legendäre Duelle gegen den FC Bayern München aus. Aber das traditionsreiche Stadion steht nicht mehr, und im neuen **Borussia-Park** waren noch keine Heldentaten zu erleben: Derzeit kickt Gladbach in der zweiten Liga.

Auch das Duisburger **Wedau-Stadion,** in dem Trainerlegende Sepp

› Bis 2009 wird die BayArena in Leverkusen umgebaut und erweitert

Herberger 1924 als Nationalspieler auflief, gibt es nicht mehr. In der **MSV-Arena** sind die »Zebras« wieder voll dabei: im Kampf gegen den Abstieg.

Wehmut in Schalke: In der alten **Glückauf-Kampfbahn** begeisterten die »Knappen« des FC Schalke 04 mit ihrem Schalker Kreisel genannten Kurzpassspiel wahre Zuschauermassen, spielten ihre Gegner schwindlig und feierten ihre größten Erfolge – sechs Deutsche Meisterschaften in den 1930er- und 1940er-Jahren. Nach dem Krieg holten die Königsblauen bislang jedoch nur ein einziges Mal die Meisterschale, 1958. Im **Parkstadion** waren ihnen solche Triumphe nicht vergönnt. Aber dafür feierte hier der Papst 1987 eine Heilige Messe. Der Abschied vom Parkstadion wurde zum größten Desaster Schalkes: Am 19. Mai 2001 bejubelte man schon die Deutsche Meisterschaft – genau vier Minuten lang. Dann schossen die »Dusel-Bayern« beim Parallelspiel gegen den Hamburger SV Schalke ins Elend eines »Meisters der Herzen«. Seither spielt man in der multifunktionalen **Veltins-Arena,** eines der von der UEFA anerkannten Fünf-Sterne-Stadien in Deutschland. Und immerhin war 2007 wieder Champions League angesagt!

Die hat von allen Mannschaften im Revier bisher nur Borussia Dortmund gewonnen, im Jahr 1997. Gleichzeitig holte Schalke den UEFA-Pokal, und einmal, dieses eine Mal, verbrüderte sich Schwarzgelb mit Blauweiß und skandierte das einst verpönte Wort »Ruhrpott«. Der BVB feierte seine ersten Erfolge im **Stadion Rote Erde,** neben dem Westfalenstadion, das seit 2005 **Signal Iduna Park** heißt. Diese »Fußball-Oper« war sowohl 1974 wie auch 2006 WM-Stadion und ist schon deshalb Pflichtstation für Fans.

Im Überblick

Kontakt: Westdeutscher Fußball-
und Leichtathletikverband e.V.,
Friedrich-Alfred-Str. 11, 47055 Duisburg,
Tel. (02 03) 71 72-0, Fax 71 72-110,
www.dfr-nrw.de
Streckenlänge: ca. 550 km
Bundesland: Nordrhein-Westfalen
Reiseplanung: pro Stadt ein Tag

Kenner versichern, dass die legendäre Feindschaft zwischen Schalke und »Doatmund« nicht mehr so schlimm sei: Neuer »bester Gegner« des BVB ist der VfL Bochum, die einstige graue Maus im Revier. »Vau-ef-el – Mein Hääz schlägt nua für dich«, skandieren die Fans des »Rekordwiederaufsteigers« seit 1979 im **Ruhrstadion.**

Vom Aufstieg kann Rot-Weiss Essen nur träumen: Im traditionsreichen **Georg-Melches-Stadion** an der Hafenstraße ist leider nur noch Regionalliga angesagt. Fußballgeschichte geschrieben hat auch Schwarz-Weiß Essen (derzeit Oberliga Nordrhein): Im **Stadion Uhlenkrug** haben Idole wie Oliver Bierhoff oder Jens Lehmann ihre Spuren hinterlassen.

Mit der Glücksgöttin ist nicht immer gut Kirschen essen: Die »Fahrstuhlmannschaft« Fortuna Düsseldorf spielt zwar seit 2004 nicht mehr im alten Rheinstadion, sondern in der modernen Multifunktionsstätte **LTU arena,** aber momentan reicht es nur für die Amateurliga. Ob wieder mal ein »Durchmarsch« gelingt wie in früheren Zeiten? Vielleicht hilft ja die Anrufung von »Fußballgott« Toni Turek, berühmtester Fortune, der 1954 beim WM-Finale in Bern das Tor der deutschen Nationalmannschaft hütete.

› So ein Tag ...

An die Stätten einstiger (und hoffentlich künftiger) Feiern erinnert die Deutsche Fußballroute besonders gern. Die **Kölner** feiern vor ihrem historischen Rathaus und anschließend in einer der urigen Altstadtkneipen.

Richtig nobel empfangen wurden die Profis von **Bayer 04 Leverkusen,** als sie es 2002 bis ins Finale der UEFA Champions League geschafft hatten: im Spiegelsaal des Schlosses Morsbroich. Zwei Jahre vorher war die bereits fest eingeplante Meisterfeier ausgefallen: Den Namen Unterhaching erwähnt man in Leverkusen besser nicht. Aber einmal hat »Vizekusen« doch triumphiert: 1988 bejubelten Tausende von Fans auf dem Rathausplatz den Gewinn des UEFA-Pokals.

Die Triumphzüge der **Gladbacher** sind länger her: In den 1970er-Jahren feierte man manche Deutsche Meisterschaft vor dem Rathaus, und auf dem Alten Markt stillen zahlreiche Fankneipen den Durst.

Ein echter Borusse erweist in **Dortmund** natürlich dem Geburtshaus von Günter Netzer in der Gasthausstraße 31 seine Reverenz. Aber die Geschichte von der legendären Selbsteinwechselung von 1973 kennt nun mittlerweile jeder, Herr Delling!

Der **Gelsenkirchener** Hauptbahnhof war oft Ausgangspunkt für die Triumphzüge von Schalke 04. In den 1930er- und 1940er-Jahren fanden auf dem Schalker Markt viele Siegesfeiern für die Königsblauen statt.

Kaum minder leidenschaftlich ging es in **Oberhausen** zu. Immer, wenn im Fenster der ehemaligen Gaststätte »Fritz am Altmarkt« eine rote Laterne brannte, hieß das: Rot-Weiß hat am Nachmittag ein Spiel gewonnen. 1971 wurde Lothar Kobluhn sogar Torschützenkönig, vor dem Bomber der Nation Gerd Müller. Hömma Oppa, da war aber angezapft! Aber dann kam der Bundesliga-Skandal, und die Fans verbrannten unliebsame Zeitungen auf dem Altmarkt. Ihr hundertjähriges Bestehen feierten die »Kleeblätter« in der Luise-Albertz-Halle.

Wenn **Dortmund** einen Titel holt, verwandelt sich der Friedensplatz neben dem Rathaus in ein schwarzgelbes Meer, und oft genug werden die Spieler des BVB nach glorreicher Heimkehr mit großem Bahnhof an

selbigem empfangen. Nobel weitergefeiert wird im Casino Hohensyburg.

Die Spieler von Rot-Weiss **Essen** begossen ihre Deutsche Meisterschaft 1955 in der Philharmonie Essen Saalbau, nachdem sie von ihren Fans stürmisch auf dem Hauptbahnhof begrüßt worden waren. Ein Jahr zuvor hatte das Vereinsidol Helmut Rahn, der »Boss«, den entscheidenden Treffer im WM-Finale 1954 geschossen. Selbst Niederlagen bejubelten die treuen Essener Fans auf dem Kennedyplatz. Nun ja, immerhin erreichte der damalige Zweitligist Rot-Weiss Essen 1994 das Finale des DFB-Pokals.

Jedes Mal, wenn der VfL **Bochum** wieder in die 1. Liga aufgestiegen ist, versammeln sich die Fans vor dem Rathaus der Stadt. 1968 geleitete eine wahre Fankarawane die Revierkicker zum Hauptbahnhof, als sie das erste Mal zu einem DFB-Finalspiel fuhren. Der zweite Bochumer Klub, die SG Wattenscheid 09, feierte 1990 den Aufstieg in die 1. Liga vor dem Rathaus des Stadtteils. Mit glänzenden Augen erinnern sich die Fans an Siege gegen den VfL Bochum (1992) und die Siege

> Dortmund feiert seinen Titel 2002

(1991 und 1993) gegen den FC Bayern München. Heute backt man kleinere Brötchen – in der Regionalliga.

Das gilt auch für den KFC Uerdingen 05, der als Bayer-Mannschaft nach dem Gewinn des DFB-Pokals 1985 im **Krefelder** Seidenweberhaus mit Glanz und Gloria empfangen wurde. Wo sind sie hin, die schönen Zeiten …

❯ Besinnliche Momente

Auch Besinnliches hat die Fußballroute zu bieten. Im **Kölner Dom** zünden die Kölner ebenso wie die Fans der Gastmannschaften Kerzen für ihre Elf an. Hier wurde 1983 die Trauermesse für Meistertrainer Hennes Weisweiler abgehalten. Auf dem **Südfriedhof** besuchen Nostalgiker die Ruhestätten von Jean Löring, lange Präsident von Fortuna Köln, und Franz Kremer, Gründungsvater der Bundesliga.

Frühes Mönchengladbacher Idol war Albert Brülls, dessen Grab auf dem **Hauptfriedhof Birkenallee** zu finden ist. Bereits am Bökelberg erinnerte ein Mahnmal an im Krieg gefallene Borussen. Es wurde in die Nähe des neuen Stadions verlegt, inklusive der Meistereiche, die schon der alten Erinnerungsstätte Schatten spendete.

Dem Schalker Dribbelkönig Reinhard »Stan« Libuda erweist man auf dem **Gelsenkirchener Ostfriedhof** seine Reverenz. Der Gründer von Rot-Weiss Essen, Georg Melches, ruht auf dem **Matthäusfriedhof.** Im **Aachener Dom** erinnern sich Alemannia-Fans an die Trauerfeier für den 1999 verstorbenen Erfolgstrainer Werner Fuchs: auch eine Art, das karolingische Weltkulturerbe kennen zu lernen!

❯ Zu den Talentschmieden

Genug der Nostalgie, es wächst ja was nach! An der **Deutschen Sporthochschule** in Köln lehrte schon Sepp Herberger, dass der Ball rund ist und das Spiel 90 Minuten dauert. Noch heute gilt die Hochschule weltweit als Kaderschmiede für künftige Spitzentrainer.

Ob Leverkusen endlich mal Meister wird, entscheidet sich wohl im **Jugendfußball-Zentrum Kurtekotten** in Leverkusen. Auch in der Duisburger **Sportschule Wedau** schauen immer wieder Talent-Scouts vorbei.

❯ Wo man Legenden trifft

Im **Kölner Geißbockheim** in Köln-Sülz, wo auch das Trainingsgelände des 1. FC liegt, sind viele aktuelle und ehemalige Spielergrößen Stammgäste – vielleicht klappt's ja mit einem Autogramm von Hannes Löhr oder Wolfgang Weber? So mancher bekannte Spieler wurde auch schon im **Deutschen Sport- und Olympia-Museum** gesichtet (Rheinauhafen 11, Di–Fr 10 bis 18 Uhr, Sa, So 11–19 Uhr).

Die Gladbacher treffen sich seit 2006 in Fanhaus und Fangarten am **Borussia-Park.** In den Kneipen des **Duisburger Innenhafens** ist die Chance am größten, einem bekannten MSV-Spieler zu begegnen.

»Wo liegt denn Schalke?«, wollte der König von Schweden einst von Ernst Kuzorra wissen. Und das vielleicht größte Gelsenkirchener Fußball-Idol aller Zeiten antwortete: »Anne Grenzstraße, Majestät!« Ja, hier begann der steile Aufstieg der Schalker Fußballer auf einer Wiese, die dann befestigt wurde und, mit Umkleidekabinen und

Zaun ausgerüstet, bis 1928 die erste Platzanlage der Schalker war. Das **Schalke-Museum** am Arenaring (Di bis Fr 10–19 Uhr, Sa, So bis 17 Uhr) erinnert an all das, und manchmal schaut Schalke-Idol Willi Koslowski vorbei. Den trifft man auch ab und an im Fanshop am Ernst-Kuzorra-Weg, und vielleicht erzählt er ja noch mal, wie es war, als er 1958 Meister wurde: mit königsblauen »Freunden, die zusammenstehn«, damals wie heute.

Allgemeine Infos

(vgl. Route der Industriekultur, S. 130)

Köln Tourismus, Unter Fettenhennen 19, 50667 **Köln,** Tel. (02 21) 22 13 04 00, Fax 22 13 04 10, www.koelntourismus.de

Düsseldorf Marketing & Tourismus GmbH, Der Neue Stahlhof, Breite Straße 69, 40213 **Düsseldorf,** Tel. (02 11) 17 20 20, Fax 1 72 02 32 30, www.duesseldorf-tourismus.de

Tourist Service Aachen, Friedrich-Wilhelm-Platz, 52062 **Aachen,** Tel. (02 41) 1 80 29 60, Fax 1 80 29 30, www.aachen-tourist.de

Münsterland-Touristik, An der Hohen Schule 13, 48565 **Steinfurt,** Tel. (0 25 51) 93 2 91, Fax 93 92 93, www.muensterland-tourismus.de

Essen und Unterkunft

(alle Adressen sind Stationen der Route)

Leverkusen:

Bayer Kasino, Kaiser-Wilhelm-Allee 3, Tel. (02 14) 8 31 10, www.bayer-gastronomie.de. Hierher führt Bayer 04 die Offiziellen europäischer Spitzenmannschaften stilvoll aus. ○○○

Lindner Hotel BayArena, Bismarckstr. 118, Tel. (02 14) 8 66 30, Fax 86 63 8 66, www.lindner.de. Alles ist auf Bayer 04 Leverkusen zugeschnitten – vom Starposter bis hin zur Loge mit Exklusivaussicht aufs Spielfeld der BayArena. ○○○

Mönchengladbach:

Gaststätte Alt Eicken, Eickener Str. 149, Tel. (0 21 61) 2 34 59, www.alt-eicken. de. Vereinsgaststätte der Borussia mit Bronzefiguren von Günter Netzer, Berti Vogts und Herbert Wimmer. ○○

Gelsenkirchen:

Fankneipe »Auf Schalke«, Kurt-Schumacher-Str. 119, Tel. (02 09) 4 08 43 39, www.sfcv.de. Hier schlägt das Herz der königsblauen Fan-Kultur.

Dortmund:

Park Inn Dortmund – City Centre, Olpe 2, Tel. (02 31) 54 32 00, Fax 57 43 54, www.park-inn-dortmund.de. Im ehemaligen »Römischen Kaiser« stiegen in den 50er- und 60er-Jahren bekannte europäische Fußballteams ab. ○○○

Pommes Rot-Weiß, Oesterholzstr. 60/ Ecke Dürener Str., Dortmund. An Stelle der heutigen Pommes-Bude wurde 1909 im Restaurant Zum Wildschütz der BVB aus der Taufe gehoben. ○

Essen:

Friesenstube, Frohnhauser Str. 387, Tel. (02 01) 75 64 08. Helmut Rahn hat hier öfter ein Pils bestellt. ○

Restaurant Hügoloss, Freiherr- vom-Stein-Str., Essen, Tel. (02 01) 47 02 17, www.restaurant-huegoloss.de. Im unterhalb der Villa Hügel gelegenen griechischen Restaurant kann man eine Stele bewundern, die 2004 zu Ehren Otto Rehhagels aufgestellt wurde. ○○

Deutsche Limes-Straße

Eine Reise zurück in die Blütezeit des Römischen Reichs entlang dem Obergermanisch-Raetischen Limes: durch Wald- und Flusslandschaften, zu Kastellen, Bädern und Limestürmen.

> Eine Station am Limes-Wanderweg im Odenwald

» Über 700 km hinweg begleitet die Deutsche Limes-Straße
Deutschlands längstes Kultur-
denkmal. Es ist seit 2005 – zusammen mit dem Hadrian's Wall im
Norden Großbritanniens – Teil
eines Weltkulturerbe-Projektes,
das einmal alle archäologischen
Stätten entlang der Außengren-
zen des ehemaligen Imperium
Romanum umfassen soll.
Ursprünglich war der Limes
nichts als eine Waldschneise, die
Kaiser Domitian im 1. Jh. quer
durch Germanien schlagen ließ.
Vor den Postenweg ließ Kaiser
Hadrian im 2. Jh. eine Holzpali-
sade setzen. Später wurden die
hölzernen Wachtürme nach und
nach durch steinerne ersetzt.
An den Grenzen des Römischen
Reichs blühten Handel und
Handwerk. Dem Ansturm der
Franken und Alemannen im 3. Jh.
hielt der Limes aber nicht mehr
stand. Die Römer zogen sich an
Rhein und Donau zurück, und die
Limes-Anlagen verfielen bald.
Heute erlebt der Limes eine
Renaissance: Besucher aus ganz
Mitteleuropa reisen auf seinen
Spuren und entdecken dabei en
passant namhafte Kurbäder und
malerische Ortschaften.

Die Nummerierung der Wachtürme
beginnt am Rhein. Doch gerade wenn
man nur ein Teilstück der seit 1995
existierenden Limes-Straße bereisen
will, empfiehlt es sich, am eigentlichen
Endpunkt der Route zu starten, denn
am Rätischen Limes, zwischen Regensburg und Lorch, liegen die meisten Highlights der Strecke. Wanderungen, Führungen und Themenabende
organisieren die Limes-Cicerones,
ausgebildete Gästeführer (www.limes-
cicerone.de). Wer das Auf und Ab der
hügeligen Waldlandschaften nicht
scheut, kann die Grenzbefestigungen
auch per Bike erkunden: auf dem fast
800 km langen, bestens markierten
Limes-Radweg, einem der eindrucksvollsten Fernradwege Mitteleuropas.

› Weltkulturerbe Regensburg

Zwei Jahrtausende Geschichte prägen
Regensburg, das wegen seines einmali-
gen mittelalterlichen Stadtbilds mit
Dom und Steinerner Brücke selbst ein
Weltkulturerbe ist.

Ein römisches **Kohortenkastell**
stand bereits 90 n. Chr. im Bereich des
heutigen Stadtteils Kumpfmühl.
179 n. Chr. wurde unter Kaiser Marc
Aurel am nördlichsten Punkt der
Donau zur Abwehr der Markomannen
das Legionslager Castra Regina gegründet. Die Straße Unter den
Schwibbögen folgt der ehemaligen,
einst etwa 8 m hohen und 2 m breiten
Römermauer. Hier wurde 1884 die
Porta Praetoria entdeckt, das Nordtor
des Lagers. Im **Historischen Museum**
(Di–So 10–16, Do bis 20 Uhr) ist die
größte Dauerausstellung zum Thema
Römer in Bayern zu sehen. Zur Sammlung gehört die »Steinerne Grün-
dungsurkunde«. Am Kornweg im
westlichen Stadtteil Prüfening schützt
ein Museumspavillon die sehenswerten Überreste der ältesten römischen
Brauerei nördlich der Alpen.

Am östlichen Ende des Rätischen Limes

Die Deutsche Limes-Straße führt von Regensburg nach **Kelheim,** wo hoch über der Donau die Walhalla thront. Von dort geht es – besonders schön per Schiff – durch den spektakulären Donaudurchbruch mit dem barocken **Kloster Weltenburg** (s. S. 102 f.) zum östlichen Ausgangspunkt des Rätischen Limes: Abusina bei **Eining** am südöstlichen Donauufer ist das am vollständigsten konservierte Kastell auf bayerischem Boden. An der Straße Hienheim-Kelheim bietet ein rekonstruierter hölzerner Limeswachtturm mit Holzpalisade einen schönen Blick ins Donautal und nach Eining.

Römische Badefreuden

Etwas südlicher, in **Bad Gögging,** einem Ortsteil von **Neustadt an der Donau,** kurten die Römer. Schon Kaiser Trajan ließ hier um 110 n. Chr. für die Schwefelquellen Thermen errichten, die bis um 400 n. Chr bestanden.

Unter der romanischen Chorturmanlage der profanierten Kirche St. Andreas (jetzt Archäologisches Museum) wurden über 20 Räume der Badeanlage ausgegraben, auch die verschiedenen Warm- und Kaltbecken. Heute knüpft die 1979 eröffnete moderne Limes-Therme an die im 15. Jh. wieder aufgenommene Badetradition an.

Im schönen Altmühltal

In **Kipfenberg** überquerte der Rätische Limes die Altmühl. Hier lassen sich Radtouren durch den schönsten Teil des Naturparks Altmühltal unternehmen. Zum rekonstruierten Wachtturm bei Kipfenberg führen Wanderwege. Jedes Jahr Mitte August, um Mariä Himmelfahrt, wird in Kipfenberg das Limesfest gefeiert. Das Kastell im heute eingemeindeten **Böhming** wurde schon um 1900 freigelegt und ist als Wall erkennbar. Eine Kirche steht innerhalb des damaligen Lagers. Westlich von Kipfenberg verläuft bis zur Spitze des Bergsporns zwischen

Altmühl und Kälbertal ein vorzüglich erhaltenes Limesstück als mächtiger Damm. Auf der Burg Kipfenberg wurde ein Römer- und Bajuwarenmuseum eingerichtet.

Südlich von Walting führt bei **Pfünz** (von latein. »pons«, Brücke) eine mittelalterliche »Römerbrücke« über die Altmühl. Hier hat man Nordtor, Mauerzüge und Eckturm des Römerkastells Vetonia auf dem Kirchberg wieder aufgebaut, das unter Kaiser Antoninus Pius um die Mitte des 2. Jhs. in Stein befestigt und 233 n. Chr. durch einen Alemanneneinfall zerstört worden war. »Teufelsmauer« nannten die Menschen des Mittelalters die Steinwälle des Kastells: Sie kannten die Geschichte des Limes nicht mehr. Ein Lehrpfad erschließt die Mauerreste. Alle zwei Jahre feiern kostümierte »Legionäre« hier ein rauschendes Römerfest. Im nahen **Möckenlohe** lädt jedes Jahr im August die Villa Rustica, ein wiederaufgebauter römischer Gutshof, zu einem ländlichen Volksfest ein.

Im Herzen des Naturparks Altmühltal liegt der alte Bischofssitz **Eichstätt,** dessen barocke Altstadt mit Residenz und Dom sehenswert ist. Das ur- und frühgeschichtliche Museum auf der Willibaldsburg zeigt u. a. Funde aus den Römerkastellen Pfünz und Böhming (Di–So 9–18, Okt.–März 10 bis 16 Uhr). Im Norden von Eichstätt wurde 1992 östlich von **Erkertshofen** am Limeslehrpfad ein steinerner dreigeschossiger Limesturm aus handbehauenen Kalkbruchsteinen rekonstruiert, wobei man sich auch von einer Darstellung auf der Trajanssäule in Rom inspirieren ließ. Das über eine

leicht einziehbare Außenleiter zugängliche erste Obergeschoss war wohl Aufenthalts- und Schlafraum, das zweite Obergeschoss mit der umlaufenden Galerie der Wachraum. Der Panoramablick von der Holzgalerie reicht weit über das Altmühltal.

❯ Römische Kunstschätze

Bei **Burgsalach** sind die Fundamente eines sonst nur in Nordafrika anzutreffenden quadratischen »Burgus« erhalten: ein Kleinkastell aus der Spätlimeszeit (Holzwachturm rekonstruiert). Bis nach Weißenburg zieht sich der Limes jetzt als Damm kilometerweit und schnurgerade durch die Landschaft und ist durch eine »Pfahlhecke« deutlich zu erkennen.

Die ehemalige Römer- und Freie Reichsstadt **Weißenburg in Bayern** am Rand der südlichen Frankenalb besitzt eine historische Altstadt mit gut erhaltener mittelalterlicher Stadtmauer. Am westlichen Stadtrand hat man 1985 die erstaunlich aufwendigen und gut erhaltenen Thermen des römischen Biriciana der Öffentlichkeit zugänglich gemacht. Von einem Führungssteg überblickt man den Gymnastikhof mit Säulenumgang, die Sporthalle und die Baderäume. Noch faszinierender sind Teile des Weißenburger Schatzfundes, die im Römermuseum (mit Limes-Infozentrum, tgl. 10–12.30, 14–17 Uhr) zu sehen sind, darunter kunstvolle Götterstatuetten aus Bronze in einmaliger Qualität und Pararüstungsteile aus der zweiten Hälfte des 2. Jhs. Eine Vitrine zeigt Bronzetäfelchen, die einem Soldaten nach 25 Jahren treuer Dienste das römische Bürgerrecht und die Genehmigung zur Heirat verbrieften. Das Nordtor des Kastells wurde nach wissenschaftlichen Ausgrabungen in voller Höhe rekonstruiert.

Immer am Limes entlang, vorbei an Mauerresten, Turmstümpfen und Erdwällen, geht es über die barocke Residenzstadt **Ellingen** (hier soll bis 2010 ein Limes-Freizeitpark entstehen), **Pleinfeld** im Neuen Fränkischen Seenland, **Theilenhofen** und **Gunzenhausen** (nördlichster Punkt des Rätischen Limes) nach **Ehingen,** wo ein Teil der rätischen Limesmauer wieder aufgebaut ist. Weiter führt die Limes-Straße zu den Ringwallanlagen auf dem Hesselberg bei **Wittelshofen** und zum **Römerpark Ruffenhofen** mit nie überbauten Kastell und Vicus (Zivilsiedlung) nordöstlich von **Weiltingen** (Ausstellung zum Römerpark im Heimatmuseum). Das Gelände des Römerparks Ruffenhofen soll zukünftig touristisch besser erschlossen werden.

Weitere Stationen sind **Wilburgstetten,** der rekonstruierter Steinturm von **Mönchsroth** und **Ellwangen** mit barocker Stiftskirche. Östlich von Ellwangen ist bei **Pfahlheim** die Limesmauer bis zu einer Höhe von 75 cm erhalten. In **Rainau** veranschaulicht ein Rundwanderweg mit konservierten bzw. rekonstruierten Denkmalen die Geschichte des Rätischen Limes. Im Ortsteil **Dalkingen** ist ein triumphbogenartiges Limestor konserviert. Es war wohl Kaiser Caracalla gewidmet, der 213 n. Chr. wegen der Alemanneneinfälle an den Limes eilte. Bei **Hüttlingen** findet man eine Rekonstruktion von Limespalisade und Mauer.

❯ Von Reitern und Nymphen

Die freie Reichsstadt **Aalen** am Fuß der Schwäbischen Alb besitzt nicht nur ein historisches Zentrum, sondern war auch Standort des größten römischen Reiterkastells nördlich der Alpen. Es beherbergte die tausend Mann starke Ala II Flavia milliaria. Der Archäologische Park auf dem Kastellgelände veranschaulicht den Alltag der Reitersoldaten. Das Limesmuseum zeigt die schönsten Funde des westlichen rätischen Limes, darunter eine Brunnennymphe aus dem Kastellbad von Schwäbisch Gmünd sowie den Brunnenfund aus Rainau-Buch (Di–So 10 bis 17 Uhr; www.museen-aalen.de). Sehr populär ist das Aalener Römerfest in jedem geraden Jahr, während die Limes-Thermen das ganze Jahr über eine »Römer-Kur« im Angebot haben.

An der Rems entlang führt die Limesstraße nun nach **Mögglingen** am Fuße der Schwäbischen Alb. Südlich des Orts ist eine der eindrucksvollsten Stellen am Rätischen Limes erhalten: ein über 1,5 km langer Schuttwall. Über **Schwäbisch Gmünd** (s. Stauferstraße, S. 114) geht es nach **Lorch,** bei dessen Kastell am Limesknie die Obergermanische und der Rätische Limes zusammentrafen. In Lorch kann man in einem römischen Streitwagen fahren, römische Theaterszenen anschauen oder ein römisches Picknick genießen. Ab Lorch verlief der Limes bis Miltenberg auf einer Strecke von insgesamt 80 km als künstliche, fast schnurgerade Grenze: ein Geniestreich der römischen Vermessungstechnik. Weiter westlich befand sich der Odenwald-Neckar-Limes, der zwischen 148 und 161 n. Chr. durch den Obergermanischen Limes ersetzt wurde. Der Limes-Wanderweg führt an einem rekonstruierten hölzernen Wachturm vorbei.

› Legionäre in Odins Wald

Kleine Seen prägen die Umgebung des Luftkurorts **Welzheim** (s. Idyllische Straße, S. 164) im Naturpark Schwäbisch-Fränkischer Wald. Mit zwei Kastellen war Welzheim einer der wichtigsten Truppenstandorte am äußeren Obergermanischen Limes. Das Ostkastell mit konservierten Teilen der Umfassung und Rekonstruktion des Westtores ist heute ein Archäologischer Park. Konservierte und rekonstruierte Wachposten gibt es auch in **Murrhardt** (Römerfunde im Carl-Schweizer-Museum) und **Großerlach.** Hier ist der württembergische Limes besonders gut erhalten. Ein Limeslehrpfad führt nach **Mainhardt** mit einem Römermuseum. In **Öhringen,** dem einstigen Vicus Aurelianus, wurde ein römischer Skulpturenpark eingerichtet. Originalfunde zeigt das Weygangmuseum. In **Jagsthausen,** auf dessen Burg Götz von Berlichingen einige Jahre seiner Kindheit verbrachte, gibt es ein römisches Freilichtmuseum (Archäologisches Reservat) im Areal des zweiten Kastellbades.

Im heutigen **Osterburken** sicherte ein Doppelkastell die Kreuzung von zwei Römerstraßen; Reste einer Badeanlage sind sichtbar. Das Römermuseum zeigt u. a. Fundstücke aus dem Beneficiarier-Weihebezirk. Der Wallfahrtsort **Walldürn** im Odenwald wird wegen seiner barocken Basilika und

› Archäologischer Park in Aalen

dem Elfenbeinmuseum besucht, fungiert aber seit 2006 auch als UNESCO Geopark-Informationszentrum, das geführte Wanderungen am Limes entlang anbietet. Ein Lehrpfad begleitet den Limes auf 2,2 km Länge: Konservierte Wachtposten und eine rekonstruierte Palisade sind zu sehen.

Das malerische, direkt am Main zwischen Spessart und Odenwald gelegene **Miltenberg** (s. Deutsche Fachwerkstraße, S. 84) war Standort zweier Kastelle. Im Museum der Stadt am Marktplatz Schnatterloch mit seiner großen Römerabteilung ist auch der rätselhafte Toutonen-Stein zu sehen, die in zwei Teile zerbrochene unvollendete Säule einer römischen Tempelanlage, von deren Inschrift mit Sicherheit nur »Toutonos« zu lesen ist.

› Die nasse Grenze

Zwischen Miltenberg und Seligenstadt verläuft der von Tacitus so genannte nasse Limes am Main. Im Spätsommer rudert ein Römerschiff mit Besatzung über den Mainlimes von Bürgstatt bei Miltenberg bis Seligenstadt. Bei **Wörth am Main,** das eine schöne historische Altstadt besitzt, markiert das kaum zu erkennende Numeruskastell

Allgemeine Infos

›› Tourist-Information Regensburg, Altes Rathaus, 93047 **Regensburg,** Tel. (09 41) 5 07 44 10, Fax 5 07 44 19, www.regensburg.de

›› Tourist Information, Domplatz 8, 85072 **Eichstätt,** Tel. (0 84 21) 60 01-400, Fax 60 01-408, www.eichstaett.info

›› Informationszentrum Naturpark Altmühltal, Notre Dame1, 85072 **Eichstätt,** Tel. (0 84 21) 98 76-0, 98 76-54, www.naturpark-altmuehltal.de

›› Amt für Kultur und Touristik Weißenburg, Martin-Luther-Platz 3–5, 91780 **Weißenburg in Bayern,** Tel. (0 91 41) 90 71 24, Fax 90 71 21, www.bay-limesinfozentrum.de

›› Touristik-Service Aalen, Marktplatz 2, 73430 **Aalen,** Tel. (0 73 61) 52 23 58, Fax 52 19 07, www.aalen.de

›› Stadt- und Touristikmarketing Bad Ems e. V., Römerstr. 1, 56130 **Bad Ems,** Tel. (0 26 03) 94 15-0, Fax 94 15-50, www.bad-ems.info

Essen und Unterkunft

›› Regensburg:

Hotel Orphée – Großes Haus, Untere Bachgasse 8, Tel. (09 41) 59 60 20, Fax 59 60 21 99, www.hotel-orphee.de. Saniertes Barockhaus mit großzügigen, individuell gestalteten Zimmern. Das Restaurant **Orphée,** ein französisches Bistro, ist seit 1896 kaum verändert. ○○

Alte Münz, Fischmarkt 7, Tel. (09 41) 5 48 86, www.alte-muenz.de. Oberpfälzer Spezialitäten wie Regensburger Schmankerl (Bratwürstl, Kessselfleisch, Sauerkraut und Reiberdatschi). ○○

›› Eichstätt:

Domherrenhof, Domplatz 5, Tel. (0 84 21) 61 26, www.domherrnhof.de.

In einem Barockpalais vis-à-vis vom Dom serviert dieses Restaurant internationale Gourmetküche und erstklassige Weine. In der gemütlich-rustikalen Schänke gibts regionale Gerichte. ○○

›› Weißenburg:

Hotel Goldene Rose, Rosenstr. 6, Tel. (0 91 41) 8 67 30, Fax 7 07 52, www.hotel-goldene-rose.net. Historisches Haus direkt am gotischen Rathaus mit stilvollen Zimmern und modernem Komfort. Fränkische und regionale Küche, reizvoller Biergarten. Arrangement »Touren auf Römerspuren«. ○○

›› Gunzenhausen:

Adlerbräu, Marktplatz 10, Tel. (0 98 31) 8 86 70, Fax 88 67 50, www.hotel-adler braeu.de. Beliebte Brauereigaststätte mit feinwürzigem unfiltriertem Vollbier und bodenständiger Küche des Altmühltals. Auch gute Zimmer. ○○

›› Aalen:

Ramada Hotel Limes-Thermen, Osterbucher Platz 1, Tel. (0 73 61) 9 44-0, Fax 9 44-550, www.ramada.de. Wellnesshotel zum Verwöhnen, mit direktem Zutritt zu den Limes-Thermen durch eine Glasarkade. ○○○

›› Miltenberg:

Altes Bannhaus, Hauptstr. 211, Tel. (0 93 71) 30 61, www.altes-bannhaus. de. Restaurant in einem Renaissancehaus mit Gewölbekeller. Verfeinerte Odenwalder Küche und mediterrane Gerichte, Frankenweine. ○○

›› Bad Ems:

Häckers Kurhotel, Römerstr. 1–3, Tel. (0 26 03) 79 90, Fax 79 92 52, www. haeckers-kurhotel.de. Klassisches Kurhotel mit weitgehend originaler Barockarchitektur: luxuriöse Zimmer, internationale Küche, Thermalbad. ○○○

den Beginn des Odenwaldlimes. Auch **Obernburg am Main,** das an der Kreuzung alter Handelsstraßen zwischen Spessart und Odenwald liegt und ebenfalls durch eine malerische Altstadt glänzt, besaß ein Kastell, ebenso wie **Niedernberg.**

Ludwig I. von Bayern ließ in **Aschaffenburg** die Idealrekonstruktion eines römischen Wohnhauses mit Wandmalereien und Mosaikböden errichten: das Pompejanum. Es bietet den Rahmen für Kunstwerke der Staatlichen Antikensammlungen (April bis Mitte Okt. Di–So 9–18 Uhr). Das Stiftsmuseum bewahrt Funde aus den Kastellen am nassen Limes, die auch im weiter nördlich gelegenen Kastellbad von **Stockstadt** gemacht wurden.

› Der Obergermanische Limes

In der karolingischen Einhard-Basilika von **Seligenstadt,** einem mittelalterlichen Juwel am Main, wurde so mancher Stein aus dem hiesigen Kohortenkastell verbaut.

Ab hier führte der Obergermanische Limes bis nach Rheinbrohl. Auch dieser Abschnitt der Deutschen Limes-Straße versammelt römische Relikte. Die Route verläuft durch **Großkrotzenburg** (Kohortenkastell, Pfahlgründungen einer römischen Steinpfeilerbrücke im Main) und die Brüder-Grimm-Stadt **Hanau** (S. 190), wo südlich vom nahen **Rückingen** der Limes in bewaldeten Gebieten über längere Strecken erhalten ist. Im Ortskern von **Hammersbach-Marköbel** sind Reste eines Kohortenkastells zu sehen und in **Limeshain** gibt es einen archäologischen Wanderlehrpfad. Kastelle standen auch in **Florstadt, Echzell** und **Arnsburg** (in der Nähe der Fachwerkstadt **Lich**) in der Wetterau. Nördlich von **Butzbach** blieb der Wall der Limesbefestigung über weite Strecken vorzüglich erhalten, während die Ruinen des Kastells und des zugehörigen Bades von **Kapersburg** zu den intaktesten Limeskastellen in Hessen zählen.

Bei Bad Homburg ließ Kaiser Wilhelm II. 1897 das Kastell von **Saalburg** wiedererrichten. Auf den **Kleinen Feldberg** lockt die Ruine des höchstgelegenen Limes-Kastells (700 m ü. NN). Es folgen weitere Etappen – **Taunusstein, Holzhausen, Nassau** im Lahntal (s. Oranierroute, S. 235) mit Limeswanderweg im Naturpark und das von Bäderarchitektur geprägte **Bad Ems,** wo zwei Kastelle den Lahnübergang des Limes sicherten. Über **Neuwied** geht es nach **Rheinbrohl,** das sog. Weindorf am Römerwall. Hier markiert der rekonstruierte Limes-Wachtturm Nr. I den nördlichen Ausgangspunkt des Obergermanischen Limes. Am Rhein entlang führte der Niedergermanische Limes von Remagen bis an die heutige holländische Küste.

› Kastell Saalburg bei Bad Homburg

Oberschwäbische Barockstraße

> Auf der oft idyllischen Fahrt durch Wälder, Wiesen, Moore und Flusstäler entdeckt man herrliche barocke Klosterkirchen und spätmittelalterliche Städtchen zwischen Donau und Bodensee.

› Wallfahrskirche Birnau: außen Barock, innen Rokoko

» **Kaum vollständig aufzuzählen sind die Sehenswürdigkeiten in der reichen oberschwäbischen Kulturlandschaft, wo die Reformation keine Chance hatte. Die berühmtesten süddeutschen Baumeister, Stuckateure und Freskenmaler des 18. Jhs. schufen hier reich ausgestattete Barockkirchen, die zu den schönsten Deutschlands zählen und oft nur wenige Kilometer voneinander entfernt liegen. Natürlich kommen in den malerischen kleinen Städtchen und Ortschaften auch kulinarische Genüsse nicht zu kurz: Schließlich zeigen sich ja schon die unzähligen Putten der Kirchen allerliebst wohlgenährt.**

»Ins Himmelreich des Barock« führt die 1966 gegründete Ferienstraße, die in Ulm an der Donau ihren Ausgang beginnt und auf ihrer Südroute bis nach Österreich und in die Schweiz führt. Schilder mit gelbem Puttenkopf auf grünem Grund markieren die vier individuellen Routen (Haupt-, West-, Süd-, Ostroute), die überwiegend als Rundstrecken befahren werden können. Auch per Rad gibt es viel zu sehen: 268 km lang ist der Bodensee-Radweg, und an den drei Routen des 419 km langen Donau-Bodensee-Radwegs, der in Ulm beginnt, liegen die großen hier beschriebenen Barockkirchen.

⟩ Auf der Hauptroute

Ausgangspunkt der Oberschwäbischen Barockstraße ist **Ulm,** auch wenn sein berühmtes Münster im spätgotischen Stil errichtet wurde. Erst 1890 wurde der Hauptturm vollendet, mit 161 m höchster Kirchturm der Welt. Steigt man die 768 Stufen in 143 m Höhe hinauf, schweift der Blick an klaren Tagen bis zu den Alpen.

Das erste große Meisterwerk des oberschwäbischen Barock liegt vor den Toren Ulms: die Kirche und der Bibliothekssaal des ehemaligen Benediktinerklosters **Wiblingen.** Es wurde zwischen 1714 und 1783 neu errichtet.

Weiter geht es nach **Laupheim** mit dem imposanten Schloss Großlaupheim, das mit Rosengarten und Schlosspark ein romantisches Ensemble bildet. Hier ist heute das Museum zur Geschichte der Christen und Juden beheimatet, denn in Laupheim wohnten ab 1724 viele Juden. An sie erinnert der jüdische Friedhof mit fast tausend Grabsteinen. Wahrzeichen der Kleinstadt ist die barocke Stadtpfarrkirche, die ab 1623 von den italienischen Brüdern Barbieri erbaut wurde.

Nächste Station ist **Gutenzell** mit seiner ehemaligen Zisterzienserinnen-Reichsabtei. Die auf gotische Ursprünge zurückgehende Klosterkirche St. Kosmas und Damian gestaltete Dominikus Zimmermann 1755 zu einem der schönsten spätbarocken Sakralräume Oberschwabens um. Hochaltar und Kanzel sind Werke von Franz X. Feuchtmeier. Im Dezember schmückt die Gutenzeller Barockkrippe mit 200 Figuren die Kirche zusätzlich.

Einen von prächtigen Patrizierhäusern aus dem 15. bis 19. Jh. gesäumten Marktplatz besitzt die ehemalige Freie Reichsstadt **Biberach** im Tal der Riss. Biberachs Stadtpfarrkirche St. Martin stammt aus dem 14. Jh., wurde aber 1746–1748 im Innern barockisiert. Sehenswert sind auch die Spitalkirche, das Alte und Neue Rathaus, der 41 m hohe Weiße Turm und die mittelalterliche Zunftsiedlung Weberberg.

Oberhalb von **Ochsenhausen** beeindruckt die Anlage der ehemaligen, 1093 eingeweihten Benediktiner-Reichsabtei. Konventsgebäude und Klosterkirche St. Georg stammen großteils aus barocker Zeit, so wie auch die berühmte Gabler-Orgel mit 3333 Pfeifen. Im prunkvollen Großen Bibliothekssaal werden bereits Anklänge an den Klassizismus deutlich.

Wenige Kilometer westlich der Iller liegt in ländlicher Wiesenidylle **Rot** an der Rot. Die 1782 nach einem Brand neu erbaute Prämonstratenserkirche entfaltet mit Fresken und Stuckarbeiten aus der Wessobrunner Schule die ganze Pracht des ausgehenden Barock.

› Abstecher auf der Ostroute durch das bayrische Allgäu

Bei Rot kann man die Hauptroute verlassen und über **Tannheim** im lieblichen Illertal und die einstige Reichskarthause **Buxheim** ins bayrische **Memmingen** fahren. Wahrzeichen der Stadt ist die spätgotische St. Martinskirche mit ihrem 66 m hohen Turm. Herrliche Fassaden schmücken u. a. das Steuerhaus am Markt, das Alte Rathaus und das Städtische Museum im Hermansbau (1766). Besonders fotogen ist das Siebendächerhaus (1601) am Gerberplatz, ein Fachwerkhaus mit sieben Dachböden, die den Gerbern als Trockenböden dienten.

Etwas weiter südöstlich liegt die 764 gegründete und 1711 barockisierte Benediktinerabtei **Ottobeuren.** Der größte und besterhaltene Klosterkomplex aus dem 18. Jh. in Süddeutschland wird gern Schwäbischer Escorial genannt. Bei der Klosterkirche St. Alexander und St. Theodor sorgen die vier fast gleich langen Kreuzarme des Grundrisses für Symmetrie. Berühmt sind die Sommerkonzerte, bei denen schon Herbert von Karajan und Leonard Bernstein dirigierten.

Wie der Archäologische Park Cambodunum mit Tempel, Forum und Thermen beweist, wurde **Kempten** schon zur Römerzeit gegründet und

› Kemptener Basilika St. Lorenz

Im Überblick

Kontakt: Oberschwaben-Tourismus GmbH, Klosterhof 1, 88427 Bad Schussenried, Tel. (0 75 83) 33 10 60, Fax 33 10 20, www.barockstrasse.org

Streckenlänge: Hauptroute 378 km, alle vier Routen zusammen über 700 km.

Bundesländer/Nachbarländer: Baden-Württemberg, Bayern; Schweiz, Österreich

Reiseplanung: Hauptroute mindestens 3 Tage, für alle vier Routen mindestens 6 Tage

Lohnende Abstecher: Heiligkreuztal, Unteruhldinger Pfahlbaumuseum, Insel Reichenau

stieg zur Hauptstadt der Provinz Rätien auf. Ein Stadtrundgang umfasst v. a. das historische Rathaus von 1474, das um 1700 erbaute Kornhaus (heute Heimatmuseum), die barocke Basilika St. Lorenz als erster großer Kirchenbau nach dem Dreißigjährigen Krieg und natürlich die Fürstäbtliche Residenz mit ihren Prunkräumen in originaler Rokoko-Ausstattung. Über **Leutkirch** erreicht man in **Kißlegg** wieder die Hauptroute.

〉 Zum Bodensee

Wer auf der Hauptroute geblieben ist, bewundert in **Bad Wurzach** das Barocktreppenhaus des Schlosses. Die Rokokokapelle (1763) im Kloster Maria Rosengarten nennt man gar die schönste Hauskapelle der Welt. Ebenso sehenswert ist das Deckenfresko im Langhaus der klassizistischen Pfarrkirche St. Verena nebenan. Auf dem Bad Wurzacher Gottesberg steht die Barockkirche zum Heiligen Kreuz (1709). Von hier bewundert man an

klaren Tagen das Alpenpanorama. Von Bad Wurzach bieten sich Wanderungen durch das größte noch intakte Hochmoorgebiet Mitteleuropas an.

Ein weiterer Höhepunkt auf der an Attraktionen wahrlich nicht armen Ferienstraße ist die glanzvolle Pfarrkirche St. Katharina in **Wolfegg,** ein Werk des Füssener Baumeisters Johann Georg Fischer. Den in Rosa, Ocker und kräftigem Türkisgrün gehaltenen spätbarocken Stuck schuf Johannes Schütz, die großflächigen Fresken Franz Josef Spiegler. Sehenswert sind auch die prachtvolle Kanzel, die Grisaillemalereien, die großräumige Fürstenloge, der Kreuzweg und der Wolfegger »Blumenschmecker« auf dem rechten Seitenaltarbild. Eine Sehenswürdigkeit ganz anderer Art ist das Automobilmuseum in den Stallgebäuden des Wolfegger Schlosses.

Auch das in eine Moorlandschaft eingebettete **Kißlegg,** wo sich die Ostroute wieder mit der Hauptroute vereint, besitzt Meisterwerke des Barock.

Johann Georg Fischer schuf das Neue Schloss mit Rokoko-Treppenhaus, Schlosskapelle und Lüstersaal. Auch die reich stuckierte Pfarrkirche St. Gallus und Ulrich trägt seine Handschrift. In der Sakristei schimmert der Augsburger Silberschatz aus der Werkstatt von Franz Christoph Mäderl.

Isny mit weitgehend erhaltener Stadtmauer aus dem 13. Jh. besitzt neben der spätgotischen Nikolaikirche samt berühmter Predigerbibliothek die im prächtigen Barock- bzw. Rokokostil ausgestattete Georgskirche. Mit einem der schönsten Straßenbilder Süddeutschlands glänzt das mittelalterliche **Wangen im Allgäu.** Sorgfältig restaurierte Giebelhäuser und 25 Brunnen laden zu einem Bummel ein.

Über **Tettnang** und sein prunkvolles Neues Schloss von 1720 erreicht die Barockstraße bei **Langenargen** den Bodensee. Hier sind die Barockkirche St. Martin und das 1866 im maurischen Stil wiedererrichtete Schloss Montfort zu besichtigen. Im benachbarten **Friedrichshafen,** Heimat des Zeppelins, besucht man die Schlosskirche mit Zwiebeltürmen, 1695–1702 von Christian Thumb errichtet. Das Innere prägen Stuckarbeiten aus Wessobrunner Schule, ein Hochaltar und das prachtvolle Chorgestühl.

❭ Auf der Hauptroute zurück nach Ulm

Während die Südroute (S. 220) weiter dem Bodenseeufer folgt, wendet sich die Hauptroute wieder nach Norden. Es geht nun durch das spätmittelalterlich geprägte **Ravensburg** weiter ins benachbarte **Weingarten.** Hoch auf dem Martinsberg thront Deutschlands größte Barockbasilika. Die in nur neun Jahren (1715–1724) errichtete Kirche, in der die Heilig-Blut-Reliquie verehrt wird (Blutritt-Prozession am Freitag nach Christi Himmelfahrt), ist nahezu exakt halb so groß ist wie der Petersdom. Der lichte Stuck von Franz Schmuzer harmoniert mit den kunstvollen Fresken von Cosmas Damian Asam, der in die Gewölbe Säulen- und Kuppelhallen, Himmelstreppen und Pfeiler malte und so eine fantasievolle Illusionsarchitektur schuf: Der Himmel öffnet sich, die Heerscharen schweben zu den Gläubigen hinab. Hochaltar, Chorgestühl und goldenes Chorgitter vereinigen sich zu einer barocken Symphonie, musikalisch begleitet von der berühmten Orgel von Joseph Gabler mit heute 6890 Pfeifen.

Dominikus Zimmermann barockisierte die doppeltürmige Kirche St. Peter des ehemaligen Augustiner-Chorherrenstifts aus dem 15. Jh. in **Bad Waldsee.** Dann folgt ein weiteres spätbarockes Gesamtkunstwerk: der 1755–1763 erbaute Bibliothekssaal des ehemaligen Prämonstratenserklosters **Schussenried.** Nur wenige Kilometer nördlich liegt die Wallfahrtskirche **Steinhausen,** gern als schönste Dorfkirche der Welt bezeichnet. Wer genau hinschaut, entdeckt zahlreiche naturgetreue Vogeldarstellungen, ein Eichhörnchen, einen Widderkopf u. v. a. Tiere, die Dominikus Zimmermann aus Stuck gestaltete. Die Deckengemälde sind das Werk von Zimmermanns Bruder Johann Baptist.

Über **Bad Buchau** am Federsee (ein Naturschutzgebiet mit über 200 Vogel-

› 1731 schuf Dominikus Zimmermann die Wallfahrtskirche von Steinhausen

arten) geht es in das mittelalterliche Fachwerkstädtchen **Riedlingen** (von hier zweigt die Westroute zum Bodensee ab). Vor der Weiterfahrt lohnt sich ein Abstecher in die 6 km westlich abseits der Barockstraße gelegene ehemalige Klostersiedlung **Heiligkreuztal** zur 1256 geweihten frühgotischen Kirche mit reicher hoch- bis spätgotischer Ausstattung (Glasfenster, Fresken). Wiederum 5 km südlich von Heiligkreuztal liegt auf dem Donauteilufer bei Herbertingen-Hundersingen die **Heunaburg,** einer der wichtigsten Fürstensitze der Hallstatt-Zeit (5./6. Jh. v. Chr.). Einige Bauten und der Wehrgang wurden rekonstruiert.

Zurück auf der Barockstraße fährt man weiter nach **Zwiefalten,** das in die liebliche Alblandschaft eingebettet ist. Johann Michael Fischer erbaute die Münsterkirche, eines der bedeutendsten Werke des deutschen Spätbarock. Wieder ein schwingendes Luftgebilde mit Figurengruppen des Rokoko:

Johann Michael Feuchtmayers züngelnde Rocaillen und ungewöhnliche exotische Pflanzen in üppiger Stuckornamentik verschmelzen mit der Deckenausmalung von Franz Joseph Spiegler aus Wangen. Sie zeigt den heiligen Benedikt, der vor einem Bild der Madonna mit Kind kniet und mit ausgebreiteten Armen einen Lichtstrom empfängt. Das spätgotische Gnadenbild wurde barock umgestaltet. Bemerkenswert ist auch das schöne Chorgestühl, eine Arbeit des aus Riedlingen stammenden Joseph Christian.

Schon von weither grüßen die Doppeltürme der frühbarocken Klosterkirche eines Prämonstratenserstifts (um 1700) in **Obermarchtal.** Akanthusgirlanden, Muscheln, Fruchtkränze und Rosetten aus Stuck überziehen ihr strahlend weißes, freskenloses Gewölbe. Nur die üppigen Barockaltäre setzen farbliche Akzente.

Danach fährt man über **Ehingen** nach **Blaubeuren.** Im Wasser des glas-

Allgemeine Infos

>> **Tourist-Information Ulm,** Münsterplatz 50, 89073 **Ulm,** Tel. (07 31) 1 61 28 30, Fax 1 61 16 41, www.tourismus.ulm.de

>> **Tourist-Information Biberach,** Theaterstr. 6, 88400 **Biberach,** Tel. (0 73 51) 5 14 83, Fax 5 15 11, www.biberach-riss.de

>> **Tourist-Information Kempten,** Rathausplatz 24, 87435 **Kempten,** Tel. (08 31) 2 52 52 37, Fax 2 52 54 27, www.kempten.de

>> **Amt für Kultur und Tourismus Weingarten,** Münsterplatz 1, 88250 **Weingarten,** Tel. (07 51) 40 51 25, Fax 40 52 68, www.weingarten-online.de

>> **Tourist-Information Konstanz,** Fischmarkt 2, 78462 **Konstanz,** Tel. (0 75 31) 13 30 30, Fax 13 30 60, www.konstanz.de

Essen und Unterkunft

>> **Ulm:**

Hotel Schiefes Haus, Schwörhausgasse 6, Tel. (07 31) 96 79 30, Fax 9 67 93 33, www.hotelschiefeshaus ulm.de. Attraktives Fachwerkhaus aus dem 13./15. Jh. im romantischen Fischer- und Gerberviertel mit komfortablen Zimmern. ○○

Zunfthaus der Schiffleute, Fischergasse 31, Tel. (07 31) 6 44 11, www.zunfthaus-ulm.de. Fachwerklokal in der Altstadt mit leichter Saisonküche und schwäbischen Spezialitäten. ○○

>> **Riedlingen-Zwiefaltendorf:**

Blank's Brauereigasthof Rössle, Von-Speth-Str. 19, Tel. (0 73 73) 643, Fax 25 33, www.brauerei-blank.de. Ein urschwäbischer Familienbetrieb, der leckeren Zwiebelrostbraten und natürlich Maultauschen serviert, dazu selbst gebrautes Bier oder selbst gemosteten Apfelsaft und zum Abschluss ein selbst gebranntes Schnäpsle. Zweckmäßige Zimmer im Gästehaus. Auf Wunsch: Besuch der Tropfsteinhöhle im Keller. ○

>> **Konstanz (Dettingen):**

Landhotel Traube, Kapitän-Romer-Str. 1, Tel. (0 75 33) 51 82, www.land hoteltraube.de. Freundliche neuere Zimmer. Im Gasthof Kreuz schmecken Felchen- und Kretzerfilet. ○○

>> **Ravensburg:**

Hotel Waldhorn, Marienplatz 15, Tel. (07 51) 3 61 20, Fax 3 61 21 00, www.waldhorn.de. Exklusive Unterkunft mit frankophiler Gourmetküche von Albert Bouley. Unter der Regie des Kochs steht auch die Zunftstube im **Rebleutehaus** (Schulgasse 15), ein denkmalgeschützter Raum von 1469, mit feiner regionaler Küche und beeindruckender Weinkarte. ○○○

>> **Ostrach:**

Landhotel Hirsch, Hauptstr. 27, Tel. (0 75 85) 9 24 90, Fax 92 49 49, www.landhotel-hirsch.de. Niveauvoller schwäbische Landgasthof mit international verfeinerter regionaler Küche an der Barockstraße zwischen Pfullendorf und Bad Saulgau. ○○

>> **Blaubeuren:**

Hotel Restaurant Ochsen, Marktstr. 4, Tel. (0 73 44) 62 65 oder 66 65, Fax 84 30, www.ochsen-blaubeuren.de. Historisches Fachwerkhaus mit gemütlichen Zimmern. In den behaglichen Gaststuben gibts hausgemachte Maultaschen, Sauerbraten vom Älbler Rind und Ochsenschwanzragout mit Spätzle vom Brett. ○○

klaren Blautopfs spiegelt sich die Klosterkirche: ein Meisterwerk der Spätgotik mit kunstvoll geschnitztem Chorgestühl und herrlichem Hochaltar von 1493. Von hier ist es nur nicht weit bis zum Ausgangspunkt Ulm.

⟩ Auf der Westroute wieder zum Bodensee

Von **Riedlingen** fährt man über **Ertingen** nach **Bad Saulgau,** in dessen Stadtteil Sießen ein Franziskanerinnenkloster mit Barockkirche steht. Bau und Stuckaturen (1727–1729) stammen von Dominikus Zimmermann, die Freskenzyklen schuf wieder einmal sein Bruder Johann Baptist. Die barockisierte Stadtpfarrkirche St. Martin in **Meßkirch** gilt als letzte große Spätrokoko-Kirche Oberschwabens. Die angebaute Johann-Nepomuk-Kapelle schmückten die Brüder Asam aus München aus. Im Fachwerkstädtchen **Pfullendorf** besichtigt man die Pfarrkirche St. Jakob d. Ä. mit üppiger barocker Innenausstattung: Die Fresken stammen von Andreas Meinrads von Au (1751), die Stuckaturen im Chorraum von Johann Georg Graf und Johann Schwarzmann.

Vom imposanten Renaissanceschloss in **Heiligenberg,** dessen Rittersaal eine der schönsten holzgeschnitzten Renaissancedecken ziert, bietet sich bereits ein grandioser Blick auf den Bodensee. In den Klostergebäuden der ehemaligen Zisterzienserabtei von **Salem** ist heute ein markgräfliches Schloss und das berühmte gleichnamige Eliteinternat untergebracht. In **Überlingen** ist man wieder am Bodensee. Die geradezu mediterran wirken-

⟩ Die Klosterkirche in Obermarchtal

de einstige freie Reichsstadt prägen prächtige Bürgerhäuser aus dem 16. und 17. Jh. Besonders reich ausgestattete Renaissance- und Barockaltäre machen das Münster sehenswert. Von Überlingen lohnt der Abstecher zu einer der größten touristischen Attraktionen am Bodenseeufer: Westlich der Stadt präsentiert das **Unteruhldinger Pfahlbaumuseum** fünf rekonstruierte Pfahlbausiedlungen aus der Zeit zwischen 4000 und 850 v. Chr.

Wie eine Vision hoch über dem See inmitten von Weinbergen erscheint die Wallfahrtskirche **Birnau,** die schönste Rokokokirche des Bodenseeraums. Bis 1750 inszenierten Peter Thumb als Baumeister, Joseph Anton Feuchtmayer als Stuckateur und Gottfried Bernhard Goetz als Freskenmaler ein unvergleichliches »himmelstürzendes« Gesamtkunstwerk. Hier erreicht der durch kleiner werdende Räume gestaffelte barocke Illusionsraum der Saalkirche, deren schwingende Wandformen durch ein strenges zweigeschossiges Gliederungssystem gebändigt werden, einen Höhepunkt. Durch die Fenster fließt viel Licht ins Innere und erhellt selbst die verstecktesten Stuck-Rocaillen. Auf Wolkenbahnen und aufsteigenden Stuckzweigen erscheinen unzählige kleine Putten. Berühmt ist die Puttenfigur des »Honigschleckers« am Altar des hl. Bernhard von Clairvaux: Er symbolisiert die honigsüße Beredtsamkeit des Doctor mellifluus genannten Zisterzienser-Heiligen. Auf dem Deckengemälde erscheint eine von Engeln umschwärmte Maria auf der Mondsichel, über dem Hochaltar tritt Esther vor den babylonischen König, und über der Orgel musiziert ein Engelskonzert.

Mit Zwischenstopp im höchst attraktiven **Meersburg,** wo auch die Deutsche Fachwerkstraße (S. 76 ff.) endet, erreicht man in **Friedrichshafen** wieder die Hauptroute.

❯ Auf der Südroute rund um den Bodensee

Mittlerweile führt die Oberschwäbische Barockstraße auch bis in die Schweiz und nach Österreich. Von Meersburg nimmt man die Autofähre nach **Konstanz,** das zwischen Ober- und Untersee liegt und sich sein mittelalterliches Stadtbild bewahrt hat. Dazu gehört das gotisch umgebaute, 1089 gegründete romanische Münster, in dessen 995 entstandener Krypta vier berühmte vergoldete Kupferscheiben (11.–13. Jh.) hängen. Kunstvolle Maßwerkarchitektur zeichnet das Heilige Grab aus dem 13. Jh. aus. Im ehemaligen Kaufhaus von 1388 (heute Konzert- und Kongresshaus), dem größten mittelalterlichen Profanbau Süddeutschlands, fand 1417 das einzige Konklave mit Papstwahl auf deutschem Boden statt. Im gotischen Zunfthaus zeigt das Rosgartenmuseum Kunstschätze des Bodenseeraums.

Von Konstanz empfiehlt sich ein Bootsausflug zur **Insel Reichenau,** deren Klosterkirchen auf karolingische Zeit zurückgehen und einmalige romanische Wandmalereien besitzen.

Kreuzlingen, die Schwesterstadt von Konstanz, liegt bereits in der Schweiz. Hier besichtigt man die vielgerühmte Seeuferanlage, die barocke Augustinerkirche sowie in der Umgebung das schöne, 1540–1546 errichtete Schloss Arenenberg. Ebenfalls sehenswert ist die barocke Klosterkirche von **Münsterlingen.**

Barocker Höhepunkt dieser Route ist zweifellos die ehemalige Benediktinerabtei von **St. Gallen,** ein Weltkulturerbe. Schon die Kathedrale mit kunstvollen Stuckreliefs und Fresken ist sehenswert, aber das Meisterstück ist die vom inneren Klosterhof aus zugängliche Stiftsbibliothek, ein Barocksaal mit über 150 000 Bänden, darunter Handschriften mit Meisterwerken der mittelalterlichen Buchmalerei. Vollständig mit Goldtinte geschrieben ist das um 860 entstandene karolingische Psalterium Aureum.

Das österreichische **Bregenz,** die Hauptstadt Vorarlbergs, besitzt eine attraktive Oberstadt. Die barocke Zwiebelhaube des mächtigen Martinsturms (1599–1602) gilt als größte Mitteleuropas. Von hier bietet sich ein großartiger Blick über den Bodensee, auch hinüber nach **Lindau,** wo die Südroute wieder deutschen Boden erreicht. Die attraktive Stadt ist westlicher Ausgangspunkt der Deutschen Alpenstraße (S. 18 ff.). Über **Kressbronn** geht es zurück nach Langenargen auf die Hauptroute.

Europäische Route der Backsteingotik

Den architektonischen Spuren der mittelalterlichen Hanse folgt diese noch junge Route. Sie führt durch von der Backsteingotik geprägte Städte und Regionen in sieben Ländern im Ostseeraum.

› Spätgotische Schaufront am Rathaus von Stralsund

Auf dieser faszinierenden Tour rund um die Ostsee entdeckt man Klöster, Kirchen, Kathedralen, Rathäuser, Stadttore und Wallanlagen aus der gotischen Blütezeit der Hanse. Die Backsteingotik zeichnet sich unter anderem durch gemauerte Ornamente und Flächenstrukturen aus, bei denen der Wechsel von roten und lackierten Ziegeln und weiß gekalkten Wandflächen typisch ist. Einige Stationen an der Route sind weltberühmt – die deutschen Hansestädte Stralsund und Wismar gehören zum Welterbe der UNESCO –, doch möchte die Ferienstraße auch weniger bekannte Backsteingotikbauten ins Rampenlicht rücken. Das 2002 gegründete, bisher mit 3 Mio. Euro geförderte Netzwerk soll weiter wachsen: Bereits 30 Städte und Regionen im Ostseeraum sind der touristischen Marketinginitiative beigetreten. Demnächst folgen Brandenburg mit dem Kloster Chorin und Sachsen-Anhalt mit der Stendaler Marienkirche sowie dem Rathaus und der Stephanskirche in Tangermünde. Auch das dänische Roskilde mit seiner als Weltkulturerbe anerkannten gotischen Kathedrale ist im Gespräch, ebenso Polens gotische Burgen und die litauische Stadt Kaunas.

Ein einheitliches Informations- und Wegeleitsystem ist noch in Planung, ebenso eine organisierte Einbindung des Fährverkehrs auf der Ostsee. In Mecklenburg-Vorpommern verbindet die Hanse-Route Wismar, Bad Doberan, Rostock, Stralsund, Greifswald und Anklam. Zwischen Lüneburg und Lübeck kann man der Alten Salzstraße folgen. Der Ostseeküsten-Radweg zwischen Lübeck und Ahlbeck (Usedom) führt, vorbei an Sandstränden und imposanten Klippen, durch Wismar, Stralsund und Greifswald sowie rund um die Insel Rügen. Auf einer Tour entlang des Mecklenburgischen See-Radwegs von Lüneburg nach Usedom lernt man auch Parchim und Neubrandenburg kennen.

› An der Salzstraße: Lüneburg und Lübeck

»Träumereien in Backstein«, nannte Ricarda Huch die stolzen Bürger- und Patrizierhäuser der tausendjährigen Salzstadt **Lüneburg.** Gotische Dreiecksgiebel sind die schlichtesten Verzierungen an den ehrwürdigen Fassaden. Ein Juwel der Backsteingotik ist das Rathaus, dessen Gerichtslaube aus dem 13. Jh. spätmittelalterliche Fresken des Jüngsten Gerichts schmücken. Reich ausgestattet sind auch die gotischen Kirchen von Lüneburg und das etwas außerhalb liegende Kloster Lüne – seine Kreuzgangfenster besitzen hervorragende mittelalterliche Glasgemälde – sowie der St. Nikolaihof in Bardowick, das alte Leprosenhospital der Stadt Lüneburg.

Ausgerechnet **Lübeck,** die Königin der Hanse, deren Altstadt Weltkulturerbe ist, nimmt derzeit nicht aktiv am Programm der Ferienstraße teil. Dabei war die 1250 bis 1350 errichtete

Im Überblick

Kontakte: Deutscher Verband für Wohnungswesen, Städtebau und Raumordnung e.V., Georgenstr. 21, 10117 Berlin, www.eurob.org

Tourismusverband Mecklenburg-Vorpommern e.V., Platz der Freundschaft 1, 18059 Rostock, Tel. (03 81) 4 03 05 00, Fax 4 03 05 55, www.auf-nach-mv.de

Streckenlänge: etwa 350 km an der deutschen Ostseeküste

Bundesländer/Länder: Mecklenburg-Vorpommern, Niedersachsen; Dänemark, Nordpolen, die Hauptstädte von Lettland, Litauen, Estland sowie Südschweden

Reiseplanung: Für die deutsche Route mindestens 5, besser 8 Tage.

Markt- und Stadtkirche St. Marien die Mutterkirche der norddeutschen Backsteingotik und Vorbild für rund 70 Kirchen dieses Stils im Ostseeraum. Gleich fünf mittelalterliche Sakralbauten sind beredte Zeugen einer Zeit, da Lübecks Wirtschaftsmacht vom norwegischen Bergen bis ins russische Nowgorod reichte.

› Wismar und Nordwestmecklenburg

Das Weltkulturerbe **Wismar** ist als bemerkenswert geschlossen erhaltene Hansestadt ein Höhepunkt auf der Backsteinroute. An Norddeutschlands größtem Marktplatz (100 x 100 m) faszinieren historische Fassaden und der Brunnenpavillon Wasserkunst (1602). Als einzige der drei großen mittelalterlichen Kirchen der Stadt hat die spätgotische Backsteinbasilika

Sankt Nikolai mit ihrem 37 m hohen Mittelschiff den Zweiten Weltkrieg weitgehend unbeschadet überstanden. Daher ist heute im Gotteshaus der Seefahrer und Fischer auch der reich geschnitzte Krämeraltar von 1430 zu sehen, der eigentlich aus der noch größeren Georgenkirche stammt, die seit Jahren wiederaufgebaut wird. Von der St.-Marien-Kirche, die einmal eine der schönsten Backsteinkirchen im norddeutschen Raum war, blieb nur der 80 m hohe Turm als weithin sichtbares Wahrzeichen erhalten. Dreimal täglich intoniert das Glockenspiel einen von vierzehn verschiedenen Chorälen.

Zwischen Lübeck, Wismar und Schwerin liegt eine Reihe von kleinen Städten mit romanischen und gotischen Bauwerken an der Ferienstraße. Neben der Kreisstadt **Grevesmühlen** sind dies **Schönberg, Dassow, Klütz,**

> Schöner Rostocker Stadthafen

Warin, Rehna und **Gadebusch,** dessen spätromanische Stadtkirche St. Jacob und St. Dionysios als älteste Hallenkirche im Osten Deutschlands gilt. Seit Jahrhunderten fungiert der 56 m hohe Turm der Kirchdorfer Kirche auf der **Insel Poel** als Seezeichen. Im Chor der Backsteinkirche von **Neukloster** am Neuklosteraner See sind Mecklenburgs älteste Glasmalereien (um 1250) erhalten. Etwa 30 km südöstlich von Schwerin liegt **Parchim** an der Müritz-Elde-Wasserstraße inmitten von Wäldern. Das alte Zentrum der mecklenburgischen Tuchmacher prunkt mit besonders schmucken gotischen Giebelfronten. Georgenkirche und Marienkirche sind schöne Beispiele der Backsteingotik, wobei St. Marien noch spätromanische Elemente besitzt.

› Mit dem Molli von Rostock nach Bad Doberan

Die liebevoll Molli genannte historische Bäderbahn verbindet zwei Städte der Backsteinroute. Als eine der bedeutendsten Schöpfungen der norddeutschen Backsteingotik gilt die Marienkirche von **Rostock.** Die Basilika fällt durch ihr besonders hohes Mittelschiff auf und besitzt die größte und bedeutendste Bronzetaufe (um 1290) im norddeutschen Küstengebiet. Weitere Schätze des Gotteshauses sind die 1472 in Nürnberg gefertigte astronomische Uhr mit Apostelumgang (täglich um 12 Uhr) und der Rochusaltar, ein spätgotisches Triptychon.

Aufmerksamkeit verdienen in Rostock auch das Ende des 13. Jhs. aus dem Zusammenschluss von zwei Giebelhäusern entstandene Rathaus, das um 1490 erbaute Kerkhoff-Haus mit großartiger Backsteinfassade und das Haus Ratschow (heute Stadtbibliothek) mit besonders kunstvoll gestaltetem Staffelgiebel. Ebenfalls sehr sehenswert ist das ehemalige Zisterzienserinnenkloster, heute Kulturhistorisches Museum. Momentan restauriert wird die im Stil der Bettelordenskirchen erbaute Heilig-Kreuz-Kirche.

Die malerisch inmitten eines englischen Landschaftsgarten gelegene, 1368 geweihte Klosterkirche von **Bad Doberan,** eine dreischiffige, kreuzrippengewölbte Pfeilerbasilika, gilt als schönstes Beispiel erhabener zisterziensischer Strenge nach französischem Vorbild. Es scheint fast wie ein Wunder, dass die reiche Innenausstattung des 14. Jhs. weitgehend erhalten blieb: der reich vergoldete Hochaltar, der monumentale Lettner-Kreuzaltar, der bemalte Kelchschrank, das fast 12 m hohe filigrane Sakramentshaus aus Eichenholz, der Leuchter mit spätromanischer Marienfigur (ab 1280), das Chorgestühl der Mönche und die figürliche Holztumba der dänischen Königin Margaretha (um 1285). Auf dem ehemaligen Mönchsfriedhof ist ein für Norddeutschland ungewöhnlicher architektonischer Schatz zu sehen: ein achteckiges Beinhaus aus Backstein (Mitte 13. Jh.) mit gotischer figürlicher Ausmalung.

› Stralsund – machtvolle Hansestadt am Strelasund

Die alte Rivalin Lübecks im Ostseehandel ist besonders reich mit Meisterwerken der Backsteingotik gesegnet. Schon Wilhelm von Humboldt faszinierte die Stadt mit ihren »hohen und gotischen Türmen, dem wunderbar gebauten Rathaus und den vielen spitzen Giebeln mit durchbrochenem Mauerwerk«. Tatsächlich zieht das **Rathaus** mit seiner filigranen Schaufront, seinen Giebeln und Fialtürmchen die Blicke auf sich, aber auch viele weitere stolze Bürgerhäuser wie das schon vor 1358 erbaute **Wulflamhaus** künden vom Reichtum der Hansezeit. Das **Museumshaus** in der Mönchstraße 38 blieb mit all Zimmern seit dem 14. Jh. fast völlig unverändert erhalten.

Und erst die Kirchen! Wie im 15. Jh. ist die **Nikolaikirche,** eine dreischiffige Basilika mit Chorumgang, wieder mit strahlenden Farben ausgemalt, und man sieht sich fast schwindlig an Pfeilern, Streben und Holzschnitzereien.

Etwas nüchterner, dafür noch monumentaler präsentiert sich die ab 1416 mit massivem Westwerk errichtete **Marienkirche.** Nach der Danziger Marienkirche ist sie die größte Backsteinkirche im Hanseraum. Vor dem Brand anno 1647 war ihr Turm sage und schreibe 151 m hoch; der heutige 104 m hohe Turmhelm mit einer Aussichtsplattform stammt aus barocker Zeit, ebenso die prachtvolle Orgel, die der Lübecker Orgelbaumeister Friedrich Stellwagen 1659 schuf.

Eine weitere frühgotische Kirche, die des 1251 gegründeten Katharinenklosters, wandelten die Stralsunder in das einzigartige **Deutsche Meeresmuseum** um: Wohl nirgendwo sonst auf der Welt schwimmen Haie und Kraken unter einem mittelalterlichen Kreuzrippengewölbe (tgl. 10–18, Okt.–Mai 10–17 Uhr; www.meeresmuseum.de). Im Klausurkomplex ist das **Kulturhistorische Museum** untergebracht, das u. a. den prunkvollen Hiddenseer Goldschmuck aus dem 10. Jh. zeigt (Di–So 10–17 Uhr).

› Das Münster in Bad Doberan

› Auf Rügen

Mit Deutschlands größter Insel assoziiert man in erster Linie Kreidefelsen und Bäderarchitektur, doch besitzt sie auch viele gotische Backsteinkirchen. Das älteste und bedeutendste Gotteshaus Rügens ist die ab 1180 begonnene **Marienkirche Bergen,** die im 14. Jh. gotisch umgebaut wurde und eine für Norddeutschland einzigartige, vollständige spätromanische Ausmalung in Chor und Querschiff besitzt. Romanisch ist auch der edelsteinverzierte goldene Abendmahlskelch.

Etliche weitere Inselkirchen gehören mit zur Route, so die Pfarrkirche Altenkirchen, die St. Johanneskirche in Schaprode mit spätgotischer Triumphkreuzgruppe und die St. Marienkirche in Waase auf Ummanz mit gotischem Triumphkruzifix und besonders wertvollem Schnitzaltar (um 1520). Eindrucksvolle Gotteshäuser stehen außerdem u. a. in Sagard, Bobbin, Poseritz, Vilmnitz, Wiek, Landow und Patzig, letztere mit dem wohl ältesten Taufstein Rügens und einem spätgotischen Flügelaltar, der die Margarethenlegende zeigt (um 1450).

› Am Greifswalder Bodden

Mit der ab 1360 neu errichteten Nikolaikirche und der Marienkirche, die ab 1275 ursprünglich als Basilika im Stil der französischen Hochgotik begonnen wurde, besitzt die Universitätsstadt **Greifswald** zwei bedeutende Hallenkirchen der nordostdeutschen Backsteingotik. Die Ostseite des Markts zieren einige der schönsten, wohl kurz nach 1400 errichteten Bürgerhausfassaden Norddeutschlands.

Attraktiv ist das Haus am Markt 11 mit reich gegliederter Schaufront in Form eines Pfeiler-Stufengiebels.

Berühmtheit erlangte Greifswald jedoch durch die 5 km östlich gelegene Ruine des **Klosters Eldena** vom Anfang des 13. Jhs., die der größte Sohn der Stadt, Caspar David Friedrich, immer wieder auf Ölgemälde, Aquarelle und Zeichnungen bannte. Im Pommerschen Museum von Greifswald ist ausgerechnet ein Gemälde zu sehen, dass die romantische Ruine vom Greifswalder Bodden in eine Landschaft des Riesengebirges versetzt. Heute steht die malerische Klosterruine in einer Parklandschaft. Alte Bäume umrahmen die gotischen Spitzbögen, im Frühjahr blühen Flieder, Clematis und Ackerbrombeere, im Sommer duftet es im Klostergarten nach Lavendel und Rosmarin.

› Hansestadt Anklam

Die östlichste Hansestadt Deutschlands besuchen viele in erster Linie wegen des **Otto-Lilienthal-Museums,** dass sich dem berühmten, 1848 in Anklam geborenen deutschen Flugpionier widmet (Juni–Sept. 10–17, Nov. bis April Mi–Fr 10–17, So 13 bis 15.30 Uhr; www.lilienthal-museum. de). Doch in Anklam wartet auch mit architektonischen Höhenflügen aus dem Mittelalter auf. Schon Mitte des 13. Jhs. wurde die **Marienkirche** errichtet, die zu den schönsten gotischen Backsteinkirchen in Mecklenburg-Vorpommern zählt. Bemerkenswert sind vor allem die 1488 an der Stelle des Nordturms entstandene Marienkapelle mit filigranem Sterngewölbe

›› Allgemeine Infos

›› **Tourist Information Lüneburg,** Am Markt, 21335 **Lüneburg,** Tel. (0 41 31) 2 07 66 20, Fax 2 07 66 44, www.lueneburg.de

›› **Tourist-Information Wismar,** Am Markt 11, 23966 **Wismar,** Tel. (0 38 41) 1 94 33, Fax 2 51 30 91, www.wismar.de

›› **Touristeninformation Bad Doberan,** Alexandrinenplatz 2, 18209 **Bad Dobe-ran,** Tel. (03 82 03) 6 21 54, Fax 7 70 50, www.bad-doberan.de

›› **Tourismuszentrale der Hansestadt Stralsund,** Alter Markt 9, 18439 **Stral-sund,** Tel. (0 38 31) 2 46 90, Fax 24 69 22, www.stralsundtourismus.de

›› **Tourismusverband Rügen,** Am Markt 4, 18528 **Bergen,** Tel. (0 38 38) 8 07 70, Fax 25 44 40, www.ruegen.de

›› **Greifswald-Information,** Rathaus, Am Markt, 17489 **Greifswald,** Tel. (0 38 34) 52 13 80, Fax 52 13 82, www.greifswald.de

›› **Stadt Neubrandenburg,** Friedrich-Engels-Ring 53, 17033 **Neubranden-burg,** Tel. (03 95) 5 55-0, Fax 5 55-26 00, www.neubrandenburg.de

›› Essen und Unterkunft

›› **Wismar:**

Hotel Alter Speicher, Bohrstr. 12 & 12a, Tel (0 38 41) 21 17 46, Fax 21 47 61, www.hotel-alter-speicher.de. Komfortable Altstadtunterkunft in einem hanseatischen Giebelhaus. ○○

Alter Schwede, Am Markt 20, Tel. (0 38 41) 28 35 52. Mecklenburgisch-schwedische Spezialitäten. ○○

›› **Bad Doberan:**

Weißer Pavillon, Am Kamp 14, Tel. (03 82 03) 6 23 26. Feine Regionalküche in vornehmem Ambiente. ○○–○○○

›› **Stralsund:**

Hotel zur Post, Tribseer Str. 22 , Tel. (0 38 31) 20 05 00, Fax 20 05 10, www.hotel-zur-post-stralsund.de. Das Hotel selbst ist zwar ein Neubau, liegt aber direkt am historischen Markt. ○○

Wulflam-Stuben, Alter Markt 5, Tel. (0 38 31) 29 15 33. Mecklenburger Gerichte nach alten Rezepten in einem mittelalterlichen Giebelhaus. ○○

›› **Rügen:**

Hotel Villa Aegir, Mittelstr. 5, Sassnitz, Tel. (03 83 92) 30 20, Fax 30 27 77, www.hotel-villa-aegir.de. Ideal für Ausflüge zu den Kreidefelsen, mit herrlichem Blick über den Hafen. ○–○○

Orangerie Granitz, Wylichstraße 6a, Binz, Tel. (03 83 93) 37 73 01. Kreative pommersche Küche wie Filet vom Ostseedorsch mit Zuckerschoten. ○○

›› **Stolpe (bei Anklam):**

Gutshaus Stolpe, Dorfstr. 37, Tel. (03 97 21) 55 00, Fax 5 50 99, www.gutshaus-stolpe.de. Landhotel in einer denkmalgeschützten Gutsanlage mit Zimmern im englischen Landhausstil und erlesenem Gourmetrestaurant. Preiswerter, aber ebenso gut speist man im hoteleigenen **Stolper Fährkrug** – u. a. Boddenzander. ○○○

›› **Burg Stargard (Neubrandenburg):**

Hotel Marienhof, Marie-Hager-Str.1, Tel. (03 96 03) 255-0, Fax 255–31, www.hotel-marienhof.de. In einem Bauernhof eingerichtetes radlerfreundliches Hotel einige Kilometer südlich von Neubrandenburg mit komfortablen Zimmern und Burgblick. Restaurant mit regionaler und vegetarisch-ayurvedischer Küche. Am Nachmittag gibts frisch gebackenen Kuchen. ○○

sowie gotische Wandmalereien und ein frühgotisches Taufbecken. Im Krieg schwer beschädigt wurde die ab 1280 zu Ehren des Schutzpatrons der Seefahrer, Fischer und Handelsleute errichtete **Nikolaikirche.** Ihr Turm war einst weit über das Haff zu sehen und daher ein wichtiges Lotsenzeichen. Sehr sehenswert sind auch das 1406 erstmals erwähnte gotische **Giebelhaus** am Pferdemarkt und das 32 m hohe **Steintor,** frisch renoviertes Wahrzeichen der Stadt. Großartig ist der Blick von seinem Turm über die Stadt und das Peenetalmoor.

› Torreiches Neubrandenburg

Die inmitten der Mecklenburgischen Seenplatte am Tollensesee gelegene Stadt besitzt eine einzigartige, fast vollständig erhaltene mittelalterliche **Wehranlage** mit vier reich verzierten gotischen Toren, zwei Wehrtürmen (einer ist eingestürzt) und einer fast kreisrunden Stadtmauer aus Feldsteinen mit Backsteinkrone, in deren Mauernischen 57 Wiekhäuser eingefügt waren. Einst dienten sie als zur Stadt hin offene Wehrhäuser, inzwischen wurden 25 der Fachwerkhäuschen renoviert und in Galerien oder Kunsthandwerksläden umgewandelt.

Das Anfang des 14. Jhs. errichtete Stargarder Tor ist mit neun lebensgroßen Terrakottafiguren verziert. Das **Stadtgeschichtliche Museum** (tgl. 10 bis 17 Uhr) residiert im viergeschossigen, reich mit untergliederten Blendbogen und Fassadenschmuck am Vortor verzierten Treptower Tor. Nach fast vollständiger Kriegszerstörung neu erstanden ist die gotische **Marienkirche,**

innen heute ein moderner Konzertsaal. Besonders schön ist der Ostgiebel der Kirche mit seinem herrlich gegliederten Maßwerk und den Fialtürmen.

› Backsteingotik unbegrenzt

Die Backsteinroute ist ein Projekt der Europäischen Union: Außer Deutschland sind derzeit sechs weitere Länder daran beteiligt.

In **Polen** gehört eine Reihe von Städten zur Ferienroute. In **Szczecin (Stettin)** besichtigt man die wiederaufgebaute Kathedrale Sankt Jakobi (1370–1503), das sorgfältig rekonstruierte gotische Alte Rathaus, die Peterund-Paul-Kirche sowie die Johanneskirche. Etwas östlich von Stettin liegt **Stargard Szczeciński:** Das Kleinod Pommerns besitzt mit der Marienstiftskirche die schönste gotische Backsteinkirche Polens, ein Rathaus mit spätgotischem Maßwerkgiebel und eindrucksvolle Stadttore, darunter das besonders schöne Pyritzer Tor mit Treppengiebel. Das schon in den 1950er-Jahren wiederaufgebaute Gotische Wohnhaus ist mit der sog. Stargarder Blende verziert. Die größte Stadtbastei Polens ist der um 1500 errichtete Rotes-Meer-Turm, von dem sich ein herrliches Panorama bietet.

Auch in **Kołobrzeg (Kolberg),** einer Perle der Ostsee, finden sich mit der um 1316 erstmals erwähnten Marienbasilika, einem mittelalterlichen Mietshaus in der Gierczak-Str. 5 und dem Pulverturm bemerkenswerte Bauten der Backsteingotik. Mit vielen Parks, der 1383 erbauten St.-Gertruden-Kapelle, der gotischen Kirche der Heiligen Jungfrau Maria (1300–1333), der heute als ukrainisch-orthodoxes Gotteshaus genutzten Burgkirche, dem Henkershaus aus dem 15. Jh. (heute Theater) und etlichen gotischen Mietshäusern wartet **Koszalin (Köslin)** auf. Auch Reste ihrer mittelalterlichen Stadtmauer sind erhalten.

In **Gdańsk (Danzig)** fasziniert der spätgotische Artushof, in dem einst Kaufmannschaft, Zünfte und Handwerkergilden der spätmittelalterlichen Stadt ihre Geschäfte abwickelten. Größter Backsteinsakralbau der Welt ist die zwischen 1343 und 1502 mit 29 m hohen Stern-, Netz- und Kristallgewölben errichtete Kirche der Gesegneten Jungfrau Maria. Die St. Nikolaikirche fällt durch ihre gewaltigen Chorfenster auf und besitzt ein herrliches Sterngewölbe sowie zahlreiche gotische Kunstschätze. Die Dritte im Bunde der gotischen Gotteshäuser Danzigs ist die Katharinenkirche, die sich wiederum durch ein besonders kunstvolles Gewölbe auszeichnet.

Höchst malerisch inmitten der Masurischen Seenplatte liegt **Olsztyn (Allenstein)** mit einer sehr attraktiven Altstadt. Die gotische Burg des Ermländischen Kapitels, in der Nikolaus Kopernikus astronomische Studien betrieb, wurde 1348–1397 errichtet. Ebenfalls sehr sehenswert sind die bischöfliche Jakobskirche, das gotische Hohe Tor (um 1400) und das Alte Rathaus. In **Słupsk** (Stolp) besichtigt man St. Marienkirche und St.-Jacek-Kirche, das Neue Tor, den Hexenturm, die St. Georgenkapelle und das Schloss der Pommerschen Herzöge. **Chełmno** (Kulm) besitzt eine vollständig erhaltene Altstadt mit großartiger mittelal

› Ostsee- und Hansestadt Danzig

terlicher Stadtmauer, ein Renaissance-Rathaus mit gotischen Relikten und sechs gotische Kirchen aus dem 13. und 14. Jh. Sehr malerisch am hohen Weichselufer liegt **Płock** (Plock), die ehemalige Hauptstadt Masowiens.

Auch die drei Hauptstädte der baltischen Staaten, **Vilnius** (Litauen), **Riga** (Lettland) und **Tallinn** (Estland), haben sich der Backsteinroute angeschlossen. Ihre herrlichen mittelalterlichen Altstädte zählen zu den eindrucksvollsten Zeugen der europäischen Hansezeit.

Das mittelalterliche **Ystad** an der Ostseeküste der reizvollen Region Skåne (Schonen) und **Malmö** mit seiner hübschen Altstadt vertreten **Schweden** auf der Backsteinroute, während **Dänemark** momentan vier Städte ins Rennen schickt: **Næstved** auf der Insel Seeland, **Arhus** und **Haderslev** an der jütländischen Ostseeküste und das an der Nordseeküste gelegene **Ribe,** eine äußerst malerische mittelalterliche Stadt, auf deren Dächern viele Störche nisten.

Die Oranierroute

**Malerische Urlaubsorte, Heilbäder, Fachwerk-
städtchen und Barockschlösser säumen diese Route,
die quer durch Deutschland und die Niederlande den
Spuren des königlichen Oraniergeschlechts folgt.**

> Dillenburg mit dem 40 m hohen Wilhelmsturm

»» **Vom Potsdamer Holländischen Viertel führt die Oranierroute durch das Wörlitzer Gartenreich, durch malerische Fachwerkstädtchen im Harz, ins waldreiche Weserbergland und Siegerland und in vornehme hessische Kurstädte. Nach einer Tour durch die Niederlande geht es an der Elbe entlang und über Schwerin, die Hauptstadt Mecklenburg-Vorpommerns, nach Oranienburg nördlich von Berlin.**

Wohl nur wahre Oranje-Fans werden die doch oft große Strecken überbrückende Route in einem Rutsch absolvieren. Einen guten Überblick bekommt man auch, wenn man sich auf einzelne Schwerpunkte beschränkt. So kann man Potsdam, Oranienburg und das Wörlitzer Gartenreich in bequemen Ausflügen von Berlin aus besuchen. Einen längeren Urlaubsaufenthalt lohnen die Oranierstädte Nassau, Diez, Braunfels, Dillenburg, Siegen, Freudenberg, Hilchenbach und Bad Arolsen, die seit 2006 auch eine Fahrradroute mit fast 300 km Radwegen verbindet.

› Holländisches Potsdam

Wo könnte eine Oranje-Rundfahrt besser beginnen als im Holländischen Viertel von Potsdam! Vom Bassinplatz aus spaziert man durch Gassen, die fünfgeschossige Traufenhäuser und dreiachsige Giebelhäuser aus Backstein säumen. Viele nette Kneipen, Cafés und Kunsthandwerksläden nutzen heute die 134 Gebäude, die zwi-

schen 1734 und 1742 entstanden sind. Kurfürst Friedrich Wilhelm I., der mit Louise von Oranien verheiratet war, begründete die holländische Tradition Potsdams. Sein Nachfolger, Friedrich Wilhelm II., holte niederländische Handwerker nach Brandenburg, denn diese kannten sich mit der Trockenlegung feuchter Böden aus. Eigens für sie ließ er das Holländische Viertel errichten. Noch heute wird hier jedes Jahr das Tulpenfest und das Sinterklaas-Fest gefeiert.

Natürlich besucht man in Potsdam auch die restliche schöne Altstadt, die Schlösser und Gärten – allen voran Sanssouci – sowie den Filmpark Babelsberg.

› Niederländischer Barock

Auch das berühmte Dessau-Wörlitzer Gartenreich, heute UNESCO-Weltkulturerbe (s. Gartenträume Sachsen-Anhalt, S. 176 f.), ist mit der Geschichte der Oranier verknüpft, denn hier findet man das Städtchen **Oranienbaum.** Henriette Catharina von Nassau-Oranien, verheiratet mit Fürst Johann Georg II. von Anhalt-Dessau, ließ 1683 den niederländischen Baumeister Cornelis Ryckwaert Stadt, Park und Schloss als barockes Gesamtensemble mit symmetrisch angelegten Straßen, einem zentralen, viereckigen Marktplatz und einer barocken Kirche entwerfen. In Deutschland gibt es nur wenige, so frühe Beispiele für den zurückhaltenden, kaum verspielten niederländischen Barockstil.

Zu den wertvollsten Räumen des 1683 bis 1700 errichteten und später erweiterten Schlosses zählen der mit

Im Überblick

Gemeinschaftsprojekt der **Deutschen Zentrale für Tourismus** (s. Klappe hinten) und des **Niederländischen Büros für Tourismus,** Postfach 270580, 50511 Köln, Tel. (0 18 05) 34 33 22, Fax 34 33 20, www.niederlande.de

Streckenlänge: ca. 2400 km

Bundesländer/Nachbarland: Brandenburg, Sachsen-Anhalt, Niedersachsen, Hessen, Nordrhein-Westfalen, Mecklenburg-Vorpommern; Niederlande

Reiseplanung: Mindestens 8 Tage

niederländischen Fliesen verzierte Sommerspeisesaal und der Nordflügel mit seinen Goldledertapeten, die momentan in mühevoller Kleinarbeit restauriert werden. In der barocken Parkanlage ist Europas einziger in seiner ursprünglichen Form erhaltener englisch-chinesischer Garten mit Pagode und Teehaus zu bewundern. Fürst Franz von Anhalt-Dessau, der Urenkel der Fürstin Henriette Catharina von Nassau-Oranien, ließ ihn zwischen 1793 und 1797 anlegen.

Von Henriettes oranischer Erbschaft zehren Wörlitz und **Dessau** noch heute. So sind im Schloss Mosigkau u. a. Delfter Fayencen und kostbare Werke berühmter Maler wie van Dyck und Rubens zu sehen. Die Galerie des Schlosses Georgium präsentiert Gemälde von Meistern wie Franz Francken und Jan van Goyen.

Dessau ist außerdem für seine zum Weltkulturerbe erklärten Bauhaus-Stätten berühmt, die einen ausgiebigen Besuch lohnen.

› Oranje im Harz

Kompletter Szenenwechsel: Die überaus reizvolle Fachwerkstadt **Stolberg** (s. Deutsche Fachwerkstraße, S. 79) ist der Grund, warum in der niederländischen Nationalhymne vom »duitsen bloed« (deutschen Blut) Wilhelm von Nassaus die Rede ist: Auf dem Schloss in Stolberg kam 1506 Wilhelms Mutter, Juliana zu Stolberg, zur Welt. In zweiter Ehe war die kinderreiche Dame mit Graf Wilhelm dem Reichen von Nassau-Dillenburg verheiratet. Mehrere ihrer Söhne fielen im Befreiungskampf der Niederlande, auch der 1584 ermordete Wilhelm von Oranien-Nassau. Der Held der niederländischen Hymne war ihr ältester Sohn aus zweiter Ehe. Die heutige Königin Beatrix ist eine direkte Nachfahrin Juliana zu Stolbergs. Das Stolberger Schloss wird voraussichtlich bis 2010 restauriert.

Bis zum Alter von etwa 13 Jahren wuchs Juliana in Stolberg und in **Wernigerode** am Harz auf, denn die Fami-

> Schmuckes Freudenberg

lie Stolberg besaß das Schloss Wernigerode jahrhundertelang als Sommerresidenz. Im neogotisch umgebauten Schloss hängt ein großes Portrait Julianas. Von der Schlossterrasse genießt man einen wundervollen Blick über die schöne Fachwerkstadt (s. Deutsche Fachwerkstraße, S. 79).

› Mit Oraniern kuren

Das traditionsreiche Fürstenbad **Bad Pyrmont** im Weserbergland (s. Straße der Weserrenaissance, S 96) ist eng mit der Lebensgeschichte von Adelheid Emma Wilhelmina Theresia von Waldeck-Pyrmont verknüpft.

Als zweite Ehefrau König Wilhelms III. bewahrte Emma das niederländische Fürstentum vor dem Aussterben, übernahm 1890 die Regentschaft für ihren wesentlich älteren kranken Mann und anschließend bis 1898 für ihre minderjährige Tochter Wilhelmina, die von ihrem 18. Geburtstag an bis 1948 Königin der Niederlande war. Besonders sehenswert ist der stilvolle Kurpark mit seinen barocken Alleen und dem einzigartigen Palmengarten.

Geboren wurde Emma 1858 im Schloss des heutigen **Bad Arolsens,** das im reizvollen, von Wäldern und Seen geprägten nordhessischen Waldecker Land liegt. Das 1720 eingeweihte prachtvolle Barockschloss, eine von Julius Ludwig Rothweil entworfene dreiflügelige Anlage, wird bis heute von Nachfahren des Fürstenhauses zu Waldeck und Pyrmont bewohnt. Besonders schön ist der steinerne Gartensaal mit prächtigen Stuckarbeiten und Deckenmalereien, aber auch das Hochzeitskleid der Prinzessin Helene von Nassau, Mutter von Königin Emma der Niederlande, und der blaue Salon mit einem Porträt von Königin Emma sind zu besichtigen.

› Im westfälischen Siegerland und Sauerland

Auch in den westfälischen Wäldern, zwischen Rothaargebirge und Westerwald, kann man auf Oranier-Spurensuche gehen. In der alten und ab 1961 wieder aufgebauten Nassauischen Grenzfeste **Ginsberg** südlich des attraktiven Ferienorts **Hilchenbach** versammelte Prinz Wilhelm I. von Oranien 1568 das erste Heer zur Befreiung der Niederlande. Eine Ausstellung auf der Burg erinnert an den Freiheitskampf, und das Panorama ist bei klarem Wetter einfach großartig.

In **Siegen** saßen lange zwei Zweige der Nassauer, wobei der protestantische Ottonische Zweig, der in den Besitz des Fürstentums Orange im heutigen Frankreich kam, die niederländische Verbindung knüpfte. Auch der Maler Peter Paul Rubens kam in Siegen zur Welt.

Einen Besuch lohnt das ehemalige Bergarbeiterdorf **Freudenberg:** Sein historischer Stadtkern, der sog. Alte

Allgemeine Infos

>> **Potsdam Tourismus Service,** Am Neuen Markt 1, 14467 **Potsdam,** Tel. (03 31) 2 75 58-0, Fax 2 75 58-79, www.potsdam-tourism.com

>> **Kulturstiftung Dessau-Wörlitz,** siehe S. 178

>> **Touristinformation Bad Pyrmont,** Europa-Platz 1, 31812 **Bad Pyrmont,** Tel. (0 52 81) 94 05 11, Fax 94 05 55, www.badpyrmont.de

Gäste- und Gesundheitszentrum, Rauchstr. 2, 34454 **Bad Arolsen,** Tel. (0 56 91) 8 94 40, Fax 51 21, www.bad-arolsen.de

>> **Touristikverband Siegerland-Wittgenstein e.V.,** Koblenzer Str. 73, 57072 **Siegen,** Tel. (02 71) 3 33 10 20, Fax 3 33 10 29, www.siegen-wittgenstein.de

>> **Tourist-Information Diez,** Wilhelmstr. 63, 65582 **Diez,** Tel. (0 64 32) 50 12 75, Fax 92 42 75, www.urlaubsregion-diez.info

>> **Touristik im Nassauer Land,** Obertal 9a, 56377 **Nassau/Lahn,** Tel. (0 26 04) 95 19 91, www.nassau-touristik.de

>> **Stadtinformation Moers,** Unterwallstr. 9, 47441 **Moers,** Tel. (0 28 41) 20 17 77, Fax 20 11 99, www.moers.de

Essen und Unterkunft

>> **Potsdam:**

Hotel am Luisenplatz, Luisenplatz 5, Tel. (03 31) 97 19 00, Fax 9 71 90 19, www.hotel-luisenplatz.de. Stadtpalais von 1726 mit eleganten Zimmern und riesigen Bädern. ○○–○○○

>> **Dessau:**

Pächterhaus, Kirchstr. 1, Tel. (03 40) 6 50 14 47, www.paechterhaus-dessau. de.In einem alten Fachwerkhaus ge-

nießt man Rinderfiletspitzen, Barbarie-Entenbrust und Steinbeißerfilet. ○○

>> **Bad Arolsen/Korbach:**

Hotel Goldflair am Rathaus, Stechbahn 8, Tel. (0 56 31) 5 00 90, www.hotel-am-rathaus.de. Korbach, Deutschlands größte Goldlagerstätte, liegt südlich von Bad Arolsen. Einige Hotelzimmer sind zum Thema Gold dekoriert, im Restaurant speist man Goldsüppchen oder Goldgräberpfanner. ○○

>> **Hilchenbach:**

Steubers Siebelnhof, Vormwalder Str. 56, Tel. (0 27 33) 8 94 30, www. steubers-siebelnhof.de. In der eleganten Wellness-Unterkunft wird die vielleicht beste Küche des Siegerlands serviert: in der neuen **Rotisserie Chesa** mediterran verfeinert, herzhafter in den **Ginsburg-Stuben.** ○○–○○○

>> **Balduinstein (bei Diez):**

Zum Bären, Bahnhofstr. 24, Tel. (0 64 32) 80 07 80, Fax 8 00 78 20, www.landhotel-zum-baeren.de. Gemütliche Zimmer in einer ehemaligen Poststation. Feine mediterrane Küche im Restaurant **Bibliothek,** herzhafte regionale Kost in der Weinstube. ○○

>> **Moers**

Wellings Hotel zur Linde, An der Linde 2, Moers-Repelen, Tel. (0 28 41) 97 60, Fax 9 76 66, www.hotel-zur-linde.de. Schönes, teils modern designtes Wohlfühlhotel mit regionaler Küche. ○○

>> **Schwerin:**

Hotel Niederländischer Hof, Alexandrinenstr. 12–13, Tel. (03 85) 59 11 00, Fax 59 11 09 99, www.niederlaendischer-hof.de. Historisches Hotel in bester Innenstadtlage am Pfaffenteich mit stilvollen Zimmern, Marmorbädern und kreativer Mecklenburger Küche. ○○

Flecken, ist ein besonders malerisches und einheitliches Ensemble Siegerländer Fachwerkhäuser.

❯ Nassauer an Dill und Lahn

Wilhelm von Oranien-Nassau wurde 1533 auf Schloss **Dillenburg** geboren und organisierte ab 1567 hier im Exil den Kampf gegen die spanische Unterdrückung. In Dillenburg kam 1568 Wilhelms Sohn Moritz zur Welt. Allerdings zerstörten die Franzosen 1760 während des Siebenjährigen Krieges das Schloss. So errichtete man 1872/73 mit niederländischer Unterstützung den 40 m hohen Wilhelmsturm, in dem das Oranien-Nassauische Museum an den niederländischen Vater des Vaterlandes erinnert (April–Nov. Di–So 9–13, 14–17 Uhr).

Mit all seinen Zinnen, Türmen und Erkern erhalten ist dagegen das märchenhafte Schloss des romantischen Fachwerkstädtchens **Braunfels.** Die Verbindung mit den Oraniern knüpft hier Amalia von Solms-Braunfels (1602–1675), die 1625 gemeinsam mit ihrem Gemahl, dem niederländischen Statthalter Frederik Hendrik Heinrich (1584–1647), in Den Haag das Huis ten Bosch errichten ließ, heute Wohnsitz von Königin Beatrix. Eine Tochter Amalias, Emilie Albertine Agnes, heiratete Friedrich-Wilhelm von Nassau-Diez und wurde somit zur Stammmutter des niederländischen Königshauses.

Im schönsten Tal der Lahn liegt das malerische Städtchen **Diez,** wo die Fürsten von Nassau-Diez-Oranien wohnten und zwischen 1672 und 1684 Schloss Oranienstein erbauten. Fürstin Henriette Amalie von Anhalt-Dessau ließ es später zu einem eleganten Schloss im Barockstil umgestalten (heute Nutzung als Bundeswehrkaserne, aber zu besichtigen, Anmeldung für Führungen an der Wache). Sie und andere Vorfahren des heutigen Oranierhauses liegen in der Stiftskirche von Diez begraben.

An der oberhalb der Stadt **Nassau** thronenden gleichnamigen Burg ist nichts mehr original, aber die namentliche Verbindung zu Wilhelmus van Nassouwe ist offenkundig. Graf Walram von Laurenburg (1146–1198), der später seinen Namen in Nassau änderte, begründete ein ruhmreiches Fürstengeschlecht, das enge Verbindungen zwischen Deutschland und den Niederlanden knüpfte.

❯ Der Weg in die Niederlande

Dass die Oranierroute nicht überall eine idyllische Ferienstraße ist, zeigt sich auf der langen Verbindungsstrecke zwischen Nassau und Moers bei Duisburg: Sie führt ganz schnöde über die Autobahn!

1601 erbte Prinz Moritz von Oranien-Nassau die Stadt **Moers,** die er 1597 von den spanischen Besatzern befreit hatte. Bis 1702 regierten die Oranier hier, doch dann geriet die Grafschaft Moers in den Besitz des Hauses Brandenburg-Preußen, und alle Niederländer mussten Moers verlassen. In Schloss Moers erzählt das Grafschafter Museum von den niederländischen Zeiten (Di–Fr 9–18, Sa, So 11–18 Uhr).

Besonders schön ist der im Stil eines englischen Landschaftsgartens ange-

> Im Schweriner Schlosspark

legte Park am Moerser Schloss (s. Straße der Gartenkunst, S. 240).

Kurz hinter Moers überquert man die Grenze zu den Niederlanden. Erste hiesige Station der Oranierroute ist das Jagdschloss Het Loo in **Apeldoorn,** lange beliebteste Sommerresidenz der niederländischen Statthalter- und Königsfamilie, mit herrlichen Gärten im Stil des 17. Jhs. Ganz unköniglich benehmen sich hingegen die Affen in ihrem Park Apenheul.

In der »Oranjestad« **Buren,** einem über 600 Jahre alten malerischen Festungsstädtchen im Rivierenland, heiratete Wilhelm von Oranien-Nassau 1551 Anna van Egmond.

Die Grote Kerk der nordbrabantischen Stadt **Breda** ist die Grabstätte zahlreicher Oranier.

In der berühmten Windmühlen- und Porzellanstadt **Delft** wurde Wilhelm 1584 auf den Stufen des Klosters (heute Stedelijk Museum Het Prinsenhof) ermordet. Sogar die Einschusslöcher sind noch in den Mauern zu sehen. Sein Prunkgrab erhielt der Freiheitsheld in der Nieuwe Kerk, und das Armeemuseum illustriert die Kriegsgeschichte der Oranier.

Auch **Den Haag, Amsterdam** und das friesische **Leeuwarden** liegen an der Oranierroute.

> ❯ **Zurück nach Deutschland**

Die Geschichte von **Lingen** im südlichen Emsland, wo sich schon im Mittelalter die Handelswege Flämische und Friesische Straße kreuzten, ist seit dem 16. Jh. mit dem Haus Oranien verknüpft, dem es mehrfach angehörte. 1697 gründete König-Statthalter Wilhelm III. hier eine Universität, die bis 1820 bestand. In der Stadt findet man prächtige Bürgerhäuser, teils im holländischen Stil mit Glockengiebel.

Lange 300 km liegen zwischen Lingen und dem Luftkurort **Hitzacker.** Das malerische Fachwerkstädtchen an der Elbe (s. Deutsche Fachwerkstraße, S. 78) war Geburtsort von Prinz Claus der Niederlande (1926–2002), Gemahl von Königin Beatrix. 2005 enthüllte man ein Denkmal vor dem Neuen Rathaus im Bürgerpark.

Prinzgemahl Heinrich von Mecklenburg, Gatte von Königin Wilhelmina, wurde 1876 im Schloss von **Schwerin** geboren: auch ein Grund, die Prunksäle und Wohnräume der großherzoglichen Familie zu besichtigen.

Der Endpunkt und letzte Höhepunkt der Oranierroute liegt im Norden Berlins: das barocke Schloss von **Oranienburg.** Die gebürtige Den Haagerin Louise Henriette ließ es in ein Lustschloss mit Lustgarten umbauen. Sehenswert ist das Schlossmuseum, dessen hochrangige Kunstwerke die engen künstlerischen Beziehungen zu den Niederlanden in der zweiten Hälfte des 17. Jhs. und die brandenburgische Hofkultur um 1700 bezeugen. Die 2006 eröffnete Silberkammer zeigt Meisterwerke der barocken Gold- und Silberschmiedekunst.

Straße der Gartenkunst

> Eine Entdeckungsfahrt zu den
> 47 schönsten Gärten und Parks an Rhein und Maas,
> von denen viele frei zugänglich sind.

> Terrassengarten am niederrheinischen Kloster Kamp

>> **Im Rheinland und in der niederländischen Provinz Limburg findet man zahlreiche schöne, oft historische Gartenanlagen, vom spätbarocken Schlosspark bis zum romantischen englischen Landschaftsgarten. Einige sind berühmt – wie das Weltkulturerbe in Brühl –, andere fast noch Geheimtipps. Viele Anlagen tragen die Handschrift der Gartenarchitekten Peter Joseph Lenné und Maximilian Friedrich Weye.**

Die Straße der Gartenkunst ist keine ausgeschilderte klassische Ferienstraße, sondern ein Verbund von derzeit 47 Gärten und Parks in Nordrhein-Westfalen und im niederländischen Grenzgebiet. Auto- und Radfahrer lernen auf der ausgewiesenen Niederrhein-Route viele der Gärten kennen.

> Rund um Bonn

Markant überragt der 321 m hohe **Drachenfels** Königswinter. Auf halber Höhe ließ sich der neureiche Baron Stefan von Sarter 1882 bis 1884 Schloss

> Japanischer Garten, Duisburg

Drachenburg im romantisierenden Stil errichten (Station der Drachenfelsbahn). Seit der Restaurierung gehört der großartige Park rund um das Schloss zur Straße der Gartenkunst: ein Landschaftsgarten mit Terrassen, Rhododendren und exotischen Bäumen. Idyllischer Mittelpunkt ist die Venusterrasse mit Tortenbeet und plätscherndem Venusbrunnen. Vom restaurierten Nordturm bietet sich ein atemberaubender Blick ins Rheintal.

In Bonn gehören gleich vier Anlagen zur Straße der Gartenkunst: Zu jeder Jahreszeit einen Besuch wert ist der **Arboretum Park Härle** in Bonn-Oberkassel. Hier kann man über 800 Bäume und Sträucher studieren. Mitten in der Stadt liegt der **Freizeitpark Rheinaue,** ein exemplarischer Landschafts- und Bürgerpark des 20. Jhs. Über 11 000 Pflanzenarten gedeihen in den **Botanischen Gärten** rund um das Poppelsdorfer Schloss. Im **Alten Friedhof** bilden Skulptur und Natur ein harmonisches Gesamtkunstwerk: Berühmtheiten wie August Wilhelm von Schlegel und Ernst Moritz Arndt fanden hier die letzte Ruhe. Viel besucht wird das Grab von Robert Schumann und seiner Frau Clara.

> Barocke Gartenwelt in Brühl

Teil eines Weltkulturerbes ist der herrliche **Schlosspark Augustusburg und Falkenlust** in Brühl. Dominique Girard schuf die barocke Gartenanlage nach französischem Vorbild mit in perfekter Symmetrie gestaltetem filigranem Broderieparterre. Etwas abseits davon legte Peter Joseph Lenné ab 1840 einen englischen Landschafts-

Im Überblick

Kontakt: kulturinfoRheinland,
Telefon (0 18 05) 74 34 65 (0,14 Euro/Min.)
www.kulturinfo-rheinland.de und
www.strasse-der-gartenkunst.de
Streckenlänge: nicht festgelegt;
zwischen allen Stationen über 800 km.
Bundesland/Nachbarland: Nordrhein-Westfalen;
Niederlande
Reiseplanung: mindestens 7 Tage.

garten an. Höhepunkte des Schlossbe-
suchs sind das Prunktreppenhaus von
Balthasar Neumann sowie die ebenfalls freskengeschmückten Prunksäle
und Privatgemächer (Di–Fr 9–12, 13
bis 16 Uhr, Sa, So 10–17; Garten- und
Parkanlage: Sommer 7–20 Uhr, sonst
19 bzw. 18 Uhr). Etwas westlich von
Brühl lockt Erfstadt mit einem der
ältesten Barockgärten des Rheinlands,
dem **Schlosspark Gracht.** Er wurde ab
1784 um einen der ältesten Land-
schaftsgärten Deutschlands erweitert.

Köln und Leverkusen

In den Kölner Anlagen von **Flora und
Botanischem Garten** präsentiert die
»Scientia amabilis« 10 000 Pflanzenarten aus allen Vegetationszonen. Weite
Rasenflächen setzen in Leverkusens
Carl-Duisberg-Park den alten Baum-
bestand in Szene. Ebenfalls auf Initiative des Chemie-Magnaten Duisberg
entstand der **Japanische Garten:** eine
fernöstliche Zen-Oase mit Teehaus,
Wasserspielen und Skulpturen.

Grünes Düsseldorf

Auf der Weiterfahrt nach Düsseldorf
lohnen Stopps im Monheimer **Ma-
rienburgpark** sowie im **Schlosspark**
von Benrath, letzterer ein spätbarockes
Meisterwerk von Nicolas de Pigage. Im
Golzheimer Friedhof von Düsseldorf
sorgen alte Bäume, bemooste Sand-
steinsäulen und Marmorplatten für
morbid-poetische Stimmung. **Schloss
Heltorf** gilt als eine der schönsten
niederrheinischen Parkanlagen im
englischen Stil. Hier findet man 700
Baumarten aus allen Erdteilen und
alte, bis zu 9 m hohe Rhododendren.

Im **Düsseldorfer Hofgarten** trifft
man oft Flaneure auf dem Weg in die
Oper oder ins Theater. Bereits Goethe
rühmte **Malkastenpark und Jacobi-
garten** als »im Sommer ein Paradies«,
und das ist der englische Landschaftsgarten tatsächlich. Monumental wirkt
der Düsseldorfer **Nordpark** durch
seine breiten Sichtachsen, dagegen ist
der **Südpark** mit lauschigem Seerosenteich eine Oase der Ruhe. Einen be-

sonderen Akzent setzen bunte Stelen und das »Zeitfeld« mit vielen Uhren.

Die Ratinger Villa des Düsseldorfer Industriellen Carl Poensgen fiel dem Krieg zum Opfer, doch der **Poensgenpark** mit lauschigen Ecken und exotischen Gehölzen hat sich prächtig entwickelt. Atlaszeder, Flügelnuss und Sequoia sind zu wahren Baumriesen herangewachsen. Als besonders wertvoll gelten die beiden Judasbäume und die Trauerkiefer aus dem Himalaja. Romantisch stimmt ein Bummel durch den Zypressenhain.

Gärten in der Seidenstadt

In Krefeld zählen acht Parks zur Straße der Gartenkunst. Besonders farbenfroh blühen Rhododendren und Azaleen im **Landschaftspark und Arboretum.** Nicht minder vielfältig ist das Farbenspiel im **Burgpark Linn,** dem die Burg seinen romantischen Charakter verleiht. Maximilian Friedrich Weye schuf den **Greiffenhorstpark** für einen Krefelder Seidenfabrikanten, der sich hier eine zauberhafte klassizistische Sommerresidenz errichten ließ. Sachlicher Bauhausstil prägt die Parkanlage der Museen **Haus Lange/Haus Esters.** Dagegen zeigt sich der **Schönhausenpark** mit seiner italienischen Villa romantisch. Auch der idyllische Landschaftsgarten **Sollbrüggenpark** in direkter Nachbarschaft gehört zur Villa eines Krefelder Textilfabrikanten. Eine Parklandschaft mit Wiesen und großer Teichfläche rahmt die Villa des **Schönwasserparks** ein. Für ein Farbenfeuerwerk sorgen im Herbst die Laubbäume des attraktiven **Stadtwalds** mitten im Zentrum.

Am Niederrhein

Den im Stil eines englischen Landschaftsparks gestalteten **Schlosspark Moers,** der alte Wallanlagen einbezieht, besucht man auch auf der Oranierroute (S. 236). Als überaus eindrucksvolle Barockanlage zeigt sich der **Terrassengarten am Kloster Kamp** in Kamp-Lintfort mit streng beschnittenen Zieräpfelbäumchen und Liguster.

In der Römerstadt Xanten verbirgt sich der wildromantische **Garten Krautwig,** ein leider nur gelegentlich geöffnetes privates Paradies. Weiter rheinabwärts liegt in Bedburg-Hau die quadratische **Parkanlage von Schloss Moyland.** Das neugotische viertürmige Wasserschloss ist die Adresse des Joseph-Beuys-Archivs. In Kleve genießt man die Sichtachse vom barocken **Amphitheater** über den Prinz-Moritz-Kanal hinauf zum Monopterus und spaziert dann durch den von Landschaftsgärtner Weye geschaffenen **Forstgarten.**

Danach geht es zum ersten Mal über die Grenze ins niederländische Ottersum. Hier liegt der Landschaftsgarten **De Rhulenhof Tuinen** mit Rosengarten, futuristischem Aussichtsturm und einem filigranen weißen Teehaus, das sich im Seerosenteich spiegelt.

An der Maas entlang kehrt man über Venlo zurück nach Deutschland, um in Mönchengladbach den **Bunten Garten mit Kaiserpark und Botanischem Garten** zu besuchen und dann einen Spaziergang durch den barocken **Schlosspark Wickrath** zu genießen, der aus der Vogelperspektive die Form einer Krone annimmt. Mit **Schloss Rheydt** besitzt Mönchengladbach die einzige komplett erhaltene Renaissance-Anlage am Niederrhein. Der englische Landschaftsgarten eröffnet reizvolle Ausblicke auf die Arkaden des Schlosses, das Baumeister Maximilian Pasqualini 1558 bis 1591 schuf.

❯ Im Limburger Land

Nach einem Besuch des kinderfreundlichen **Brückenkopf-Parks** in Jülich geht es noch einmal in die Niederlande, auf grüne Weltreise durch den **Wereldtuinen Mondo Verde** in Kerkrade. Nur wenige Schritten voneinander entfernt liegen hier eine toskanische Villa, eine russische Datscha und ein portugiesischer Palacio, ein chinesischer und ein japanischer Garten. In den Gärten und Stadtparks von Sittard-Geleen an der Maas endet die Tour mit einem wahren Fest der Sinne im **Jardin des Roses.**

❯❯ Allgemeine Infos

(s. auch Route der Industriekultur, S. 130, und Fußballroute NRW, S. 203)
❯❯ **Tourismus Siebengebirge,** Drachenfelsstr. 11, 53639 **Königswinter,** Tel. (0 22 23) 91 77 11, Fax 91 77 20, www.koenigswinter.de und www.siebengebirge.com
❯❯ **Schloss Brühl,** Schlossstr. 6, 50321 **Brühl,** Tel. (02 2 32) 4 40 00, Fax 9 44 31 27, www.schlossbruehl.de
❯❯ **Tourist-Information Krefeld,** Schwanenmarkt City-Center, Hochstr. 114, 47798 **Krefeld,** Tel. (0 21 51) 86 15 15, Fax 86 15 20, www.krefeld.de
❯❯ **Marketing Gesellschaft Mönchengladbach,** Voltastr. 2, 41061 **Mönchengladbach,** Tel. (0 21 61) 25 25 25, Fax 25 24 39, www.moenchengladbach.de

❯❯ Essen und Unterkunft

❯❯ **Königswinter:**
Hotel Maritim, Rheinallee 3, Tel. (0 22 23) 70 70, Fax 70 78 11, www.maritim.de. Großes modernes Haus mit Panoramablick auf den Rhein, dazu ein gutes Restaurant mit internationaler Küche. ○○○

❯❯ **Düsseldorf:**
Hotel Windsor, Grafenberger Allee 36, Tel. (02 11) 9 14 68-0, Fax 9 14 68-40, www.windsorhotel.de. Schickes kleines Hotel mit viel Privatatmosphäre. Englische Antiquitäten verleihen den Zimmern Flair. ○○–○○○
Restaurant Brauerei Zum Schiffchen, Hafenstr. 5, Tel. (02 11) 13 24 21, www.brauerei-zum-schiffchen.de. Im ältesten Restaurant Düsseldorfs speiste schon Napoleon. Gute lokale Küche, vom Rheinischen Sauerbraten bis zu »Himmel un Ääd«. ○○
❯❯ **Krefeld (Krefeld-Bockum):**
Villa Medici, Schönwasserstr. 73, Tel. (0 21 51) 5 06 60, Fax 50 66 50, www.villa-medici-krefeld.de. In einer Jugendstilvilla speist man feinste italienische Köstlichkeiten und kann in einem der neun elegant-mediterranen Zimmer übernachten. ○○–○○○
❯❯ **Mönchengladbach:**
Hotel Lindenhof, Vorster Str. 535, Tel. (0 21 61) 5 62 59 90, www.lindenhof-mg.de. Komfortable Zimmer und Neue Deutsche Küche mit französischem und mediterranem Touch. ○○

Die Sisi-Straße

> Diese europäische Kulturroute führt durch Südbayern, Österreich, Ungarn und Norditalien zu den wichtigsten Lebensstationen der unvergessenen Kaiserin.

> Die Kaiservilla in Ischl war ein Hochzeitsgeschenk

>> **Die Sisi-Straße ist keine Ferienstraße im eigentlichen Sinn, sondern eine Erfindung von Reiseveranstaltern, die auf organisierten Bustouren den Sisi-Mythos mit Beauty- und Wellnessbehandlungen in Kurbädern verknüpfen. Schließlich pflegte auch Sisi ihre Schönheit mit Diät und exzessivem Sport. Aber gerade in Bayern kann man auch sehr gut auf eigene Faust wichtige Stationen im Leben Elisabeths besuchen.**

Die folgende Beschreibung der Sisi-Straße beschränkt sich weitgehend auf Südbayern. Hier besucht man das Wittelsbacher Stammland rund um Augsburg und Aichach. Anschließend kann man am Starnberger See südlich von München auf Spurensuche gehen, und auch eine Fahrt auf der Romantischen Straße (S. 45 ff.) von Augsburg nach Neuschwanstein bietet sich an.

> Im Wittelsbacher Land

Unbeschwerte sommerliche Kindheitstage verbrachte die kleine Elisabeth wenige Kilometer von Augsburg entfernt im Wittelsbacher Land rund um Aichach. Im Stadtteil **Unterwittelsbach** steht das gleichnamige Sisi-Schloss, das lange die liebste Sommerresidenz ihres Vaters war. Heute ist das Wasserschloss, das von 1838 bis 1888 in Besitz des Herzogs Max war, im Rahmen der jährlichen Sisi-Ausstellung geöffnet (ca. Mai bis Okt.). »Ich, Kaiserin Elisabeth – meine Familie. König – Herzog – Kaiser« lautet das Thema 2008. Herzog Max in Bayern

besaß hier ein Jagdrevier, zu dem auch das Jagdschlösschen **Rapperzell** und das aus einem Klostergut hervorgegangene **Schloss Kühbach** gehörten. 1841 ließ Herzog Max das Klosterbrauhaus neu erbauen, und noch immer kann man im Schlossgarten vor Ort gebraute Biere genießen.

Ungestüm und unkonventionell wie die junge Sisi war auch ihr Bruder, Herzog Ludwig, der als Offizier in **Augsburg** wohnte: in der Maximilianstraße. Hier lernte er die jüdische Schauspielerin Henriette Mendel kennen und heiratete sie 1859 – ein gesellschaftlicher Skandal. Die erste (auch noch uneheliche) Tochter aus dieser Ehe war ebenfalls kein Kind von Traurigkeit: Marie Louise Elisabeth von Larisch-Wallersee, Sisis Lieblingsnichte, löste später die Tragödie von Mayerling aus, bei der Elisabeths einziger Sohn Rudolf Selbstmord beging. Sie wurde vom Hof verbannt, ging nach Amerika und kehrte später nach Augsburg zurück, wo sie 1940 starb.

> Elisabeths geliebtes Possi

Geboren wurde Sisi am 24.12.1837 in **München**, im elterlichen Palais in der Ludwigstraße (heute Landeszentralbank), doch wohnte die Prinzessin zumeist in **Schloss Possenhofen** am Starnberger See, der Sommerresidenz von Sisis Mutter Ludovika, Tochter des bayrischen Königs Maximilian I. 1834 hatte Herzog Max das zauberhaft gelegene ehemalige Hofmarkschloss erworben und in einen hochherrschaftlichen Wohnsitz mit englischem Landschaftspark umgewandelt. Hier verlebte die »Liesl von Possenhofen«

Im Überblick

Kontakt: Regio Augsburg Tourismus GmbH »Sisi-Straße«, Schießgrabenstr. 14, 86150 Augsburg, Tel. (08 21) 50 20 70, Fax 5 02 07 45, www.regio-augsburg.de/sisistrasse.
Streckenlänge: Ostroute ca. 800 km, Südroute ca. 500 km
Bundesland/(Nachbar-)Länder: Bayern; Österreich, Ungarn, Italien
Reiseplanung: Ostroute (nach Österreich und Ungarn) 5–7 Tage,
Südroute (nach Österreich und Italien) 4–6 Tage

die unbeschwertesten Jahre ihres Lebens, fern jeglichen Hofzeremoniells. Das Schloss wurde 1984 in eine Wohnanlage umgewandelt, doch der größte Teil des Schlossparks, in dem Elisabeth spielte, ist als Freizeitgelände zugänglich. In Possenhofen verliebte sich die 15-jährige Elisabeth in einen nicht standesgemäßen Mann. Sie schrieb schmerzvolle Gedichte, und ihre Mutter nahm sie mit nach Ischl (S. 245), um sie auf andere Gedanken zu bringen – mit bekannten Folgen.

Im Sommer 1855 konnte Sisi als Kaiserin erstmals an den Starnberger See zurückkehren. Die Hofetikette erlaubte es ihr aber nicht, in Schloss Possenhofen zu wohnen. Sie residierte daher samt Hofstaat im Hotel Strauch in **Feldafing**, dem heutigen Hotel Kaiserin Elisabeth. Dem ersten Aufenthalt folgten fast jährliche drei- bis vierwöchige Besuche. Im Sonderzug fuhr sie ab 1864 mitunter in 50-köpfiger Begleitung von Wien direkt zum Bahnhof Feldafing, das letzte Mal 1894.

Auf der Roseninsel

Schon als junge Prinzessin schwamm oder ruderte Elisabeth oft von Possenhofen aus zu der nur 200 m vom Ufer entfernten Insel Wörth, der heutigen **Roseninsel.** Um 1850 hatte König Maximilian II. von Bayern die Insel erworben. Er ließ darauf eine Villa erbauen, das sog. Casino, und einen Rosengarten anlegen, den sein Sohn, Thronfolger Ludwig II., zu pflegen wusste. Sisi traf sich in späteren Jahren hier oft mit ihrem Cousin Ludwig II. zu vertrauter Zwiesprache. Es heißt, die beiden hätten sich Gedichte geschrieben (sie die »Möwe«, er der »Adler«) und diese im Casino hinterlegt. Ludwig liebte die Abgeschiedenheit und Intimität der Insel, auf der er berühmte Gäste wie Richard Wagner, die Zarin Maria Alexandrowna und den preußischen Kronprinzen Friedrich Wilhelm empfing. Für seine legendären Seefeste ließ er die Gäste von Schloss Berg aus mit dem Raddampfer »Tristan« zur Roseninsel bringen.

Heute kann man an schönen Tagen mit einem Plätte genannten Lastkahn auf die Roseninsel übersetzen.

› In Österreich und Ungarn

Als Braut des Kaisers fuhr Sisi von Straubing an der Donau mit dem bayerischen Raddampfer »Stadt Regensburg« nach Linz in Oberösterreich. Nach einer Übernachtung ging es mit dem neuen Expressdampfer »Franz Joseph I.« weiter nach Wien. Die Ostroute nach Österreich und Ungarn macht aber noch einen Schlenker über Salzburg nach **Bad Ischl,** wo die Verlobung der 15-jährigen Sisi mit dem 23-jährigen Kaiser Franz stattfand. Die stolze **Kaiservilla in Ischl** (heute Museum) wurde zur geliebten Sommerresidenz. Eigens für Elisabeth wurde das **Marmorschlössl** im Schlosspark hoch über der Kurstadt errichtet.

Von Bad Ischl führt die Sisi-Straße dann an die Donau. In **Schloss Artstetten** erinnert ein Museum an den in Sarajevo ermordeten Erzherzog Franz Ferdinand, Neffe des Kaiserpaars. Im nahen Wallfahrtsort **Maria Taferl** über der Donau ist ein Messgewand zu sehen, das aus dem Brautkleid Elisabeths geschneidert wurde. Dann geht es weiter, am stilvollsten auf einem Donaudampfer, durch die landschaftlich so reizvolle Wachau nach Wien.

Im Wiener **Schloss Schönbrunn,** der kaiserlichen Sommerresidenz, verbrachte Sisi die ersten Wochen nach der Hochzeit, »erwacht in einem Kerker«, wie sie dichtete. Ab 1854 hielten sich Elisabeth und Franz Joseph in ihren Appartements in der **Hofburg** auf. Das dortige **Sisi Museum** doku-

mentiert das Leben der wahren Sisi bis zu ihrer tragischen Ermordung in Genf im Jahr 1898: ihren Wandel von der fröhlichen, unbeschwerten bayrischen Prinzessin zur zwanghaften, verzweifelten Kaiserin von Österreich fernab aller Filmklischees. Elisabeths Sohn Rudolph kam in der Sommerresidenz **Laxenburg** bei Wien zur Welt.

Zur Königin Ungarns wurde Elisabeth in der Budapester **Matthias-Kirche** gekrönt, und nicht selten besuchte sie das glanzvolle Budapester **Café Gerbeaud.** Über 2000-mal übernachtete die junge Königin in ihrem geliebten, barocken **Schloss Gödöllő,** 28 km östlich der Stadt. Die Sommerresidenz wurde vorzüglich renoviert.

› Durch die Alpen zum Mittelmeer

Die Südroute der Sisi-Straße führt von Augsburg auf der Romantischen Straße (S. 54 ff.) nach **Schloss Neuschwanstein** und weiter durch Tirol nach Meran. In **Schloss Trauttmansdorff** mit seinen mediterranen Gärten überwinterte Elisabeth 1870 und 1871. In

› Schloss Schönbrunn in Wien

Madonna di Campiglio trieb die Kaiserin Wintersport, und das heutige »Imperial Grand Hotel Terme« in **Levico Terme** südlich von Trient war eine Sommerresidenz der Kaiserfamilie. Von hier führt die Sisi-Straße über Padua und Venedig zum Schloss **Miramare** bei Triest. Hier machte Sisi von 1869 bis 1896 vor oder nach ihren Reisen über das Mittelmeer 14-mal Station. Und könnte man Korfu und Madeira mit dem Auto erreichen, dann würden findige Wellness-Touristiker sicher bald einen Weg finden, diese Aufenthaltsorte Sisis ebenfalls in die Route einzugliedern.

» Allgemeine Infos

Informationsbüro, Stadtplatz 48, 86551 **Aichach,** Tel. (0 82 51) 9 02 24, Fax 9 02 71, www.aichach.de
Tourismusverband Starnberger Fünf-Seen-Land, Wittelsbacherstr. 2c, 82319 **Starnberg,** Tel. (0 81 51) 9 06 00, Fax (0 81 51) 90 60 90, www.sta5.de

» Essen und Unterkunft

»Augsburg:
Altstadthotel Ulrich, Kapuzinergasse 6, Tel. (08 21) 3 46 10, Fax 3 46 13 46, www.hotel-ulrich.de. Über 30 modern ausgestattete Zimmer in einem Patrizierpalais aus dem 16. Jh. ◐◐

»Aichach:
Hotel-Gasthof-Specht, Stadtplatz 43, Tel. (0 82 51) 8 75 20, Fax 87 52 52, www.hotel-specht.de. Traditionelles Haus mit gemütlichen Zimmern, rustikaler Gaststätte und Biergarten. ◐◐

»Kühbach:
Biergarten im Schlosspark, Großhausener Str. 3, Tel. (0 82 51) 87 17 57. Schloss Kühbach gehörte ebenfalls Herzog Max. Die dortige Brauerei füllt eine »Sisi-Schorle« ab und bietet einen typisch bayerischen Biergarten. ◐

»Feldafing
Golfhotel Kaiserin Elisabeth, Tutzinger Str. 2, Tel. (0 81 57) 9 30 90, Fax 9 30 91 33, www.kaiserin-elisabeth. de. Romantisch mit Antiquitäten eingerichtete Zimmer und Suiten, darunter natürlich die »Sisi-Suite«. Das Restaurant serviert auch regionale Spezialitäten wie Renke oder Kalbsvögerl. Schmankerl und Bier vom Fass gibts im Bräustüberl. Bei schönem Wetter sitzt man auf der Terrasse mit grandiosem Bergpanorama. Umfangreiches Beauty- und Wellness-Angebot. ◐◐–◐◐◐

»Niederpöcking:
La Villa, Ferdinand-von-Miller-Str. 39 bis 41, Tel. (0 81 51) 7 70 60, Fax 77 06 99, www.lavilla.de. Das farbenfrohe mediterrane Flair dieses eleganten Hotels in herrlicher Lage am Starnberger See hätte auch Sisi gefallen. Das Restaurant serviert kulinarische Kreationen aus streng biologischen Produkten. ◐◐◐

»Pöcking:
Hotel Garni Kefer, Hindenburgstr. 12, Tel. (0 81 57) 9 31 70, Fax 93 17 37, www.hotel-kefer.de. Villa im Grünen am See in herrlicher Parkanlage. Komfortable, recht preiswerte Zimmer. ◐◐
Jugendherberge Possenhofen, Kurt-Stieler-Str. 18, Tel. (0 81 57) 99 66 11, Fax 99 66 12, www.possenhofen. jugendherberge.de. Moderne Designerherberge in direkter Nachbarschaft von Schloss Possenhofen. ◐

ferienstrassen.info
Das InfoServicePortal Deutscher Ferienstraßen

Wir machen Deutschland *erfahrbar* ...

Über 100 reizvolle Deutsche Ferienstraßen warten darauf von Ihnen entdeckt zu werden. Ihre landschaftliche und kulturelle Vielfalt bietet für jeden Geschmack etwas ganz Besonderes – vom spontanen Entdecken der schönsten deutschen Urlaubsregionen bis hin zu geplanten themenbezogenen Deutschlandurlauben.

Die DFMS Deutsche Ferienstraßen MarketingService e.K., eine Initiative in Kooperation mit dem ADAC zur Vermarktung Deutscher Ferienstraßen, hat es sich zum Ziel gesetzt, Ihnen die Vielfalt und Schönheit Deutscher Ferienstraßen zu präsentieren. Wir geben Ihnen mit unseren Serviceangeboten die Gelegenheit auf Ihrer nächsten Reise oder Wochenendausflug dem Verlauf einer der vielen reizvollen Routen zu folgen und Deutschland von einer neuen, interessanten und oftmals unbekannten Seite zu *erfahren*.

Für weitere Informationen tragen Sie sich bitte in unseren Newsletter auf **www.ferienstrassen.info** ein.
Dann erhalten Sie zudem ab Sommer 2008 jeden Monat die aktuelle Routenbeschreibung zur **„Ferienstraße des Monats"** (siehe auch Seite 251).

Das InfoServicePortal Deutscher Ferienstraßen ist ein Service der
DFMS (Deutsche Ferienstraßen MarketingService e.K.)
Brüsseler Str. 37, 50674 Köln
Tel.: 0221/2774885
kontakt@ferienstrassen.info
www.ferienstrassen.info

» Register

ferienstrassen.info

Das InfoServicePortal Deutscher Ferienstraßen

Die „Ferienstraße des Monats" – Routenbeschreibungen

Die DFMS Deutsche Ferienstraßen MarketingService e.K., eine Initiative in Kooperation mit dem ADAC zur Vermarktung Deutscher Ferienstraßen, hat es sich zum Ziel gesetzt, Ihnen die Vielfalt und Schönheit Deutscher Ferienstraßen zu präsentieren. Wir geben Ihnen mit unseren Serviceangeboten die Gelegenheit auf Ihrer nächsten Reise oder Wochenendausflug dem Verlauf einer der vielen reizvollen Routen zu folgen und Deutschland von einer neuen, interessanten und oftmals unbekannten Seite zu erfahren.

Hierzu erstellen wir Routenbeschreibungen, eine Art kurzer Reiseführer, mit denen sie ohne großen Planungsaufwand die jeweilige Ferienstraße erfahren können. Die Routenbeschreibungen der „Ferienstraße des Monats" können Sie ab Sommer 2008 von der Webseite der Initiative (www.ferienstrassen.info) und der Webseite des ADAC (www.adac.de) kostenlos als pdf-Datei herunterladen. Auf Wunsch können Sie die Routenbeschreibungen auch in gedruckter Form erwerben.

Für weitere Informationen tragen Sie sich bitte in unseren Newsletter auf **www.ferienstrassen.info** ein.
Dann erhalten Sie zudem ab Sommer 2008 jeden Monat die aktuelle Routenbeschreibung zur **„Ferienstraße des Monats"**.

Das InfoServicePortal Deutscher Ferienstraßen ist ein Service der
DFMS (Deutsche Ferienstraßen MarketingService e.K.)
Brüsseler Str. 37, 50674 Köln
Tel.: 0221/2774885
kontakt@ferienstrassen.info
www.ferienstrassen.info

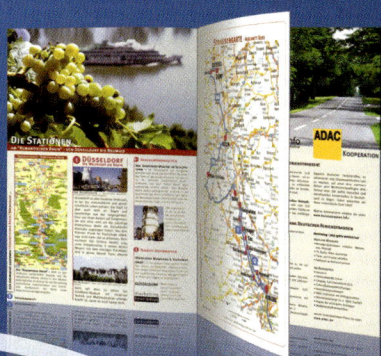

Wir machen Deutschland *erfahrbar*.

Deutschland erfahrbar
www.deutschland-erfahrbar.de

Personenregister

〉 Bildnachweis

alamy/Danita Delimont: 165; Archiv Südliche Weinstraße e.V.: 37, 44; Hans-Joachim Arndt: 22, 27, 217, 219; Bayerische Schlösserverwaltung: 46; Bildagentur Huber: 11, 18, 233; Bildagentur Huber/Alfeld; 6; Bildagentur Huber/F. Damm: 87; Bildagentur Huber/Gräfenhain: 242; Bildagentur Huber/Hallberg: 199; Bildagentur Huber/Klaes: 230; Bildagentur Huber/R. Schmid: 23, 25, 33, 42, 45, 114, 118, 221, 224, 225; Bildagentur Huber/Simeone: 176; Bildarchiv Bayern: 100; Bildarchiv Straße der Gartenkunst: 238; Joachim Büchler: 65, 126, 190; Burgenstraße e.V.: 73; Burg Hohenzollern: 122; Congress&Tourismuszentrale Nürnberg: 71; Farbdia-Archiv Gunda Amberg: 137; Frank Geile: 132, 197; Goebel Porzellanmanufaktur GmbH, Rödenthal: 138; Halberstadt Information: 89; Gunter Hartmann: 3, 4/5, 56, 59, 62, 63, 75, 76, 83, 84, 212, Umschlagrückseite oben und unten; Jo Holz: 204; Hopfenmuseum Wolnzach: 101; Klosterschenke Weltenburg: 103; laif/Toma Babovic: 149; laif/Hemis: 229; laif/Hilger: 9; laif/Kirchgessner: 106; laif/Kirchner: 2, 157; laif/Kramer: 201; laif/Kreuels: 194; Look/Heinz Wohner: 16; mauritius-images/imagebroker: 133, 152; mauritius-images/Werner Otto: 113; Hans-Peter Merten: 38, 39, 109; Pixelio/Maren Beßler: 97; Pixelio/creature: 191; Pixelio/ Nicole D.: 161; Pixelio/Elsa: 72; Pixelio/Bodo Jacoby: 147; Pixelio/kultor: 245; Pixelio/C. Nöhren: 105; Pixelio/Ernst Rose: 180; Pixelio/Klaus Rupp: 154; Pixelio/Anita Winkler: 112; Pixelio/Stefan Zerfaß: 214; Gudrun Rücker: 135; Dieter Schinner: 14, 43, 78, 93, 98, 143, 146, 184, 211, 236, 237; Stadt Weiden: 140; Tourismus und Sport Oberstorf: 21; Tourismusverband Büdingen: 82; Tourismusverband Schwäbische Alb: 121, 125; Tourist-Info Rosenstadt Eutin: 169, 173; Touristische Arbeitsgemeinschaft Romantische Straße e.V.; 49, 51, 54; transit/Thomas Härtrich: 179; Umspannwerk Recklinghausen: 128; Hanna Wagner: 1, 31, 32, 85; Rainer Weisflog: 174; Westfälisches Industriemuseum/A. Hudemann: 12; Ernst Wrba: 92, 162, 209; Titelbild: Bildagentur Huber/Gräfenhain.

〉 Zeichenerklärung

Hotel- und Restaurantpreise: ○ günstig, ○○ mittlere Preislage, ○○○ teuer

〉 Impressum

Alle Informationen stammen aus zuverlässigen Quellen und wurden sorgfältig geprüft. Für ihre Vollständigkeit und Richtigkeit können wir jedoch keine Haftung übernehmen.
Ergänzende Anregungen bitten wir zu richten an: Polyglott Verlag, Redaktion, Postfach 40 11 20, 80711 München
E-Mail: redaktion@polyglott.de

Herausgeber: Polyglott-Redaktion
Autor: Wolfgang Rössig
Lektorat: Sylvi Zähle
Layout: Ute Weber, Geretsried

Bildredaktion: Ulrich Reißer
Karten: Polyglott Kartografie
Titelkonzept-Design: Studio Schübel
Werbeagentur GmbH, München
Satz: Ute Weber, Geretsried
Druck: Himmer AG, Augsburg

Erste Auflage 2008/2009
© 2008 by Polyglott Verlag GmbH, München
Dieses Buch wurde auf chlorfrei gebleichtem Papier gedruckt
ISBN 978-3-493-60116-9

PT 08A1

Weißenburg
IN BAYERN